21世紀国際関係の
新構図

中津孝司 ［編著］

創 成 社

はじめに

　報復関税の応酬が止まらない。米国と中国の正面衝突は政治，経済，外交，安全保障のすべてを包括する構造的な対立の様相を呈している。冷戦時代，米国とソ連邦が軍拡競争を展開，その結末はソ連邦の崩壊だった。ホワイトハウスは中国が空中分解するまで追い詰めていくつもりなのか。そうであれば，米中激突は半永久的に継続する性質を帯びているのかもしれない。

　折しも 2019 年 8 月下旬，フランスのビアリッツで主要 7 カ国（G7）首脳会議（ビアリッツ・サミット）が開催された。だが，このサミットで米中対立の本質に迫る議論はなく，否，意図的にその話題を避け，無難な討論に終始した。

　世界は今，米中衝突だけでなく，北朝鮮の核・ミサイル問題，中国の人権侵害問題，香港の一国二制度問題，ミャンマーの少数民族問題，インドの水不足問題，イランの核問題，中東各地の内戦終結問題，英国の合意なき欧州連合（EU）離脱問題，欧州の難民受け入れ問題など，ありとあらゆる諸問題と向き合っている。

　米中対立の余波で既存のサプライチェーン（供給網）が寸断，新たなサプライチェーンを模索，構築しなければならない局面に突入している。構築されるまで，世界経済は不安定，不透明な状況を余儀なくされる。分断の傷は相当程度，深い。世界経済は海図なき航海へと漕ぎ始めている。

　金融市場は景気後退リスクを察知，いわゆる逆イールド（長短金利の逆転現象）の出現を通じて，実体経済に警鐘を鳴らす。逆イールド現象の発生は景気後退の予兆とされる。日本も乱気流に巻き込まれ，円高・株安に襲われている。

　幸い，日本と米国の両政府による貿易交渉は異例のスピード決着で着地した。日本政府は環太平洋経済連携協定（TPP）や EU との経済連携協定（EPA）などの締結で中心的役割を果たしてきた。これは紛れもなく，日本政府の功績である。今後，EU 離脱後の英国と自由貿易協定（FTA）や EPA の交渉が待ち

iv

構えている。

　本書は 21 世紀の国際関係を分析対象に，複雑怪奇な世界を読み解いていく。新たな現象が矢継ぎ早に発生するなか，いかなる国際秩序を形成していくべきかという問題を念頭に，さまざまな角度から分析，解析しようとする試みである。われわれの試みが奏功しているかどうかは読者の皆様方からの厳しいご批判で判断していくことにしたい。それを反省した上で，次著へと結びつけていきたい。

　本書の完成については共著者から有難い助力を得た。記して感謝申し上げる。また，最後で恐縮だが，今回もまた，創成社の塚田尚寛社長のご理解を賜った。この場をお借りして厚く御礼申し上げたい。

令和元年立冬

執筆者を代表して　中津孝司

v

目　次

はじめに

I 21世紀国際関係の新構図————————————1

1. 急減速する中国経済の憂鬱·····················1
2. 「トルコ・ショック」と新興国リスク·············3
3. 北方領土は永遠に戻ってこない·················7
4. 北朝鮮は本当に核兵器を放棄するのか···········10
5. 中東世界で何が起こっているのか···············13
6. 国際原油市場の政治経済学·····················17
7. 窮地に立つプーチン政権·······················21
8. クレムリンの資源エネルギー戦略···············25
9. ハイパーインフレの国・ベネズエラ·············27
10. 北朝鮮の完全非核化は永遠に実現しない·········31
11. 革命40年後のイラン閉鎖社会··················34
12. 化石燃料 VS 再生可能エネルギー···············37

II 21世紀の紛争と国際関係 —新しい戦争と平和構築を中心に——44

1. はじめに·····································44
2. 戦争のあり方の変容···························45
3. 「新しい戦争」と戦争の争点の変容·············47
4. 「新しい戦争」における対抗手段の変容·········48
5. 未承認国家の出現·····························48
6. 「新しい戦争」の時代の平和構築···············51
7. 民族紛争はなぜ発生するのか···················52
8. 民族紛争の予防はできないのか·················55
9. 民族紛争はどのように成長して終了するのか·····57
10. 馬場伸也の平和学研究の今日的意義·············60

III 米中貿易戦争と中国の躍進 ─────── 65

1. はじめに ･･ 65
2. 米中貿易戦争 ･･ 66
3. 貿易摩擦が経済に与えた影響 ･･････････････････････････････ 78
4. 存在感を増す中国：貿易と投資 ･･･････････････････････････ 85
5. まとめと展望 ･･･ 92

IV 欧州議会選挙から読み解く，次期フランス大統領選挙と欧州統合の行方 ── 97

1. はじめに ･･ 97
2. 欧州統合の歴史 ･･･ 97
3. 欧州懐疑派の台頭と現状 ･･････････････････････････････････ 102
4. 2019 年欧州議会選挙 ･････････････････････････････････････ 106
5. EU の危機 ･･･ 110
6. 次期フランス大統領選挙 ･･････････････････････････････････ 111
7. おわりに ･･･ 118

V バルカン半島にみる国際関係 ─「アルバニア人居住圏」地域の出現─ ── 123

1. はじめに ･･･ 123
2. 黒海地域の概観 ･･ 123
3. 黒海地域の特徴 ･･ 124
4. バルカンの政治と外交─変わらぬ「東方問題」の構図─ ････････ 125
5. 「アルバニア人居住圏」地域の形成過程 (1) ─古代から冷戦終焉まで─ ･･･ 127
6. 「アルバニア人居住圏」地域の形成過程 (2) ─「アルバニア人居住圏」地域の生成─ ･･･ 131
7. 「アルバニア人居住圏」地域の出現─新しいアイデンティティの対象と課題─ ･･････ 136

VI クレムリン（ロシア大統領府）のエネルギー外交戦略 ── 143

1. クレムリンを取り巻く国際環境 ･･･････････････････････････ 143
2. 国際原油市場とクレムリン ･･･････････････････････････････ 151
3. クレムリンの中東戦略 ･･･････････････････････････････････ 156
4. 日露関係の実像 ･･ 164

目　次　vii

VII 経済制裁に直面するロシア経済 —————————— 169
1. 本格始動するプーチン最終章 ·······································169
2. ポスト・プーチンを探る ··174
3. 低迷続くロシア経済 ···182
4. 日本のロシア外交 ···191

VIII ペルシャ湾岸地域内における天然ガス貿易 ——————— 195
1. はじめに ··195
2. 湾岸諸国における石油・天然ガス動向の現状 ·················197
3. 湾岸諸国における石油・天然ガスの貿易パートナー ·········200
4. 湾岸地域における域内天然ガス貿易と国際政治 ···············215
5. 結　論 ··223

IX 米国の対外政策：国際政治と国内政治の連関 —トランプ流外交の問題と限界— 236
1. はじめに ··236
2. トランプ政権誕生の背景としての米国内事情—その歴史的経緯······236
3. 米国外交政策・安全保障政策と国内政治 ·······················240
4. トランプ外交 ···244
5. トランプ流二国間交渉アプローチの問題点 ····················251
6. おわりに ··255

X 産業変革と国際関係 —————————————————— 259
1. 「環境」と「持続可能性」の追求 ·································259
2. 国によって異なるアプローチ ······································265
3. 産業融合と変革 ··275
4. 日本の選択 ··282

索　引　287

I 21世紀国際関係の新構図

1. 急減速する中国経済の憂鬱

　消耗戦に突入した米中激突。自国産業保護策の報復措置応酬に終点は見えず，敗者となる中国の経済は不透明さを増している。貿易戦争の勃発以前から変調を来たしていたところに，ホワイトハウスから攻め込まれてしまった。トランプ米政権の狙いは中国政府が産業高度化を目標に据える「中国製造2025」戦略の妨害にある。

　言うまでもなく，中国では21世紀の現在でも前近代的な共産党一党独裁が貫徹される。経済運営，企業育成はすべて国家が舵を握る。矛盾を内包する社会主義市場経済なるものを北京は目指すが，本来，社会主義と市場経済の共存は不可能。ハイテク産業の振興と関連企業の育成さえ国家総動員方式で進められる。コストと時間の節約化，効率化を図るためと解説されるが，所詮，企業は国家のエージェント（代理人）に過ぎない。

　市場としての魅力から外資系企業も中国を軽視できないとされてきたけれども，今や世界支配を狙う中国と決別する時期を迎えたのではないか。大きな歪みを抱えてしまった中国経済の実相を追跡する。

A. 急増する債務

　中国の家計が抱え込む債務規模が危険水域に入っている。国際決済銀行(BIS)が公表した統計数値によると，2017年第4・四半期における家計債務の対国内総生産(GDP)比は48.4％で，39兆9,670億人民元（651兆5,000億円）に達し[1]，制御不可能な水準となっている。

　住宅価格が上昇，不動産バブルの様相を呈して久しいが，これに伴い，住宅ローンは膨らむ一方である。個人向け住宅ローンの融資残高は2018年3月末

時点で 22 兆 8,600 億元と家計債務の 6 割を占める。加えて，クレジットカードが大量に発行され，そのローン残高は 5 兆 8,000 億元と米国並みに達する。

　日本，米国，ユーロ圏の国家群であれば，交換可能通貨（円，ドル，ユーロ）を保有するため，債務のショックを緩和できるが，周知の通り，人民元は使い勝手が悪い。中国の国境を越えた途端，役に立たない紙くず同然の代物と化す。

　2008 年 9 月の金融危機以降，基軸通貨国の米国を筆頭に，世界各国は大規模な金融緩和策を矢継ぎ早に打ち出した。それは量的緩和策とゼロ金利策とで構成された。しかし今，この緩和策を修正する時期を迎えている。

　米国社会は完全雇用状態下にあるにもかかわらず，大型減税と財政刺激策，すなわち財政赤字の垂れ流しによって恣意的な好景気が演出されている。財政赤字が膨らむと，長期金利が跳ね上がる。経済の過熱感から当然のことながら物価上昇リスクも高まる。金融当局は利上げへと舵を切らざるを得ない。

　米金融当局が利上げに踏み込むと，世界各国も通貨防衛のため利上げを余儀なくされる。つまり利上げの波に世界全体が覆われることになる。金利が引き上げられると，直線的に債務，すなわち借金を膨張させてしまう。

　借金を抱えるのは家計だけではない。中国では企業債務も 2016 年にピークに達し，金融危機への不安が高まった。住宅価格の下落，つまり不動産バブルの破裂は必然となるが，中国政府が住宅価格の下落を容認できるか。容認できなければ，家計債務は減少しない。

　中国ではまた，インターネット金融の破綻が後を絶たないという[2]。2018 年に入って 330 社が廃業，債務不履行総額は 300 億元に及ぶ。個人投資家から資金を募り，ネットを媒介して個人に資金を融通する仕組みだが，ゾンビ企業の延命を招くという弊害も目立つ。社債，信託商品，ネット金融の不履行額は合計で 800 億元に上るとされる。

　要するに，中国経済は借金漬けによって支えられていることになる。国民 1 人当たりの家計負債は 3 万 1,200 元と可処分所得に対する負債比率は 120％[3]。このような歪な状況が長続きするはずはないが，景気優先の姿勢を強める中国共産党は過剰債務問題にメスを入れられないでいる[4]。逆にインフラ投資を積み上げる始末。貿易戦争激化への備えでもあるが，問題の先送りは傷口を広げ

てしまう。

B. 貿易戦争に直撃された上海総合指数

　米国が仕掛ける貿易戦争の実態は中国から輸入される財・サービス価格に追加関税が上乗せされた保護策である。当然，中国による輸出は打撃を被り，実体経済に負の影響を及ぼす。損失を和らげる手法はただ1つ，通貨安誘導である。

　通例，自国通貨が下落すると，特に，新興国の場合，通貨を防衛すべく米ドル売り介入を敢行する。結果，外貨準備金が減少する。中国の場合，変動為替相場制ではなく，管理為替制度が採用されている。市場機能は無視されるから，通貨当局による恣意的な誘導が可能となる。

　にもかかわらず，中国の通貨当局は人民元買い・米ドル売りの為替介入を見送ってきた。この姿勢は人民元安を黙認してきたことを示唆する。貿易戦争の衝撃を弱めるために他ならない。人民元安で輸出を下支えできるかどうか。

　人民元安を放置すると，輸入企業のコストを押し上げるだけでなく，急激な資本流出を再発するリスクを伴う。これを未然に防ぐためには資本流出を制限する必要がある。米中対立が貿易戦争から通貨安戦争へとシフトすると，人民元を国際通貨に仕立て上げるという夢の実現は遠ざかってしまう。

　米中貿易戦争は中国株も直撃した。主要株価指数の上海総合指数は2018年初から下落，2016年1月に記録した中国株バブル崩壊の安値である2,655に迫る場面もあった。ことに，ハイテク株，景気敏感株，防衛関連株の下落が目立った。中国株急落の導火線は2015年8月の人民元切り下げによる，いわゆる「チャイナ・ショック」にあった。

　足元でも通貨当局が人民元安を黙認していることも相まって，株式時価総額の戻りは遅い。中国株下落の悪影響はアジアの株式市場全体に及んだ。金融市場の動揺は早晩，実体経済をさらに蝕む。中国経済の前途は多難である。

2.「トルコ・ショック」と新興国リスク

　試練。米国株が史上最高値圏を舞う反面，新興国からはマネーが流出。逃避

4

した資金が米国市場に一極集中した結果である。確かに米国経済は大型減税と財政出動のおかげで絶好調のさなかにあるが，これは選挙を意識した，政治的に演出された好景気に過ぎない。

だが一方で，米国民は多額のマイホーム・マイカー・学生ローンを抱え込む。付言すれば，中国も個人，企業の双方が借金地獄に陥っている。金利が引き上げられ，景気刺激策の効果が一巡した瞬間，宴は終幕を迎える。

米国経済が転換点に直面したそのとき，世界経済全体にその悪影響が波及する。世界各国は米国経済の下降局面に身構えなければならない寸前にある。

A. トルコリラ暴落の恐怖

一時，トルコリラを含めて，新興国の通貨が軒並み売り込まれた局面があった。コンテイジョン（伝染）の原因は米連邦準備理事会（FRB）による金融政策の正常化にある。世界金融危機の震源地は例のリーマン・ショックにあったが，米金融当局のFRBはいち早く量的金融緩和に終止符を打ち，徐々に金利を引き上げることで，金融政策の正常化に踏み切った。

米ドルの相対的な価値が高まると，投資家は金利の高い米ドルに資金をシフトさせる。反面，金利を伴わない貴金属や新興国からは資金が引き揚げられ，米国の金融市場を目指す。その結果が，米ドル高・新興国通貨安である。通例，米ドル高局面では国際商品価格の上値が重くなる。

トルコリラの場合，新興国リスクと米国との外交対立が重なった。当然，リラは急落に見舞われ，過去最安値圏から抜け出せない。代表的株価指数BIST100にも売り圧力がかかり，株安にも歯止めがかからない。トルコをはじめ，新興国は経常赤字を抱える。外貨準備金も十分でないケースが多い。外貨建て債務の返済負担は否応なく膨らむ。

トルコ経常赤字の対GDP比は2017年実績で5.5％と高水準，外貨準備金は1,029億ドルと輸入の5カ月分程度にとどまる[5]。一方で，対外債務は4,667億ドルと対GDP比54.9％に達する[6]。このうち民間部門の対外債務は3,251億ドル（うち返済期限1年未満の短期債務は981億ドル）と債務総額の70％を占める。

外貨準備金を原資とする米ドル売り・リラ買いの介入余力は乏しい。通貨防

衛目的で利上げに踏み切ると（トルコ中央銀行は2018年9月13日，政策金利を年17.75%から24%に引き上げている[7]。その後，2019年7月に引き下げ，19.75%とした），景気悪化の引き金となる。

投機筋は経済の脆弱性に着目，新興国通貨売りを仕掛ける。1990年代末期に顕在化したアジア通貨危機もロシアのルーブル危機も同様の構図だ。新興国経済は通貨安に耐える体力を備えているか。

リラが急落したトルコでは輸入インフレが加速，景気悪化が問題視されるようになった。トルコリラ安は一時，ユーロ安も招いた。スペイン（2018年3月時点で809億ドル），フランス（同じく351億ドル），イタリア（同185億ドル）など南欧諸国がトルコ向け与信を保有するからだ[8]。食料品から原材料まで輸入に依存するトルコでは，リラ安で輸入コストが急上昇。物価上昇はトルコ国民全体を苦しめる。

事実，2018年8月の消費者物価指数（CPI）は対前年同月比17.9%増と20%増に接近していることを背景に，小売売上高の伸びが鈍化している[9]。消費者は物価上昇局面では消費を手控える。公表された統計数値を見ると，トルコの2018年経済成長率が2017年の7.4%から3.9%に降下し，2019年になると，マイナス転換すると予想されている[10]。

通貨安のメリットは輸出を刺激するところにある。円安が株高に直結することは経験則で良く知られている。しかし，トルコの場合は様子が異なる。原材料や基幹部品を輸入に頼るトルコでは輸出刺激の前段階で調達コストが上昇する。結果，企業経営を圧迫してしまう。

B. 中東世界の要：トルコの戦略的重要性

トルコ経済の変調は日系企業と無関係ではない。親日国トルコには国内市場を標的とする，ダイドーグループHDや日本たばこ産業（JT）など消費財メーカーが進出，欧州向け輸出の生産拠点（トヨタ自動車，ホンダ，いすゞなど）としての機能も併せ持つ。

トルコは中東，アフリカ，中央アジア，欧州の結節点にある。文字通り，地政学的要衝地に位置する。トルコのエルドアン大統領はオスマン帝国の栄華を

6

意識，帝国再興を夢見ているようだ。トルコの安定は当該国だけでなく，周辺地域にとっても重要度は高い。内戦や対立が続く，シリア，イラクとの国境線は計 1,200 キロメートルにも及ぶ。過激派組織・イスラム国 (IS) 掃討作戦でトルコは中核的な役目を果たしてきた。

英国の欧州連合 (EU) 離脱観測でエルドアン政権は EU 加盟を断念したように見受けられる。トルコは近代化以降，EU 加盟を切望，標榜してきたが，キリスト教文化圏の EU 側はイスラム教国のトルコ加盟に難色を示してきた経緯がある。それでも，トルコは北大西洋条約機構 (NATO) には加盟，欧米世界の安全保障を支える役割を担う。EU 域内には 700 万人のトルコ系住民が暮らす(11)。

エルドアン政権とトランプ米政権との政治的衝突は収束する兆しがない。クルド系勢力を重視するワシントンには反発する一方，シリアのアサド政権打倒で両国は歩調を合わせ，アンカラは南部インジルリク空軍基地を米空軍に提供。米側はインジルリク空軍基地を拠点に IS 空爆を実施してきた。トランプ政権は最新鋭ステルス戦闘機 F35 のトルコ売却を禁じたけれども，トルコが米国の軍事同盟国であることには間違いはない。

トルコ接近を画策するのが NATO の仮想敵国ロシア。モスクワはトルコに地対空ミサイルシステムを売り込み，NATO 分断を図る。トルコが NATO から離反すると，NATO の対ロシア防衛力を弱めてしまう。シリアをめぐっても北西部イドリブ県に幅 15 〜 20 キロメートルに及ぶ非武装地帯 (DMZ) を設置することでエルドアン大統領とプーチン大統領の間で合意していた。そこではトルコとロシアの軍隊が展開，治安維持に努める(12)。資金不足に喘ぐトルコは巨額融資目的で中国にも擦り寄る(13)。

地政学上の均衡が崩れることを警戒する，ドイツのメルケル首相はトルコを支援する方針を言明。シリア難民の欧州流入でトルコの協力が不可欠だとの側面を強調する。フランスのマクロン大統領はトルコとの貿易拡大を約束している。

他方，カタールのタミム首長はアンカラを訪問，150 億ドルの直接投資を表明した。資金は通貨や金融機関の安定向けだという(14)。さらに，カタール中

央銀行はトルコ中銀と通貨スワップ協定を締結，トルコの通貨防衛を支える姿勢を鮮明にしている[15]。サウジアラビア，アラブ首長国連邦（UAE）など4カ国がイランと関係が緊密なカタールと断交，経済封鎖に踏み切ったが，トルコはカタール支援を強化していた。

　強権体制を貫徹するエルドアン政権ではあるが，大型プロジェクトを凍結するなど，政策変更を余儀なくされている。財政刺激策を採用できないのみならず，通貨安懸念で金融緩和も選択できない。政策余地は乏しく，経済は疲弊をきわめる。この限界をいかにして突破するか。困難な経済課題に取り組まなければならない。

　エルドアン一族は2016年に勃発したクーデター未遂事件を口実に，多数の企業，メディア，金融などを支配下に置いた。事実上の接収である。ここに諸悪の根源があることを忘れてはなるまい[16]。

3. 北方領土は永遠に戻ってこない

A. 日本を取り巻く厳しい国際環境に変化なし

　相も変わらず，日本は中国，北朝鮮，ロシアの核兵器に包囲され続けている。発射される核弾頭が日本の領土に着弾する懸念は一向に払拭されていない。日米安全保障条約が歯止めの役割を演じる構図にいささかの変化もない。にもかかわらず，韓国政府は北朝鮮に微笑外交を繰り広げる。ウクライナ領クリミア半島を武力で強奪したロシアと共産党一党独裁体制を貫徹する中国は，対北朝鮮制裁を緩和，解除せよと声高に叫ぶ。

　韓国には米軍が駐留するものの，北東アジア地域で日本が中国，朝鮮半島，ロシアと対決していかざるを得ない客観的状況が創出されている。日本を取り巻く環境は一層，厳しさを増していると言わざるを得ない。このような国際環境を無視して，安倍晋三首相はプーチン大統領と良好な関係を演出することに余念がない。安倍政権の対ロシア外交政策は明らかに間違っている。

B. 北方領土をめぐるモスクワの本音

　古くから連綿と続く日本の「ものづくり」の精神が今日の技術大国，経済大国の基盤となっている。市場経済，資本主義経済の果実を享受する一方，日本国民はこれに安住しない。試行錯誤，創意工夫を重ねる努力を決して怠らない。現状に満足せず，常に最良質を目指す。単なる金儲けに埋没しない潔癖さが日本の「ものづくり」精神の根底にある。

　この粘り強さを欠く国が日本製品を模倣する。謙虚に学ぼうとせず，盗み出そうと躍起になる。ロシアも同様だ。日本とロシアで共同経済活動を展開すると綺麗ごとを並べ立てても，現実にロシア側は何もできない。寒い地域であるにもかかわらず，温室すら作ろうとしないロシアを相手に日本企業が悪戦苦闘することは間違いがない。

　安倍政権は日本主導の経済協力を積み上げていけば，やがては信頼関係が醸成され，北方領土が返還される素地になると吹聴する。だが，ロシア側は経済協力と領土問題を切り離す。モスクワは北方四島（択捉・国後・色丹・歯舞）を第2次世界大戦の戦利品と位置付ける。固有の領土，古来の領土という発想はロシアに通用しない。領土は武力で拡大するもの，できるものと思い込んでいる。ロシアにとっては武力のみが領土拡大の手段となる。何よりもロシアが積極的に北方領土問題を解決しなければならない事情が見当たらない。

　2018年9月上旬，ロシア極東のウラジオストクで開催された東方経済フォーラムの壇上で，プーチン大統領は2018年中に日本との間で平和条約を締結しようと安倍首相に呼びかけ，物議を醸した。領土問題を棚上げにして，平和条約を締結し，日本からの投資を呼び込みたい魂胆だ。これがプーチン大統領の本音である。フォーラムの席上では「今，頭に浮かんだ考えだ」と語ったが，プーチン大統領に北方領土を返還する意思は微塵もない。

　目下，プーチン大統領と習近平国家主席は米国対抗軸を構築しようと結託している。2018年9月中旬，ロシア軍は極東やシベリアを舞台として，過去最大規模の軍事演習・ボストーク（東方の意）2018を実施，中国人民解放軍も参加した[17]。明らかに日米両国，ことにワシントンを牽制する姿勢であることがわかる。

ロシアは制裁，中国は貿易戦争でそれぞれ米国と鋭く対立している。ロシア軍はボストーク2018の直前，地中海でも大規模な軍事演習を実施している[18]。これにはシリア内戦に介入する米国を牽制する意図がある。

日米安保条約で結びつく日本と米国を分断することでも中露両国の思惑は一致する。日本政府はこの中露枢軸に楔を打ち込む戦略を講じなければならない。無責任にも日本の民間企業を巻き込んで，経済協力を先行させるのではなく，政府レベルで対ロシア軍事協力を優先し，外交・軍事部門に力点を置く戦略を行使すべきである。ここにインド，オーストラリアからの協力も得て，中国・北朝鮮包囲網を構築していくことこそが肝要である。これは北朝鮮の逃げ場を防ぐ道でもある。

C. ロシアのお家の事情

今のロシアでは問題が山積して，身動きが取れない状況となっている。クリミア半島強奪の懲罰として，欧米社会からは制裁が突きつけられている。クレムリン（ロシア大統領府）がクリミア半島をウクライナに返還しない限り，制裁が解除されることはない。

ロシアからはマネーが流出，通貨ルーブル売りに拍車がかかると同時に，株安，債券安も同時進行した。ロシア中央銀行は主要政策金利を6.50%とするけれども，ルーブル相場は安値圏から脱却できず，2019年8月中旬時点でも1米ドル66.51ルーブル前後で推移する。

ロシア経済は依然として脆弱で，事実上の経済危機に見舞われている。2018年第1・四半期の経済成長率はわずか1.3%，同年第2・四半期は1.9%に留まり，プーチン政権最後の年となる2024年の経済見通しでも1.5%と予想されている。ソ連邦時代のブレジネフ長期政権以来の経済停滞で，その原因の1つがロシア政府による企業家に対する執拗な嫌がらせや逮捕だとする見解もある。経済犯罪も後を絶たない[19]。

加えて，ここにきて年金問題が噴出してきた。低成長に喘ぐロシアにとって，構造問題にメスを入れることは当然の取り組みである。年金問題もその中の1つ。ロシアでも少子高齢化が進行，労働人口が減少する一方，引退する高

10

齢者が激増し，年金支給のための財源確保が喫緊の課題となっている。

ところが，ロシア政府側が国民に提示した年金改革案（年金受給開始年齢を 2019 年から段階的に引き上げ，女性は 55 歳から 63 歳，男性は 60 歳から 65 歳に引き上げ）が不評で，政権支持率が急降下。国民の反発で 3 人の現職知事が敗北に追い込まれた[20]。ロシア政府はやむなく女性の受給開始年齢を政府案の 63 歳から 60 歳に下方修正した[21]。

また，ロシア政府は金属・鉱業に対して 75 億ドルの増税を検討しているとされる[22]。制裁が原因で財政が悪化していることに危機感を抱いている証左である。

北海道の北部に広がるサハリン。ここでロシア国営石油最大手ロスネフチが関与する国際資源プロジェクトの「サハリン 1」が展開されている。米系国際石油資本（メジャー）・エクソンモービルの子会社と日本の官民が出資するサハリン石油ガス開発（SODECO）が 30％ずつ，インド石油天然ガス公社（ONGC）が 20％，ロスネフチの子会社 2 社が 20％の権益をそれぞれ保有する。この共同事業をめぐって，ロスネフチ側が参加企業 5 社に対して提訴，5 社側は 2 億 3,000 万ドル支払うことになった[23]。また，ロシア側は北方領土の軍事拠点化を断行，軍事演習を繰り返す。

ロシア政府は日本に好意的なシグナルを一切送っていない。友好ムードも信頼関係も醸成されていないのである。日本はこの現実を直視し，ロシアを戦略的に利用する外交姿勢に一刻も早く転換していくべきだろう。ロシアの外交の本質はそのすべてが軍事戦略であることを察知すべきである。日本の国益は損なわれていく一方である。

4. 北朝鮮は本当に核兵器を放棄するのか

わが国・日本がロシア，北朝鮮，中国が保有する核兵器の標的となっている客観的情勢にいささかの変化もない。日本列島全体が核兵器に包囲されている危険な状況が今なお続く。米露両国による核軍縮交渉は行き詰まり，ワシント

迷を深めてくる。

　殺害の現場となったトルコは事件を機に，勢力を拡大できると算段する。早くもカタールマネーがトルコに流入する。イスラム教シーア派勢力を束ねる，サウジアラビア，米国両国の宿敵イランも中東世界で主導権を握りたい。イランやトルコの背後にはロシアが控えている。ホワイトハウスが目論むイラン包囲網構築戦略は完結しそうにない。

B. イランの反撃は奏功するか

　サウジアラビアが抱え込む社会問題は程度の差こそあれ，ペルシャ湾岸産油国に共通する。この間隙を突こうと，虎視眈々と狙う代表国がイラン。サウジアラビアの凋落を好機としたいテヘランは中東地域でのプレゼンス強化に動く。

　ただ，トランプ米政権がイラン核合意[34]からの離脱を表明，経済制裁発動へと舵を切ったことからイランは米ドル経済圏から放逐され，イランを取り巻く外部環境が極度に悪化。原油輸出の拡大に急ブレーキがかかっている。オイルマネーに依存するイランにとって大打撃となる（イランの原油輸出量は 2019 年春実績で日量 130 万バレルと 2018 年 5 月実績の同 280 万バレルから大きく減らしている[35]）。国際原油市場の撹乱要因にもなっている。

　イランが直面する喫緊の課題は不況の克服。市民生活には基軸通貨国・米国が発動する経済制裁の悪影響が忍び寄る。

　イラン当局は秘密裏に原油を大型タンカーに積み込んで輸出する，いわゆる密輸に乗り出すことで急場を凌ごうとしている[36]。また，ワシントンとの対決姿勢を鮮明にするロシアはイランを援護射撃。イラン産原油をシリアなど第3国に輸出して，イラン経済を下支えしている[37]。と同時に，イランによるイスラム教シーア派武装勢力に対する資金援助にも援用されている模様だ[38]。中国も助け舟を出す。中国政府は人民元建てでの原油輸入を増やす構えでいるという[39]。

　最高指導者アリ・ハメネイ師は抵抗経済を強化せよと叫び[40]，米国と交渉しない[41]と対米交渉を禁じるなど，あくまでも強気の構え。重ねてハッサン・

える局面に突入した。不信を募らせる投資家はサウジアラビア政府と距離を置く。

　国営石油会社サウジアラムコの新規株式公開（IPO）は事実上の断念に追い込まれたが，サウジアラビアの改革開放路線が頓挫する公算が大きくなった。未来都市・NEOM事業の先行きにも不透明感が強まる。

　2001年9月の米同時多発テロでは実行犯19人のうち15人がサウジアラビア人だった。テロで死亡した遺族や負傷者はサウジアラビア政府に損害賠償を請求できるが，サウジアラビアにとっては訴訟リスクとなる[30]。

　もちろん，ムハンマド皇太子が描く「脱石油」への道は空中分解する[31]。そもそもサウジアラビアは「サウド家のアラビア」という意味で，王家が国名になっているなど，国際標準からは逸脱した存在である。

　ムハンマド皇太子の国際的信用はすでに失墜しており，王室内の権力闘争が激化する危険性を秘めている。サルマン国王はムハンマド皇太子の権限縮小を模索しているという[32]。権力闘争はサウジアラビアの国内問題だが，中東世界の勢力図や秩序が塗り替えられる可能性を否定できない。石油をある種の武器として国際政治力を行使してきたサウジアラビアだが，この戦略が仇となるリスクが浮上している[33]。

　言うまでもなく，サウジアラビアはアラブ・イスラムとOPECの盟主で，産油国による原油生産調整で主導権を握ってきた（スイング・プロデューサー＝生産調整役）。ただ，OPEC非加盟である石油大国ロシアからの協力が必要となる。ロシアとしても対サウジアラビア接近は中東地域でそのプレゼンスを高める。と同時に，米国主導の中東秩序に楔を打ち込める。

　国際原油価格の上昇に神経を尖らせるワシントンはサウジアラビアに原油増産を迫る。その一方で，米国政府は中東地域での影響力を保持するために，ペルシャ湾岸産油国に武器・兵器を売り込み，航空機も大量輸出したい。サウジアラビアと貿易関係を維持したいのは日本や欧州諸国も同様である。

　だが，サウジアラビア・ムハンマド皇太子に依存する中東戦略は修正を余儀なくされている。中東世界でサウジアラビアの影響力に陰りが生じると，これに乗じて敵対勢力が挽回を図ろうとする。勢力の均衡が崩壊し，中東情勢が混

14

る。庶民であれば，即，御用となるが，最高指導者，独裁者となると，国内で
罪が問われるとは限らない。しかし，国際社会は黙っていない。

　北朝鮮の独裁者は実兄を暗殺し，多数の外国人を拉致してきた。中国の独裁
者は少数民族の人権を著しく軽視し，収容所送りとしている。サウジアラビア
のムハンマド皇太子は王室批判を展開するジャーナリストを闇に葬った。人権
に敏感な欧米諸国のメディアは言論封殺だと一斉に批判のトーンを強めてい
る。

A．サウジアラビアの闇

　2018年10月2日，トルコ経済・金融の中心地イスタンブールにあるサウジ
アラビア総領事館内でサウジアラビア人ジャーナリストのジャマル・カショギ
氏が殺害された。ムハンマド皇太子に非難の矛先を向けてきたことを警戒する
皇太子が暗殺を命じたことは明々白々で，暗殺チームが皇太子の命令でイスタ
ンブールに送り込まれて，ターゲットを射止めた。

　ムハンマド皇太子は敵対するイランとの代理戦争の舞台となっているイエメ
ン内戦への軍事介入を主導する。内戦泥沼化の責任は明らかにムハンマド皇太
子にある。カタールに絶縁状を突きつけて，外交を断絶，経済封鎖に追い込ん
だ。衛星テレビ局のアルジャズィーラが報じる強権統治批判の報復が外交断絶
の主目的である。立腹したカタールはサウジアラビアが主導する石油輸出国機
構（OPEC）を脱退してしまった。加えて，レバノンのハリリ首相がサウジアラ
ビアを訪問した際には長期間，拘束している。

　ムハンマド皇太子には改革開放の旗手と残忍な独裁者という表裏が備わって
いる。ソフトバンクグループ（SBG）はサウジアラビアをパートナーとする10
兆円規模の投資ファンドを運営，営業利益を膨らませているが，SBG社長は
ムハンマド皇太子の微笑に騙された。

　米シリコンバレーの新興企業にとってサウジアラビアが最大の資金供給源と
なっている現実も直視しなければならない。米ウォール街にもサウジアラビア
の資金力が浸透する。その中心部にムハンマド皇太子が鎮座する。

　サウジアラビアマネーを受け入れるすべての国家，企業がそのリスクに身構

B. 北朝鮮経済の実情

　北朝鮮の名目 GDP は国連統計によると，1 兆 8,000 億円程度で島根県と同じ規模という[26]。国際社会が一致団結して北朝鮮に制裁措置を講じてきた影響で，実質 GDP 成長率は 2017 年で対前年比マイナス 3.5％と推計され，また，2018 年についても同じくマイナス 5％台と予測されている[27]。

　米国による武力行使の可能性が一時的に低下している間隙を突いて，金正恩委員長が国内視察を繰り返している模様だが，国内経済の再建は茨の道だ。党や軍の高級幹部が住む都市部に限定されるが，平壌中心部では 2005 年に 5 万ドルのマンション住宅が 10 万〜 20 万ドルに高騰。中国との国境沿いなどの地方都市でもマンションの価格は上昇傾向にあるらしい。

　もちろん農村部の生活は悲惨な状況となっている。農村部に住む市民の不平不満は鬱積する一方となっている。軍拡を優先させてきたツケは解消されずにいる。

　北朝鮮の貿易総額に占める対中国貿易は 9 割に達する。これが北朝鮮経済の要となる。制裁の効果は中国次第で浮沈する格好だ。2018 年 6 月の貿易統計によると，中国の対北朝鮮輸入額は対前年同月比で 9 割も減少しているとされる[28]。

　中国を筆頭に国際社会が北朝鮮とどのように向き合うのか。北朝鮮が本腰を入れて，覚悟を決めて，非核化に取り組まない限り，北朝鮮経済の浮上はあり得ない[29]。この意味において，韓国が現段階で太陽政策に舵を切るのは誤っている。文大統領は今もって日本を敵視する外交姿勢に終始する。金委員長にとって文大統領は単なるメッセンジャーボーイに過ぎない。文政権が暴走し続ければ，韓国は国際社会で孤立する。これは文大統領の外交生命の終焉を示唆する。

5. 中東世界で何が起こっているのか

　自国の論理が世界で通用すると勘違いしている為政者が今もって残存する。常日頃の傲慢ぶりが罪悪に対する感覚を麻痺させ，犯罪に手を染めることにな

木を見て森を見ず。文大統領の外交は朝鮮半島のみに注がれている。対日関係をはじめ，周辺国や主要国への影響が視界に入っておらず，身勝手な外交を展開している。韓国内の景気低迷に正面から取り組まなければならないにもかかわらず，北朝鮮融和政策を支持率向上に結び付けようと躍起になっている。韓国経済の浮揚策を放置して，制裁措置に抵触する対北朝鮮投資を優先させようと野心を燃やす。文大統領は内外の反対を押し切って，四大財閥トップを同行させた。

韓国と北朝鮮の共通因数は反日であろう。1つの民族を錦の御旗として，民族自決のために日本国民が悪用される。双方は反日で共闘する。日本国民が警戒すべきは反日で中国と朝鮮半島が結託する姿である。韓国は今も竹島上陸で日本を揺さぶる。中国とロシアは制裁緩和に積極的な姿勢を示す。

北朝鮮は今もって前近代的な独裁国家。実兄殺害も躊躇しない野蛮国家である。否，国家とは位置付けることのできないテロリスト集団である。首脳会談を重ねるごとに独裁国家，野蛮国家，テロリスト国家を正統な国家だと黙認することになる。金王朝の正統性を容認することになる。朝鮮半島統一の際，金一族をどのように処理するつもりなのか。

半島統一には韓国の経済力が不可欠。現在の韓国経済はその実力を備えているか。統一となれば，韓国側に莫大な負担が発生する。脆弱な韓国経済には耐えられない。外国人投資家は韓国から一斉に資金を引き揚げるだろう。そうなれば，間違いなく経済危機となる。今は体力を蓄えることに集中すべきである。北朝鮮に秋波を送るのは時期尚早であろう。

朝鮮戦争の後始末も終わっていないにもかかわらず，金正恩委員長は体制保証を勝ち取ることに執着する。また，朝鮮戦争を名実ともに終結させたとしても，北朝鮮の体制保証や不可侵とは別次元の問題である。金委員長は戦争終結と体制保証が連続すると誤解している。朝鮮半島の北半分は国家としての機能を果たしていない。北朝鮮を独立国家として承認すること自体が誤っている。経済制裁の緩和や解除，それに平和協定締結は論外だ。このことをまずは認識すべきである。

ンは北京に貿易戦争を仕掛ける。ワシントンと平壌との間で信頼が醸成されているとは言い難い。ホワイトハウスの対北朝鮮アプローチはまだまだ弱腰である。そこには対露，対中政策との整合性が求められる。

A. 南北首脳会談の連発で舞い上がる愚かなソウル

2018年9月18日の午前10時前，韓国の文在寅大統領一行を乗せた専用機が平壌の順安空港に着陸した。その直後，北朝鮮の金正恩委員長が出迎え，文大統領と抱擁を交わした。この日の午後4時前，朝鮮労働党本部で1回目の首脳会談が始まった。翌日の午前10時には百花園迎賓館で2回目の首脳会談が始まり，1時間ほどで終了している。その後，「9月平壌共同宣言」に署名，その全文が公表された[24]。

『日本経済新聞』(2018年9月20日号) に掲載された「共同宣言」の骨子は次の通りである。

・北朝鮮は東倉里 (トンチャンリ) のミサイル試験場と発射台を永久廃棄
・米国が相応の措置をとれば北朝鮮は寧辺核施設を廃棄する用意
・金正恩委員長が近いうちにソウルを訪問
・南北は朝鮮半島を恒久的に平和にするため実践的措置を実施
・南北の鉄道と道路をつなげる着工式を年内に実施
・離散家族問題の根本的な解決に向けた人道的協力を強化
・2032年夏季五輪の南北共同開催誘致へ協力

一読すればわかるように，合意文書では北朝鮮が保有する核兵器や弾道ミサイルを廃棄，放棄することに触れていない。欠陥文書である。少なくとも国際社会全体にとって，資する内容は微塵もない。空虚な美辞麗句が並んでいるに過ぎない。肝心の非核化を後回しにして，南北融和だけが一人歩きしている。実質的には相互不可侵条約に近い[25]。北朝鮮が段階的非核化ではなく，無条件で核兵器・弾道ミサイルを廃棄処分し，国際社会によって査察，検証されない限り，目標は達成されない。

ロウハニ大統領も制裁による打撃はないと強調する。しかしながら，閉鎖経済下で既得権益層には利益をもたらした反面，通貨の下落が市民生活を苦しめる。

　米国による対イラン制裁は通貨リアルの下落圧力となる。イラン中央銀行は米ドル売り介入でリアルを買い支えているものの[42]，通貨急落が原因ですでに食料品価格が上昇，インフレが加速するリスクが蔓延している[43]。国際通貨基金 (IMF) の予測によると，2019 年の物価上昇率は37％に達し，同年の経済成長率はマイナス6％に沈むという[44]。マイナス成長とインフレのダブルパンチがイラン国民を襲う。

　イラン産原油は中国（輸出に占める比率は24％，2017年実績，以下同様），インド（18％），韓国（14％），トルコ（9％），イタリア（7％），日本（5％），フランス（5％），アラブ首長国連邦（UAE, 5％），その他（13％）とアジア諸国を中心に輸出され，輸出先の原油需要に応答している[45]。日本が輸入する原油に占めるイラン産原油の比率は5.3％（2017年実績）である[46]。

　オイルマネーがイラン経済を支える一方，石油消費国の需要を満たす。この補完関係は米国政府の対応次第で，崩壊する危機に直面する。この危機はイラン経済を直撃する危険性も内包する。この閉塞状況をイラン当局は手荒い手法で突破しようと試みるが，果たして突破できるのか。親日国イランを取り巻く情勢は石油消費国・日本にとっても他人事ではない。

6. 国際原油市場の政治経済学

　経済体制の制度設計やルールは政治で決まる。経済の動向や現象を操るのもまた政治が決定打となる。その政策次第で経済は浮沈する。したがって，当該国民による政治指導者の選択は経済診断を基準とせざるを得ない。景気が良ければ，続投となるし，悪ければ，即刻，政治家の首が飛ぶ。英国のEU離脱問題もフランスの燃料税引き上げ問題も結局は，当該国民の審判に帰着している。

　自由貿易を冒涜する，無謀な関税率引き上げが米国経済の繁栄を保障するの

か。外国人労働者の受け入れ拡大策が日本経済の真の成長に役立つのか。外国企業による無闇な対日投資が成長を牽引するのか。成長の果実が日本国民の生活水準向上に反映されるのか。政治指導者の判断は当該国の命運を左右する。

OPECは有力産油国による政治的意思決定の産物だが，その石油政策は消費国に多大な影響を及ぼす。これに圧力をかけるべく，政治家が口先介入することが吉と出るのか，凶と出るのか。市場がその解答を提示する。政治家による市場への介入は失敗することが多い。政治家の判断よりも市場のほうが能力的に優れているからだ。

A. カタール脱退の衝撃

傍若無人ぶりを発揮してきたサウジアラビアのムハンマド皇太子。サルマン国王の世間知らずの息子はサウジアラビアを正しい方向に導いていると勘違いしている。巨大新都市建設プロジェクトでも優先的に建設されているのはムハンマド皇太子の宮殿。ここに世界屈指の投資家が群がる。スーパーリッチは常に貪欲だ。

ムハンマド皇太子は隣国イエメンの内戦に軍事介入し，子供の飢餓と餓死を生み出した。衛星テレビ局アルジャズィーラが本拠地とするカタールには絶縁状を突きつけて，外交関係を遮断。経済封鎖に追い込んだ。アルジャズィーラは歯に衣着せぬ論調でサウジアラビアの王室を批判してきたことで知られる。

ワシントンは永遠の宿敵イランを退治すべく，ペルシャ湾岸産油国を全面支援，中東戦略の拠点に仕立て上げてきた。ことにサウジアラビアとの関係は深い。現大統領初の外遊先はサウジアラビアだった。不動産取引でも個人的につながっている。同盟国イスラエルとともに，イランに軍事的圧力を加える。あわせて，サウジアラビアはイランとの覇権争いに興じる。

現大統領の望みの綱がユダヤロビーとキリスト教福音派。米国大統領の頭には打算しかない。崇高な理想や価値観は微塵もない。米国史上，最も卑しい大統領である。ゆえに愚かな口先介入を繰り返す。

2018年12月3日，カタールは2019年1月にOPECを脱退する方針を明言した。経済封鎖を主導したサウジアラビアに決別を通告したのである。カター

ルは OPEC 非加盟有力産油国のロシアも巻き込んだ，産油量のいわゆる，協調減産を実現に導いた立役者である。この減産が奏功して，国際原油価格が上昇基調に転じたことは記憶に新しい。

　カタールの OPEC 全体に占める産油量は 2% 弱に過ぎない[47]。だが，カタールがその本領を発揮できる分野は天然ガス産業である。潤沢な埋蔵量を背景に，周辺諸国にはパイプラインで天然ガスを供給する一方，液化天然ガス（LNG）事業にもいち早く取り組んできた。その結果，カタールの LNG 生産量は現在，年間 7,700 万トンに増強されている。近い将来，その生産量は 43% 増の同 1 億 1,000 万トンに拡充される見通しとなっている。世界規模で旺盛な LNG 需要に応答する布石となる[48]。

　カタールの脱退で OPEC は一段と弱体化するが，カタール当局は天然ガス産業を機軸とするエネルギー政策に転換する構えでいる。目下，天然ガス価格は原油価格に連動する傾向が顕著だけれども，スポット（随時契約）取引が積み上がれば，その呪縛から解放される可能性が高い。

　アラブ産油国による経済封鎖は結果的に，カタールのイラン接近を招いている。カタール沖海底には巨大天然ガス田・ノースフィールドが鎮座するが，イランの南パルス天然ガス田とつながっている。カタールとイランが関係を深めるのは当然の帰結なのかもしれない。

B. 空中分解の危機に瀕する OPEC

　OPEC 創設の動機は価格カルテルの結成にあった。この目的はほぼ達成され，国際原油市場を自由自在に操るに至った。しかし，その一方で原油価格は市場原理に基づいて推移する。需要が旺盛で供給量が絞り込まれると，価格は跳ね上がるが，逆に，需要が減退して供給量が増えれば，価格は急落する。

　産油国がすべて OPEC 加盟国であれば，価格カルテルは有効に機能するが，現実の世界では OPEC に加盟していない産油国が多い。世界原油生産量に占める OPEC のシェアは 40% 程度にとどまる。OPEC 非加盟産油国の代表国はロシアだが，反米国家のロシアは OPEC の石油政策に一定の理解を示す。そこには政治的計算が働いている。

2018 年 12 月 7 日，OPEC はロシアなど OPEC 非加盟産油国と日量 120 万バレルの減産で合意した[49]。この合意を受けて，下落基調にあった国際原油価格は上昇に転じた。市場は供給量の抑制が需給バランスに影響を及ぼすと判断した。産油国による価格カルテルが機能したことを示唆する。

だが，カルテルが機能するためには，参加国による結束が前提条件となる。結束が揺らぐと，カルテルは機能しない。また，カルテルの部外者からの圧力や外部環境が急変すると，結束に亀裂が入ることもある。サウジアラビア王室は例のジャマル・カショギ記者殺害事件で国際的信用を喪失した。早くも欧米メディアがサウジアラビア批判のトーンを上げている。サウジアラビアと米国の同盟関係に傷がつくと，困るのはサウジアラビア側である。窮地に陥ったサウジアラビアはロシアに泣きつき，協調減産が実現した。

しかしながら，この協調減産には大きな懸念材料がある。それは産油国が一丸となって減産を実行するかという基本的な問題である。これには一種の「囚人のジレンマ」的な葛藤が常に横たわる。

OPEC 加盟国が互いに減産を順守するかどうかという疑念を抱くと，減産を実行しなくなる。実際，減産を主導するのはサウジアラビアであり，他の産油国は減産に熱心でない。サウジアラビアにとって減産の経済的メリットは乏しい。原油価格が上昇に転じても，サウジアラビアはその恩恵を享受できないとなると，OPEC を主導する経済的意義が薄れる。

サウジアラビアがもはや OPEC は機能していないと認識したそのとき，OPEC 解体論が巻き上がり，OPEC はその歴史を閉じることとなる。サウジアラビアの政治指導者が OPEC の政治的な意味を重視するか，経済的合理性を追求するかによって，OPEC 存続の運命は左右される。カタールの脱退は OPEC 解体の予兆となるかもしれない。

ワシントンは中国に貿易戦争を仕掛けている。この戦争は長期戦となりそうだ。他方，米現政権はいわゆる，「ロシアゲート疑惑」に追い詰められてきた。米国，ロシア，中国の 3 カ国が国際政治舞台の主要ファクターとして国際原油需給を刺激する。そうなると，産油国による協調減産の効力を弱めてしまう。価格カルテルは機能不全に陥り，国際原油価格に再度，下落圧力がかかる

と，OPEC不要論が勢いを増すことになるかもしれない。

米国ではオバマ政権時代の「シェール革命」が成功，米国の産油量は確実に拡大している。米エネルギー情報局（EIA）が2018年12月6日に公表した統計によると，米国の産油量は2018年に平均で日量1,090万バレル，2019年に同1,210万バレルに膨張するという[50]。米国が世界最大の産油国に躍り出たと同時に，原油輸出量も日量320万バレルと過去最高を更新している。一方，米国の原油輸入量は急減，原油・石油製品の純輸入量は日量200万バレルにまで減少している[51]。日本の原油輸入量よりも少ない水準だ。

原油の供給サイドでは今や，サウジアラビア，ロシア，米国が主役を演じ，需要サイドでは中国とインドの需要状況，つまり景況感が重要視される局面を迎えている。その需給バランスが国際原油価格の動向を決定付けることになる。もちろん投機マネーの存在も軽視できない。投機マネーは政治と経済の双方を睨みながら，市場を揺さぶる。

7. 窮地に立つプーチン政権

伊勢神宮の参拝に合わせて，安倍晋三首相は2019年1月初旬，恒例の年頭記者会見に臨んだ。その場で，安倍首相はロシアとの平和条約締結に向けてのロードマップ（工程表）を描いて見せた。安倍首相は北方領土問題に必ずや終止符を打つと豪語するが，残念ながら，実現する可能性はきわめて低い。1956年の「日ソ共同宣言」を基盤に，「新たなアプローチ」とされる方針でロシアと信頼関係を構築し，領土問題を解決，平和条約を締結すると胸を張る。

しかしながら，たとえ共同経済活動を積み上げて，日本が対ロシア協力を推進しても，領土問題は解決できない。ロシア側に領土を返還するメリットがないうえ，プーチン政権のお家の事情が対日譲歩を許容しないからである。ロシアとは今後とも不毛の論争が続く。

確かにロシアは核兵器大国であるけれども，その産業構造は依然として，一次産品に輸出を過度に依存する発展途上国型にとどまっている。輸出は主として，原油・天然ガスを代表とする資源エネルギー，原子炉，武器・兵器に偏っ

ている。そのほかの製品に国際競争力は備わっていない。

　日本の家庭にロシア製の製品がないことを見れば，日本国民にとってロシアがいかに馴染みの薄い国であるかがわかる。中小企業の裾野も広がらない。きわめて脆弱な経済構造に甘んじている。政治的野心だけは一人前だが，いかんせん経済水準が国際標準に遠く及ばない。ロシアは中国と同様に，世界をリードする資質を決定的に欠いている。

A. ロシア経済の脆弱性

　ウクライナ領クリミア半島をいわゆる，ハイブリッド攻撃で奪った懲罰として，欧米諸国はロシアに経済制裁を発動，現在も制裁は解除されていない[52]。ロシアはウクライナ東部地域も占領，虎視眈々とウクライナ併合を狙う。明らかに侵略戦争である。ロシアの警備当局がクリミア半島近海でウクライナ海軍の艦船を攻撃，拿捕したことも記憶に新しい[53]。

　この結果，ロシアは事実上，米ドル経済圏から放逐され，遮断されている。今やロシア経済の生命線は欧州諸国と中国とをつなぐ原油と天然ガスのパイプラインのみとなった。ロシアの産油量は 2018 年 12 月実績で過去最高水準の日量 1,142 万バレルに達している[54]。天然ガスの対欧州輸出量は 2018 年通年で 2,000 億立方メートルを突破，過去最高を更新している[55]。安値攻勢で市場シェア維持を強化する方針が貫徹されている。

　制裁や原油安で困り果てたロシアは隣国の中国に泣きつき，金融援助を要請するとともに，対米国牽制で共同戦線を張る。一方のホワイトハウスはいわゆる，「ロシアゲート疑惑」で野党民主党主導の下院に手足を縛られ，身動きが取れない。

　グローバル経済の世界で孤立主義が通用するはずはなく，モスクワはさまざまな手口を行使して，対話を試みるが，クリミア半島をウクライナに返還しない限り，制裁解除は実現しない。また，モスクワもクリミア半島を返還する意思は微塵もない。結果，対ロシア経済制裁は長期化する。

　先進諸国の原油需要はともかくも，中国とインドの原油需要は依然として旺盛だが，国際原油価格は萎縮する金融市場と共鳴，足元では低迷状態が続く。

リーマン・ショック（金融危機）前夜のような熱狂からは程遠い。ロシアの原油増産意欲が強いことも原油安の一因となっている。

ロシアの財政状況は厳しく，財政赤字が続く。また，米 FRB が金融引き締めに舵を切ったことから，新興国からのマネー流出が顕著となっている。ロシアの通貨ルーブル相場にも下落圧力がかかる。通貨安が輸入インフレを誘発する。

日本政府は西側諸国が見限るロシアと向き合おうと試みている。ロシアは国際的孤立状態に置かれていないことの口実に東京を都合良く利用する。この 21 世紀に前近代的な手法でクリミア半島を略奪したロシアが謙虚にも北方領土を返還する訳がない。日本政府はこの際，幻想を捨て去るべきである。

クレムリンは分断作戦を好む。サイバー攻撃も動員，外交戦術を巧みに駆使して，欧米分断，日米分断，欧州分断を図る。その 1 つの方法がロシア産エネルギー供給網・ネットワークに組み入れていくことである。

ソ連邦時代から欧州諸国に原油と天然ガスを供給してきたが，現在ではトルコ，中国など周辺，近隣諸国にも供給網を拡大しつつある。日本にもロシア産の原油と LNG が陸揚げされるに至っている。ただそれでも，日露貿易総額は 2017 年で 200 億ドルに過ぎない[56]。ロシア産 LNG の世界輸出量は 2040 年までに年間 2,400 万トンまで拡大する見通しとなっている[57]。

ドイツでは既存のパイプラインに加えて，新たな天然ガスパイプラインがバルト海海底に建設されている。すでに「ノルドストリーム 1」は稼動，現在，「ノルドストリーム 2」事業の推進でドイツ，ロシア両国が合意している[58]。

また，トルコでは黒海海底に敷設された天然ガスパイプライン「ブルーストリーム」だけでなく，「トルコストリーム」と命名される天然ガスパイプラインも建設されている。その総延長は 930 キロメートル，輸送能力は年間 315 億立方メートルで，その半分はトルコに，残余は欧州諸国に輸出される[59]。

その一方で，対ロシアエネルギー依存度を引き下げようとする欧州諸国もある。たとえば，ポーランドは米国産 LNG の輸入に熱心だ。米国産 LNG は今後，欧州大陸を目指して出荷されていく[60]。

ロシアは中国も重要な資源エネルギーの輸出先として位置付ける。石油大手

だけでなく，天然ガス企業も中国市場の開拓に意欲を燃やす。と同時に，ダイヤモンド世界最大手のロシア国営アルローサもまた中国市場への売り込みに力を入れる。2017年実績で1億8,000万ドル相当のダイヤモンドを中国に輸出，アルローサ世界販売の5％を占めるに過ぎないが，アルローサの経営陣は中国市場の攻略に力点を置く構えでいる[61]。

　ただ，周知の通り，中国経済は下降局面に入っている。低空飛行となる中国の経済がロシア経済を直撃することになる。

B. 厳しいロシアの台所

　ロシア経済は今，労働人口の激減に直面している。ロシア政府は少子高齢化社会の到来を見据えて，構造改革に取り組む必要がある。年金改革もその1つとなる。ところが，ロシア政府が2018年6月に発表した年金改革案（年金受給年齢の引き上げ）を引き金に，プーチン大統領の支持率が急落（2018年12月の世論調査では61％），政府は改革案の修正を余儀なくされた。

　財政再建には年金改革が不可欠だが，経済が停滞をきわめる今，相次ぐ工場閉鎖などで職を失うロシア市民は納得しない。賃金の未払い問題も解消されていない。国営企業の民営化など構造改革を放置してきた歪みが表面化した格好だ。ロシア国民の怒りと不満は頂点に達している。

　ロシアの経済成長率は2018年でわずか1.7％にとどまる[62]。公式の失業率は4.7％と歴史的な低水準を記録しているが，それは大規模な賃金カットの結果に過ぎない。実質可処分所得は2014年以降，毎年，低下し続けている。月間の生活費が1万ルーブル（1万7,000円）以下の貧困層は2,000万人に膨らんでいるという[63]。

　ロシア国民を犠牲にして，軍備拡張に邁進するクレムリン。なすべきはクリミア半島をウクライナに返還して，制裁解除に向けた準備を進めることである。近隣諸国に軍事的な対抗姿勢を強めても，ロシアが得られる果実は皆無である。

8. クレムリンの資源エネルギー戦略

　依然として生活水準の低いロシアだが，潤沢な原油と天然ガスの埋蔵量には恵まれる。国内需要を賄うだけでなく，余剰の原油，天然ガスを周辺国に大量輸出，供給する。その輸出収入がロシア財政の40%を支える。ロシアの産油量は今や日量1,100万バレルに達している。ロシア産原油・天然ガスの国際ネットワークが低迷をきわめるロシア経済の生命線としての役割を果たす。

　その具体的な担い手がロシア石油最大手の国営ロスネフチと天然ガス独占体の国営ガスプロムである。ガスプロムは天然ガスの独占輸出権を誇示，輸出向けパイプラインを駆使して，周辺国，近隣諸国にそのネットワークを張り巡らせている。

　一方，ロスネフチはクレムリン，ロシア政府が描く資源エネルギー外交戦略に沿って，周到に国際展開する。輸出向けのパイプラインで欧州諸国や中国に原油を輸出することに加えて，遠く離れた東南アジアのベトナムや南米の反米左派国家ベネズエラで資源権益を取得，親ロシア国家の拡張を図る。

　クレムリンの外交戦略を観察するとき，ロスネフチとガスプロムの存在と活動は無視できない。ロスネフチとガスプロムはクレムリンと運命共同体を構築するとともに，国際資源戦略のエージェントとしての役割を担っている。

A. ガスプロムの対外戦略

　西シベリアに広がる天然ガス田から欧州諸国に向かって，複数の幹線パイプラインが陸上を走る。ベラルーシやウクライナに供給されると同時に，この両国を経由して，多数の欧州諸国にまで天然ガスパイプラインは伸びる。欧州天然ガス市場に占めるロシア産のシェアは4割程度で，年間2,000億立方メートルの天然ガスを輸出している。安価な天然ガスを欧州諸国に販売，市場占有率の維持を優先する。

　ベラルーシやウクライナを迂回するルートを展開するには，海底にパイプラインを設置する以外に方策はない。これには2つのルートが選択される。

1つは黒海海底を通過して，トルコや南欧諸国に天然ガスを輸出する南回り
ルートである。トルコ向けとしては「ブルーストリーム」と命名された天然ガ
スパイプラインがすでに設置，稼動。あわせて，「トルコストリーム」と称さ
れるパイプラインも建設されている。トルコを経由して，南欧諸国に天然ガス
を供給するルートである。こうしたパイプラインが正常に稼動するためには，
ロシアとトルコ両国の良好な国家関係が維持されていく必要がある。

　もう1つは北欧地域のバルト海海底に天然ガスパイプラインを建設する北回
りルート，「ノルドストリーム1」（総延長1,200キロメートル，年間能力550億立方メー
トル）である(64)。西シベリアの天然ガス田から伸びるパイプラインがサンクト
ペテルブルク近郊を通過，沿岸部からはドイツに直行する海底パイプラインが
建設され，現在，稼働中である。

　そして今，「ノルドストリーム1」と並走する「ノルドストリーム2」が新規
に建設中である(65)。稼動すれば，北回りの天然ガス輸出能力は倍増される。
総工費95億ユーロにのぼる大規模事業であるが，米国産LNGを欧州諸国に
売り込みたい米国政府は制裁のカードをちらつかせながら建設中止を迫る。だ
が，ドイツ政府に建設中断の選択肢はなく，いかにホワイトハウスが圧力をか
けようが，粛々と建設を継続していく構えでいる。

　国際社会からの孤立を深めるロシアが中国を軽視することはできない。旺盛
な天然ガス需要が見込まれる中国経済を視野に，ロシアは中国にも天然ガス供
給のネットワークを広げたい。そこでガスプロムは東シベリアの天然ガス田か
ら伸びるパイプライン「シベリアの力」を設置する事業計画を進めている。総
延長3,000キロメートル，総工費550億ドルに達する。中国側の天然ガスパイ
プラインとリンクさせれば，ロシア産天然ガスの大量輸送が可能となる(66)。

　こうした新規ルートの開発がガスプロムの輸出戦略であり，国際マーケティ
ング戦略の一環であることは言うまでもない。ロシア国内の天然ガス事業は採
算度外視で営まれている関係上，天然ガスの輸出が収益構造の主柱となる。
LNG輸出能力を強化していくプロジェクトも進展するが，パイプラインによ
る供給は面状に広がっていく。送ガス能力の拡充にはパイプラインの新規建設
が欠かせない。これが直線的に収益力向上に寄与するからである。

B. ロスネフチの野望

　ロスネフチの主要輸出市場はガスプロムのそれと多くが重なるけれども，ロスネフチの国際戦略はガスプロムよりも野心的である。何よりもロスネフチのトップ，イーゴリ・セチン社長がプーチン大統領の盟友として知られる。勢い，ロスネフチの対外行動はクレムリン外交を体現することになる。

　OPEC の盟主サウジアラビアは産油国としてのロシアを無視できなくなっている。ロシアは OPEC に加盟していない。OPEC の中核国サウジアラビアとOPEC 非加盟国のロシアが戦略的に急接近。サウジアラビアとロシアとが石油政策で歩調を合わせる場面が多くなった。

　ロスネフチは欧州諸国，中国を筆頭とするアジア市場に原油を輸出するだけでなく，積極的に対外展開を試みる。イラクではクルド自治州の油田開発に参画する。ベトナム沖で海底油田を開発する一方，ベネズエラでは国営石油会社PDVSA を全面支援。米国による対ベネズエラ制裁に反旗を翻す。兵力を投入して，ベネズエラの軍部を支え，マドゥーロ政権を擁護する。

　案外，知られていないが，ベネズエラは世界最大の原油埋蔵量を誇る。これを担保にロスネフチは PDVSA に金融支援する。ロスネフチはベネズエラ沖海底に眠る天然ガス田の権益も取得している。プーチン政権が破綻寸前のベネズエラ経済を支えることと無縁ではない。

　ロシアの周辺地域ではイタリア炭化水素公社（ENI）と共同で黒海の海底油田開発を始動させている。川下戦略にも余念はない。ロスネフチはドイツの製油所権益を獲得すると同時に，インドのエッサール・オイルを 2017 年に 129 億ドルで買収している[67]。

　ロスネフチが数少ないロシアの友好国に進出していることがわかる。つまりロスネフチの企業行動を観察すると，クレムリン外交の優先順位が自ずと浮き彫りになってくる。

9.　ハイパーインフレの国・ベネズエラ

　物価上昇率 1,000 万 %。IMF はベネズエラのインフレ率が 2018 年に 170

万％，2019 年には 1,000 万％に達すると予測する。もちろん，経済成長率は
マイナスに沈み，2018 年ではマイナス 18％と推計，5 年連続のマイナス成長
を記録する。

　経済的破滅を眼の当たりにしたベネズエラ市民は祖国を見限り，総人口
(3,200 万人) の 1 割強に匹敵する 400 万人の住民が故郷を去った。政権交代がな
ければ，2019 年中にはさらに 200 万人がベネズエラを脱出すると予測されて
いる[68]。

　ベネズエラ政府の対外債務残高は 2017 年末現在で 1,056 億ドル，ベネズエ
ラ国債と PDVSA 社債の元利払いは 2019 年で 89 億ドル，2020 年を迎えると
115 億ドルに達する。他方，ベネズエラの外貨準備金は 2019 年 4 月末時点で
79 億 8,000 万ドルと危険水域にある[69]。ベネズエラ経済は事実上のデフォル
ト (債務不履行) 状態，完全に破綻している。

　ベネズエラは原油確認埋蔵量 3,000 億バレル (2016 年末，重質油) で世界首位を
誇る有力産油国。OPEC に加盟する。PDVSA がベネズエラの石油産業を独占
するが，政府が原油輸出収入を巻き上げ，散財してきた。

　通貨ボリバルソベラノ (Bs) は大暴落，輸入インフレが原因で物価上昇を繰
り返し，結局は罪のない一般市民に生活苦を強いる結果を招いた。最低賃金の
月 4 万 Bs (760 円) ではパン 8 斤しか買えないという[70]。ベネズエラ経済破綻
の芽は反米左派のチャベス政権時代にあったが，その後を受け継いだマドゥー
ロ現政権による失政がその傷口を拡大した。

A. 終幕を迎えるマドゥーロ政権

　2019 年 1 月 10 日，首都カラカスで再選されていたニコラス・マドゥーロ大
統領の就任式が開かれた。任期は 2025 年までの 6 年間となるが，ベネズエラ
の野党だけでなく，米国や南米の周辺国，「リマ・グループ」は大統領就任を
認めず，制裁強化で締め付ける。ベネズエラ政府は国際金融市場で資金を調達
できない。

　外貨不足はベネズエラ経済をさらに追い詰める。石油産業を支えるために
は，新規の投資が必要だが，米ドル経済圏との遮断が老朽化した設備更新の道

を閉ざす。結果，ベネズエラの産油量は減少の一途を辿り，2019 年 4 月の産油量は日量 76 万 8,000 バレルと 10 年前の同 240 万バレルから急減している[71]。

　反マドゥーロの波に便乗した人物がフアン・グアイド国会議長。1958 年 1 月 23 日はベネズエラで軍事政権が崩壊，民政移管が実現した記念日だが，野党・反政府勢力は 2019 年 1 月 23 日に大規模街頭デモを強行。グアイド国会議長は勢いに乗って，「暫定大統領」就任を宣言した。この「暫定大統領」の就任，正統性を米国，EU，カナダ，南米諸国が早くも承認している。

　ホワイトハウスは 2,000 万ドルの人道支援を表明，マドゥーロ政権の存在を否定する声明を発表した[72]。米国はベネズエラから日量 59 万バレルの原油を輸入してきたが，禁輸措置を講じた。ベネズエラは年間 110 億ドルの原油輸出収入を逃すことになる。また，米国内で製油所 3 カ所，ガソリンスタンドを所有する PDVSA の米製油子会社シトゴ・ペトロリアムを制裁の対象とし，70 億ドル規模の資産を凍結した。

　あわせて，ニューヨーク連邦準備銀行などが保有するベネズエラ公的資産の運用権限をグアイド暫定大統領に移管している。今後，米企業が PDVSA から原油を購入する場合には特別口座に入金させる[73]。宙に浮いた日量 59 万バレルが中国などに運搬されれば問題はないが，在庫として積み上がると，国際原油価格を押し下げる要因となる。

　EU もグアイド暫定大統領支持を打ち出すとともに，ベネズエラに大統領選挙のやり直しを要求した。英中央銀行のイングランド銀行はベネズエラから預かっている 12 億ドル相当の現物金を凍結している。

　このような自由陣営諸国のアプローチに反発する国がロシアと中国。中露両国はベネズエラで獲得した権益を死守すべく，ワシントンに反旗を翻す。ベネズエラはさながら新冷戦の戦場と化している。

B. 焦るロシアと中国

　ホワイトハウスを牽制するモスクワはマドゥーロ政権支持を早々と表明，グアイド暫定大統領に反発する。北京やアンカラもマドゥーロ政権を支持し，大統領就任式には副大統領や閣僚クラスを派遣した[74]。ロシア，中国，トルコ

のような強権国家は外国による内政干渉を極度に嫌う。

中国は合計で50億ドルにのぼる経済協力に加えて，ベネズエラ側と共同で資源開発を進める計画を明言。トルコも経済支援を表明している。キューバやボリビア，それにイランや北朝鮮もマドゥーロ大統領を擁護する[75]。

一方，ロシアは合計で60万トンの穀物を支援すると約束した。また，合計60億ドルをベネズエラに投下するという。クレムリンは2018年12月，核兵器を搭載可能な爆撃機をベネズエラに派遣，軍事訓練を実施している。と同時に，マドゥーロ大統領の警備を錦の御旗に掲げて，傭兵も派遣，軍事介入の姿勢を鮮明にしている[76]。

モスクワはマドゥーロ大統領暗殺やクーデターを未然に防ぎたい。キューバ危機を彷彿させる動きだが，ベネズエラを舞台として米国とロシアの衝突が顕在化する可能性は否定できない。

ただ，マドゥーロ大統領の求心力は明らかに低下している。世論調査によると，国民の82%がマドゥーロ大統領の辞任を希望しているという[77]。今後は軍部の動向次第だが，マドゥーロ政権の崩壊は時間の問題かもしれない。軍部がグアイド暫定大統領支持を打ち出せば，マドゥーロ政権は確実に撃沈する[78]。

マドゥーロ政権が空中分解の瀬戸際に追い込まれたとき，ロシアや中国はいかに対応するのか。その選択肢は限られている。自由世界の前に屈服する以外に方策はなかろう。チャベス政権以来続いた社会主義化は完全に失敗した。懸念される事態は米軍とロシア軍が軍事介入して，キューバ危機やベトナム戦争の道を辿ることである。軍事介入を回避しつつ，マドゥーロ大統領を退陣に追い込めるか。この一点に尽きる。

グアイド新大統領が誕生すれば，自由世界諸国は全面的にベネズエラを支えるだろう。もちろん，国家再建は容易ではない。グアイド新大統領は近隣のチリをモデルとして経済の建て直しに踏み切るだろう。人道支援を皮切りに自由主義経済モデルを徹底的に追求すれば，ベネズエラ経済を再建する道が開けるだろう。

ベネズエラには潤沢な原油資源が眠っている。国際石油資本が本格的にベネ

ズエラに上陸し，資金と技術を投入すれば，徐々にではあるけれども，ベネズエラの石油産業は息を吹き返していくだろう。これは石油消費国にとって朗報となる。国際原油価格の安定にベネズエラ産原油が寄与することは言うまでもない。

10. 北朝鮮の完全非核化は永遠に実現しない

A. 所詮無理な平壌との外交取引

　予想外，想定外とメディアは騒ぐが，金正恩独裁体制が悲願の核弾頭，核関連施設やミサイルを廃棄処分するはずはない。2019年2月28日に開かれた米朝首脳会談で両者が正面衝突する可能性は否定できなかった。少なくとも何も決まらないことは当初から十分予想できた。

　メディアはご丁寧にも外交交渉カードの中身を一枚一枚検証し，互いに机上で切り合って，相手の出方を探ると身勝手な解釈を披露。完全非核化を最終ゴール地点として見据え，そこへ辿り着く道筋を描くことにメディアは集中し過ぎた。結果，予想は見事に外れた。

　金独裁体制に完全非核化という選択肢はない。北朝鮮の独裁者が狙う標的はただ1つ。経済制裁の緩和と解除。制裁緩和・解除を達成するために，ソウルを揺さぶり，北京に擦り寄った。平壌とソウルの大接近は北朝鮮が制裁の全面解除を勝ち取るための手段に過ぎない。平壌にとってソウルとの関係改善は主目的でない。あくまでも手段，方策に過ぎない。韓国の文在寅大統領は北朝鮮の本心を誤解している。金独裁体制には利用の論理しか通用しない。

　ソウル，平壌ともに相手を朝鮮半島の正統な継承国とは見なしていないはずである。そうでないと，論理矛盾に陥り，双方とも自己を否定することになる。朝鮮半島の市民にとって，その統一の中心勢力はあくまでも，それぞれ自身にある。同一民族，同胞，血縁関係という単純な事実だけで南北が接近することには無理がある。開城工業団地や金剛山観光事業を再検討することなどは本来であれば論外，南北鉄道の連結に至っては愚の骨頂の発想である。

　北緯38度線は国境ではなく，軍事境界線。第二次世界大戦後の冷戦構造が

崩れることなく，朝鮮半島に投影されている。南北分断の責任は米国とソ連邦，今のロシアにある。義勇軍として中国も朝鮮戦争に軍事介入したけれども，分断の原型を形作ったのはワシントンとモスクワである。

分断の屈辱を韓国は経済発展によって，北朝鮮は核開発によって，それぞれ突破しようと試みた。北も南も依然として道半ばだが，国際ニュースのヘッドラインには並ぶようになった。

しかしながら，このさき当分の間，朝鮮半島情勢が国際社会を騒がせることはないだろう。北朝鮮関連のニュースは卑怯な瀬取り，密輸という前近代的な手法の制裁破りとサイバー攻撃のみとなるだろう。

韓国も北朝鮮も国際社会全体から観察すれば，マイナープレーヤーにとどまっている。ワシントンと平壌の接触計画は早晩，雲散霧消する。その代わり，平壌は隣の文政権を揺さぶり続け，北京やモスクワとの関係をより重要視する。平壌にとって東京は単なる変数でしかない。平壌の最優先事項は経済制裁の解除にあって，拉致問題にはない。

B. 米朝首脳会談の失敗を追う

合意文書を準備していたにもかかわらず，結局，交渉は決裂，喧嘩別れとなった。なぜか。実務レベルの折衝が無意味だったからである。

北朝鮮側の実務者には最終結論にまで導いていく能力と権限が欠如している。実務者レベルでは判断を下せず，すべてが金正恩委員長の決定に委ねられる。トランプ政権の実務者が有能であっても，北朝鮮側の真意を見抜けなかった。米国側はワンパッケージの非核化要求を突きつける一方，北朝鮮側はワンパッケージの制裁解除に執着した。

ホワイトハウスは北朝鮮側に核関連施設の目録を提示するように迫るが，北朝鮮側は絶対に応じない。提示した場合，米国が軍事攻撃する対象をすべて明かすことになるからである。米軍に攻撃された際，反撃できる軍事力を温存したい。軍事攻撃の標的を公表する国家など地球上に存在しない。米国政府は「ビッグディール」と呼んだが，交渉の次元そのものに違いがあり，互いにゴール地点を把握できていなかった。

国際社会が北朝鮮に要請することは，完全で検証可能かつ不可逆的な非核化（CVID）。北朝鮮が完全な非核化に向けて本気で取り組まない限り，制裁緩和・解除はあり得ない。しかし，北朝鮮側に完全放棄のオプションはない。結果，制裁は永遠に解除されない。と同時に，北朝鮮経済の発展は見込めない。南北統一はアイルランドが朝鮮半島に先行する。

　制裁解除がなければ，平壌はホワイトハウスと向き合わない。ホワイトハウスはかつて北朝鮮をテロ支援国家に指定し，北の独裁者をロケットマンと揶揄してきた。北朝鮮の独裁者は数知れない外国人を拉致し，意に沿わない人物を粛清，処刑してきた。実兄も暗殺した。まさしくテロリストの巣窟。テロリスト集団が大量破壊兵器を保有しているに等しい。ゆえに国際社会は大規模な制裁で対抗した。この構図は今後とも変わらない。

　この点を理解している有力者が米国側にいる。ボルトン大統領補佐官（国家安全保障担当，当時）である。彼はかつて対北朝鮮先制攻撃を提唱していた。2日目の拡大会合にボルトン大統領補佐官が同席していなければ，トランプ大統領は金正恩委員長に騙されていたであろう。

　そもそも北朝鮮側は当初から米国側を騙すつもりでハノイに列車でやってきた。つまり北の独裁者はホワイトハウスを騙すことに失敗したのである。ワーキングランチも署名式も中止を余儀なくされた。首脳会談の会場となった老舗ホテル，ソフィテル・レジェンド・メトロポール・ハノイを足早に立ち去った金委員長の憮然とした表情に，無念さが如実に表れている。

　交渉決裂で韓国政府は動揺したが，その背後でひそかに微笑を浮かべている国がある。対北朝鮮制裁緩和の旗を振る中国とロシアだ。北京は朝鮮半島への影響力，プレゼンスを誇示したい。米国主導で展開される，朝鮮戦争の後始末となる平和宣言・協定の締結や朝鮮半島統一を阻止したい。朝鮮半島全域に米軍が駐留する事態は北京にとってもモスクワにとっても悪夢である。米軍の放逐で中露の思惑は一致する。

　今後，北東アジアのパワーバランスは日本，米国，台湾と中国，ロシア，朝鮮半島が睨み合う構造となる。海洋国家と大陸国家の対抗構図が鮮明となるだろう。米軍の力点は韓国から日本や台湾にシフトしていくだろう。その点では

北京やモスクワが望む朝鮮半島における米軍の地位低下は実現するかもしれない。日本はこのさき，ますます防衛力を強化，磨きをかけていく必要性に迫られている。

11. 革命40年後のイラン閉鎖社会

A. 革命を知らない世代の台頭

老人が闊歩し，世代交代の足枷となる。日本だけの話ではない。古今東西，老害に苦慮する国家，企業はまだまだ多い。人間の能力は日々，衰える。シルバー層の社会参加は必要不可欠だが，それが若年層の労働意欲を削ぐような事態は回避せねばならない。

2019年2月11日，イラン・イスラム共和国の首都テヘランでイスラム革命40周年の記念式典が挙行された[79]。大勢の式典参加者を前に，ロウハニ大統領が演説，ミサイル開発継続の意思を表明した。そして，米国，イスラエルへの敵対心を露にした。革命後40年の時間空間はイラン・米国断交の40年と重なる。

イスラム法学者による統治を大原則とするイランでは，政治の頂点に君臨する人物は大統領でなく，最高指導者のハメネイ師。この最高指導者が国家元首の役割を演じる。ハメネイ師を中心に革命防衛隊など強硬派が群がり，既得権益を牛耳る。イランの政治と経済を実質的に操る組織は革命防衛隊である。その使命はイスラム体制の防衛にある。中国人民解放軍の役目が共産体制の死守にあることと酷似している。

対イラン制裁は革命防衛隊の中枢部を標的とする。イランは対欧州原油輸出の見返りに，いわゆる核合意を手中に収めた。これに公然と反旗を翻すのがワシントン。米国にとってイランは最大の宿敵。イスラエルとの共闘でイランを締め付ける。

ただ，実際にはホワイトハウスが想定するほど制裁は革命防衛隊に一撃を与えていない。革命防衛隊の経済力や影響力はまったく衰えていない。打撃を被っているのは罪もない一般市民である。

この米国とイスラエルのイラン敵対政策がイラン国内の強硬派を勢い付かせる。抵抗経済を徹底化させることが強硬派の求心力として作用している。この反作用として，穏健派の権威が失墜する。イラン・イスラム革命を知らない世代は社会の停滞を懸念するが，これが年配層に伝わらない。

結果，制裁が強化されればされるほど，強硬派にとっての追い風になるという悪循環を招く。外資の進出停止は革命防衛隊の経済独占を促進する。「北風か太陽か」は難しい選択だが，イラン社会は確実に制裁慣れしている。民主化運動「アラブの春」の失敗も強硬派の影響力が増大する結末となった。

ホワイトハウスが期待する民衆蜂起による体制転覆，つまり「イランの春」には現実味がない。ワシントンの思惑とは裏腹に，急進的な変化は発生しそうにない。もっとも王政復古も期待できない。大半のイラン市民は若年層も含めて，現体制を批判する反面，王政時代への回帰も望んでいない。

究極的な問題はイラン社会が現体制を完全否定して，政教分離の体制へと移行できるかどうかにある。現在の支配層は政教分離を拒否するだろう。ポスト革命世代が政教分離のシステムへと円滑に導いていけるか。政教分離のニーズが高まってきたことだけは確かである。

国名にある「イスラム共和国」のイスラムとは正確に表現すると，イスラム教シーア派を指す。「イラン・イスラム教シーア派共和国」という意味内容が国名に込められている。イラン社会での政教分離とは政治からイスラム教シーア派色を一掃することと同義となる。これを現支配層，軍部，治安当局も含めた既得権益層が容認するかどうか。拒否することが予想されるが，このとき，ポスト革命世代はいかにして抵抗勢力と向き合うのか。問題の焦点はここにある。

制裁が緩和されようが，強化されようが，反米・反イスラエルの構図がイラン外交に投影されてきた。イランのプレゼンスはイラク，イエメン，シリア，レバノンと中東世界で拡大の一途を辿る。これを背後からロシアが支える。

ホワイトハウスは中東社会の本質，イラン問題の本質を見抜けていない。だからこそ，ワシントンの中東外交は失敗を繰り返してきた。イランが中東世界に放つ一種の緊張感はバランス・オブ・パワー（勢力均衡）に一定の役目を演じ

ていることに着目すべきではないか。つまりイスラエルやサウジアラビア，それにエジプトといった中東社会の大国とされる国家の偏った突出を抑止することにイランの存在が役立っているという視点も重要ではないか。

ワシントンがイランの突出だけを抑え込むことに執着，注力してきたことこそが中東外交失敗の原因ではないのか。ホワイトハウスが自らの誤りを認識しない限り，中東外交は成功しない。

イランでは早晩，革命を知らずに育った世代が台頭してくる。40年前の革命は20世紀の産物に過ぎない。今や情報化と国際化が同時進行する21世紀。いつまでも前近代的な宗教指導者支配が許容されるはずはない。教育水準の高い，若い世代はイラン社会の停滞に苛立ちを募らせているに違いない。

イラン社会が国際的孤立を克服して，国際社会に本格復帰する道と閉鎖・閉塞社会を打破する道を描き，現実に歩む世代は革命を知らない世代なのである。世代交代は否応なく，人口8,000万人のイラン社会を世俗化に導いていく。今や人口の半数以上がポスト革命期生まれである。

ポスト革命世代がイスラム・システムを維持しつつ，かつ軍部の台頭を回避しながら，東南アジアにある新興国のように離陸，脱皮できるか。問題解決の具体的な担い手はポスト革命世代なのである。

B. 等身大のイラン経済

驚くことに，イラン国内でいわゆる仮想通貨の流通を貿易決済に限って容認する流れが顕在化しているという[80]。この動機付けは制裁強化にある。制裁に対抗する手段として仮想通貨が位置付けられようとしている。これはイラン社会が制裁への耐性を備えていることを示唆している。

イラン産原油の禁輸措置もイラン当局主導の密輸によって骨抜きにされている。バーター取引（物々交換）も活発だ。日本はイラン原油を少量ではあるが，粛々と輸入してきた。イランの産油量は2019年1月現在，日量275万バレルである[81]。原油輸出量は2018年12月現在，日量110万バレル程度にとどまっている[82]。イラン石油産業の歴史は古く，原油埋蔵量についてもベネズエラ，サウジアラビア，カナダに次いで世界第4位を誇る。

イランは親日国であり，日本とイランとの関係も良好である。日本にとって北朝鮮は仮想敵国だが，イランはリスクでない。北東アジアの一角を除いて，世界各国が親日国である。朝鮮半島と中国のみが例外に過ぎない。

日本社会でイラン脅威論が巻き起こるのはホルムズ海峡封鎖論が高まる時期と重なる。ただし，ホルムズ海峡が封鎖されて中東産の原油が日本市場に届かなかった事実はない。日本はむやみに対米追随してイランを敵視する必要性はない。

イラン市民は今，過酷な現実に直面している。政治支配層は物価上昇を抑制し，為替市場を安定化させ，制裁措置を緩和していくと胸を張ってきた。しかし，現実には真逆の現象が起こっている。通貨リアル安で物価は上昇し続け，2018年12月期に年率換算で42％を記録，2019年には景気が後退すると予想されるようになった[83]。IMFは2019年の経済成長率をマイナス6％と見通している[84]。

イスラエルやサウジアラビアなどと比較しても，イラン経済の停滞は際立っている。近代的なインフラや建造物は散見されるものの，経済発展が面状に拡散していない。経済を発展させ，市民がその果実を実感できないと，政治支配層に失格の烙印が押される。ここに台頭してくる層がポスト革命世代である。イラン社会に一刻も早く，世代交代が実現することを期待してやまない。

12. 化石燃料 VS 再生可能エネルギー

A. ソフトバンクグループ（SBG）の挑戦

2019年4月7日付の『日本経済新聞』はソフトバンクグループ（SBG）が天然資源・エネルギー分野の投資を主要事業の主柱として育成する方針を報じている。油田や天然ガス田開発への投資ではない。現在進行中の，あらゆるモノがネットにつながる「IoT」や電気自動車（EV）の普及を見据えた新たな事業展開である。

SBGは太陽光発電事業も手がけるが，新事業と結びつける姿を描く。再生可能エネルギーとIT（情報技術）との融合を促進，先駆者を目指す。スウェー

デンで太陽電池セルを製造するエクセジャー・オペレーションズに 2019 年 3 月，1,000 万ドルを出資，IoT の普及に備える。エクセジャー製のセルには発電機能が備わっており，貼り付けるだけで稼動可能となる。

また，SBG は 2018 年にカナダのリチウム開発企業のネマスカ・リチウムに 9,900 万カナダドルを出資して，リチウムを長期調達できる道を開いた。リチウムイオン電池の需要は今後，爆発的に増える。その一方で，リチウム鉱山は一部の国に偏在する。

リチウムイオン電池を生産するにはリチウム資源の確保が欠かせない。リチウム争奪戦は熾烈化をきわめていく。SBG 傘下のソフトバンクはより性能が優れるリチウム空気電池の共同研究にも触手を伸ばしているという。

SBG はサンベルト地帯に太陽光発電網を構築する構えでいる。この壮大な構想を抱きつつ，風力発電にも再生可能エネルギーの裾野を広げる取り組みを開始している。

日本では原子力発電に対する風当たりが強いなか，確固たるエネルギー政策が定まらずにいる。日本政府はベストなエネルギーミックスを模索するが，今もって流動的である。電力確保には原子力発電を完全否定することはできないが，世論の賛同が得られない。

日照時間に左右される太陽光発電や陸上風力発電など再生可能エネルギーに全面的に依存することもまた非現実的である。ここにきてようやく，洋上風力や地熱発電の有効性・有望性に着目され始めたが，まだまだ萌芽の段階に過ぎない。結果として，天然ガス発電が最重要視されるに至っている。再生可能エネルギーはあくまでも補完勢力にとどまっている。

B. 化石燃料はまだまだ健在である

皮肉にも技術革新が化石燃料の地位を押し上げている。政治的判断もまた化石燃料開発を後押しする。米 EIA は米国の原油生産量が 2018 年に日量 1,095 万バレルを記録したことを明らかにしている[85]。この産油量はロシアの同 1,042 万バレルを上回り，米国が世界首位に返り咲いた。2019 年 3 月実績で見れば，米国の産油量は日量 1,208 万バレルに拡大している[86]。

米国ではいわゆる「シェール革命」が進展，シェールオイルやシェールガスの生産量増加を導いた。OPEC 加盟産油国やロシアは原油生産量の減産を急ぐ一方，米国は原油・天然ガスの生産に力を入れる。勢い，原油や LNG の輸出を実現，拍車をかける。OPEC の盟主サウジアラビアは減産に熱心だが，この空白を米国の増産が埋めている。結果，OPEC やロシアは市場占有率（マーケット・シェア）の下落に甘んじる。

サウジアラビアはサウジアラムコによる資金調達を突破口として，石油産業の下流部門強化をはじめ，先端産業や都市開発など脱石油産業，産業の多角化の道を探るが，外国資本の積極的導入が不可欠となっている。これには透明性の確保が必要だが，サウジアラビア特有の閉鎖性から不透明感が漂う。このようななか，SBG はサウジアラビア大接近を画策する。

国際原油市場では勢力図に変化が生じている。原油増産が原因で米先物市場の標準油種であるウエスト・テキサス・インターミディエート（WTI）の価格はライバルの中東産ドバイ原油や欧州の北海ブレント原油よりも低い。

WTI は硫黄分が少ない「ライト・スイート」と高品質であるにもかかわらず，質的に劣るドバイ原油やブレント原油のほうが市場の評価は高い。これには需給バランスが作用している。米国では在庫が積み上がる一方，欧州ではイラン制裁やリビア，アルジェリア，ナイジェリアのリスクが意識される。イランの産油量は 2019 年 3 月実績で日量 274 万バレル，ベネズエラの場合は同じく 87 万バレルと大幅に落ち込んでいる。結果として，市場の常識が通用しない事態を招いている。

つまり米国産原油は割安ということで，韓国やインドなどアジア市場に向けて出荷されている。米国産原油の輸出量は 2018 年 12 月実績で日量 251 万バレルに達する[87]。これはアフリカ最大の産油国ナイジェリアの原油生産能力に匹敵する規模である。このうちアジア向けが半分を占める。

米国産原油が中東産原油をアジア市場から押し出し，中東産原油のシェア低下が著しく顕在化したとき，中東産油国はいかに対処するのか。国際原油市場の勢力地図が大きく塗り替えられたことは事実だが，エネルギー地政学はこの先も変容し続けるだろう。

従来，欧州天然ガス市場ではロシア，すなわちガスプロムが影響力を誇示，その市場占有率は34％（2017年）にのぼる[88]。ここに殴り込みをかける新興勢力が米国産LNG。ロシアはアジア市場でのマーケティングを活発化させているけれども，ここでも米国勢と衝突する。

世界最大の天然ガス輸入国に躍り出た中国だけでなく，インド，東南アジア諸国も天然ガスの輸入量を増やす。原油市場も含めて，市場争奪戦が先鋭化する姿が浮かび上がる。

ただ，米国の一人勝ちは不可能だろう。シェールオイルの増産を支えてきた，米南部テキサス州からニューメキシコ州にまたがる最大鉱区のパーミアンでは油田の成熟が進み，枯渇する懸念も生じている。パーミアン鉱区は米シェールオイルの5割弱を占める[89]。ここ数年先までは米国の原油生産量・輸出量は増加し続けるだろうが（EIAは2027年のピーク時に最大で日量1,400万バレルと予測[90]），増産余力は小さい。

そもそも原油埋蔵量で米国はベネズエラやカナダ，それにサウジアラビアやロシアなどに太刀打ちできない。シェールガス埋蔵量についても，中国，アルゼンチン，アルジェリアなどが米国を凌ぐ。技術革新で補うには限界がある。石油消費国には息の長い輸入先の確保と調達先の多様化とを同時進行させる戦略が求められる。

国際エネルギー資源の覇権構図は刻一刻と変化する。再生可能エネルギーの将来性は豊かなものの，当面はエネルギー地政学のうねりに石油消費国の日本は巻き込まれ続けるだろう。その悪影響を最小限にとどめるには確固たるエネルギー政策を構築することである。エネルギー資源に恵まれない日本にとって，技術革新，新規技術を通じた再生可能エネルギーへと大きく舵を切る必要がある。天然ガス火力，原子力ともに日本産業には不可欠だが，いずれも最新鋭の設備へと転換していくことを怠ってはなるまい。

-------------------- 註 --------------------

（1）『日本経済新聞』2018年8月2日号。
（2）『日本経済新聞』2018年8月8日号。

I 21世紀国際関係の新構図　41

（3）『日本経済新聞』2018年8月9日号。

（4）*Financial Times*, July 31, 2018.

（5）『日本経済新聞』2018年8月12日号。

（6）『日本経済新聞』2018年8月15日号。

（7）『日本経済新聞』2018年9月14日号。『日本経済新聞』2018年9月15日号。*Financial Times*, September 14, 2018.

（8）『日本経済新聞』2018年8月14日号。

（9）『日本経済新聞』2018年9月11日号。*Financial Times*, September 3, 2018.

（10）『日本経済新聞』2018年8月29日号。

（11）『日本経済新聞』2018年8月19日号。

（12）『日本経済新聞』2018年9月18日号。『日本経済新聞』2018年9月19日号。*Financial Times*, September 18.

（13）*Financial Times*, August 13, 2018.

（14）『日本経済新聞』2018年8月16日号。

（15）『日本経済新聞』2018年8月20日号。

（16）*Financial Times*, August 18, 19, 2018.

（17）『日本経済新聞』2018年8月30日号。*Financial Times*, September 11, 2018. *Financial Times*, September 12, 2018.

（18）『日本経済新聞』2018年8月31日号。

（19）*Financial Times*, August 10, 2018. 『日本経済新聞』2018年9月12日号。

（20）*Financial Times*, September 25, 2018. 『日本経済新聞』2018年10月3日号。

（21）『日本経済新聞』2018年8月30日号。*Financial Times*, August 30, 2018.

（22）*Financial Times*, August 11, 12, 2018.

（23）『日本経済新聞』2018年9月29日号。

（24）『日本経済新聞』2018年9月20日号。

（25）『日本経済新聞』2018年10月6日号。

（26）『日本経済新聞』2018年8月28日号。

（27）『日本経済新聞』2018年10月25日号。

（28）『日本経済新聞』2018年8月29日号。

（29）*Financial Times*, September 20, 2018.

（30）『日本経済新聞』2018年8月31日号。

（31）*Financial Times*, October 13, 14, 2018.

（32）*Financial Times*, November 13, 2018.

（33）*Financial Times*, October 16, 2018.

（34）イラン核合意とは米国，英国，ドイツ，フランス，中国，ロシアとイランが2015年7月に合意，2016年1月に履行し，米国，欧州連合（EU）が独自制裁を解除，過去6本の国連安保理決議が解除され，その代わりとして，イランは濃縮ウラン貯蔵量や遠心分離機の大幅削除な

42

どを受け入れたもの（『日本経済新聞』2018 年 11 月 14 日号）。

(35) *Financial Times*, April 30, 2019.

(36) *Financial Times*, September 22, 23, 2018.

(37) *Financial Times*, October 22, 2018. *Financial Times*, November 3, 4, 2018. *Financial Times*, November 21, 2018.

(38) *Financial Times*, November 24, 25, 2018.

(39) 『日本経済新聞』2018 年 8 月 31 日号。

(40) 『日本経済新聞』2018 年 11 月 21 日号。

(41) 『日本経済新聞』2018 年 8 月 14 日号。

(42) *Financial Times*, August 28, 2018.

(43) *Financial Times*, November 1, 2018.

(44) *Financial Times*, April 30, 2019.

(45) 『日本経済新聞』2018 年 11 月 4 日号。

(46) 『日本経済新聞』2018 年 9 月 7 日号。

(47) 『日本経済新聞』2018 年 12 月 4 日号。*Financial Times*, December 4, 2018.

(48) 『日本経済新聞』2018 年 12 月 13 日号。

(49) 『日本経済新聞』2018 年 12 月 8 日号。

(50) 『日本経済新聞』2018 年 12 月 8 日号。

(51) *Financial Times*, December 5, 2018.

(52) *Financial Times*, November 13, 2018.

(53) *Financial Times*, November 27, 2018. *Financial Times*, December 5, 2018.

(54) 『日本経済新聞』2018 年 12 月 20 日号。

(55) 『日本経済新聞』2018 年 11 月 20 日号。

(56) 『日本経済新聞』2018 年 11 月 17 日号。

(57) *Oil & Gas Journal*, September 3, 2018, p.88.

(58) 『日本経済新聞』2018 年 8 月 20 日号。

(59) 『日本経済新聞』2018 年 11 月 20 日号。

(60) 『日本経済新聞』2018 年 11 月 9 日号。

(61) *Financial Times*, August 27, 2018.

(62) *Financial Times*, December 3, 2018.

(63) *Financial Times*, December 3, 2018.

(64) *Oil & Gas Journal*, April 2018, pp.72-73.

(65) *Financial Times*, August 31, 2018.

(66) *Financial Times*, April 4, 2018.

(67) *Financial Times*, December 21, 2017.

(68) 『日本経済新聞』2019 年 5 月 18 日号。

(69) 『日本経済新聞』2019 年 2 月 10 日号。『日本経済新聞 2019 年 5 月 22 日号。

(70) 『日本経済新聞』2019 年 5 月 22 日号。
(71) 『日本経済新聞』2019 年 5 月 22 日号。*Financial Times*, January 31, 2019.
(72) 『日本経済新聞』2019 年 1 月 25 日号。
(73) 『日本経済新聞』2019 年 1 月 30 日号。
(74) 『日本経済新聞』2019 年 1 月 12 日号。
(75) 『日本経済新聞』2019 年 1 月 25 日号。
(76) 『日本経済新聞』2019 年 1 月 28 日号。
(77) *Financial Times*, February 2, 3, 2019.
(78) *Financial Times*, January 30, 2019.
(79) 『日本経済新聞』2019 年 2 月 13 日号。*Financial Times*, February 12, 2019.
(80) 『日本経済新聞』2019 年 2 月 6 日号。
(81) 『日本経済新聞』2019 年 2 月 13 日号。
(82) *Financial Times*, January 16, 2019.
(83) *Financial Times*, February 4, 2019.
(84) 『日本経済新聞』2019 年 5 月 23 日号。
(85) 『日本経済新聞』2019 年 3 月 27 日号。
(86) 『日本経済新聞』2019 年 4 月 14 日号。
(87) 『日本経済新聞』2019 年 3 月 14 日号。
(88) 『日本経済新聞』2019 年 3 月 29 日号。
(89) 『日本経済新聞』2019 年 1 月 14 日号。
(90) 『日本経済新聞』2019 年 3 月 28 日号。

（中津孝司）

II 21世紀の紛争と国際関係
― 新しい戦争と平和構築を中心に ―

1. はじめに

　1989年から続いた東欧革命と1991年のソ連邦の解体によってイデオロギー対立に基づく冷戦が終焉して以来，湾岸危機，湾岸戦争に世界唯一の超大国として米国が介入し，国際紛争を解決した短い期間の「新世界秩序」[1] を経て，世界は，1999年にカルドー（Kaldor, M.）が初めて指摘したアイデンティティをめぐる「新しい戦争」[2] の時代を迎えた。

　一方で，「新しい戦争」型の地域紛争を，地域紛争の非当事国や地域機構，国際機構といった国際社会のアクターが解決のために介入して，紛争当事国の「平和構築」を行うという事例も同時に増加してきている。

　アイデンティティとは心理学用語の出自であるが，ここでは，具体的対象として，民族・エスニシティや「宗教」といったものを取り上げることとする。アイデンティティは個人において絶対的なものであるが，それ故に，異なるアイデンティティを共有する集団同士が紛争を起こすと，「絶対」対「絶対」の紛争になりがちである。また，絶対同士の紛争であるから，同じ集団同士の紛争が頻発，長期化，再発する可能性が高い。

　本章では，主として戦争の形態の歴史的変容と「新しい戦争」およびそれ以降の戦争と平和のあり方について考察してみた。まず，21世紀に入った国際関係において，冷戦終焉後の「新しい戦争」型地域紛争を中心に，なぜ，戦争が起こるのかについて，その理由[3] を人間のアイデンティティに求めて論じると共に戦争のあり方の変容について論じる。そして，地域紛争の発生から終了までの過程について論じることとする。この際，重要な過程の1つである平和構築については，未だに国際的に十分に浸透していないという面もあるので，特に詳述したい。その上で，馬場伸也の地域紛争の平和的解決に関する研

究成果の今日的意義を検討したい。

2. 戦争のあり方の変容

　戦争や地域紛争は洋の東西を問わず，また，あらゆる時代を通じて発生して来たが，そのあり方については，さまざまな特徴がみられる。近代以降の戦争を中心に，戦争のあり方の変容について，まずは述べて行くこととする。

　カルドーの喝破した「新しい戦争」と，それ以前の伝統的な戦争との大きな相違点は，戦争の主体，戦争の争点，戦争への対処という3点において独自の特徴があった。

　まず，第1点目の戦争の主体であるが，これは，国家，それも軍事大国とされていた。欧州近代国際政治の出発点は，三十年戦争（1618～1648年）の終わりに結ばれたウェストファリア条約（1648年）であるが，この条約は国家を主体として結ばれたものである。

　当時の中世末期の欧州では，都市，僧院，ギルド等が経済力や軍事力を持つことが珍しくなく，現実にも数多くの戦闘に加わっていた。そのような時代に国家間のみで戦争終結の条約を結ぶということは，国家以外に存在するさまざまな政治主体は国際関係における主体として認められないという立場の表明であり，それらを国際政治から排除する行為に他ならなかった。

　こういった変容の背景には中世末期の欧州における国王への権力の集中がある。中世社会においてローマ教会の権威の下で国王，領主，都市，僧院等がそれぞれに権力を保持していたとすれば，ウェストファリア条約はローマ教皇の権威が衰え，軍事力と経済力とがフランスやプロイセンのように強大な王権を樹立した国家へと集中していく時代を反映していたのである。それから300年以上，国家こそが戦争の主体であるという考え方が保たれてきた。

　さらに，国家のなかでも他を凌駕する兵力を保持する軍事大国の影響力が決定的となって行く。国民国家同士の戦争でも，市民革命と産業革命の結果，国力を増大した英国やフランス等は，世界規模で資源や市場を求めて植民地争奪戦を繰り広げることとなった。そして，段階的に拡大した戦争は，世界規模の

46

二次にわたる世界大戦という総力戦の時代を経験することとなる。

そして，この過程で，徐々に国際関係という空間は軍事大国の相互関係と重なって行った。冷戦期の国際政治は，正にその頂点であったと言って良い。世界各国が米ソ両国との同盟や政治的関係によって系列化され，米ソ両国の判断を抜きにして米ソ以外の諸国が戦争を行うことが難しくなったからである。

しかし，軍事大国と世界戦争ばかりに目が向けられていた 20 世紀中でも，キプロス紛争，スリランカ内戦，あるいはパレスチナ問題とテロリズム等，内戦，ゲリラ戦，テロリズムのような，必ずしも国家を主体としない戦闘が，多々，発生していた。それどころか，米ソ対立に彩られた東西冷戦の時代であっても，米ソが直接に対決すれば核戦争に発展する危険があるため，代理戦争として現実に戦われるのは軍事大国とはほど遠いベトナムやアフガニスタン等の発展途上地域が中心であった。さらに，そのような地域紛争の動向が米ソ両国の意向によって左右されたとも限らない。米ソ両国の世界分割の試みは，そこからこぼれ落ちたような紛争の管理まではできなかった。コンゴ動乱やエチオピア・ソマリア紛争等がこれに相当する。伝統的戦争に人々の目が集中した時代でも，それとは異なる戦争が現実には発生していたのである。

その後，冷戦の終焉によって大国間の国際関係は安定を強めたが，国内統治の不安定な諸国における紛争が止むことは無く，その数は増えていった。まずは，共産党一党支配の揺らいだソ連邦・旧東欧圏はもちろんであるが，米ソによる軍事的・経済的支援によって支えられてきた貧しいアフリカ諸国等では，ソ連邦解体が，国内の政争と地域の政治的不安定を招いた。それにとどまらず，冷戦後に発生した国際紛争の多くは内戦と国家解体が引き金となって起こっており，もはや国家だけを主体として戦争について考えることは不可能になっていた。戦争の主体が，軍事大国からそうではない国家，さらには国家以外の主体へと拡大してきたのである。旧ユーゴスラビア連邦の解体に伴う内戦はその一例であると言える[4]。

3.「新しい戦争」と戦争の争点の変容

　こうした伝統的な戦争と「新しい戦争」は，第2点目である戦争の争点も大きく変容した。伝統的国際政治における戦争の争点とされて来たものは，消極的には国家の安全の確保，また積極的には領土拡大や資源確保等，何よりも具体的な確保や拡大であった。民族や価値観の異なる諸国が争っている場合でさえ，戦争を引き起こすのは利害対立であって，「ものの見方」が戦争を引き起こす可能性は乏しかった。確かに，東西冷戦は，自由主義と共産主義，議会制民主主義と共産党による一党支配という制度や価値の相違による対立を背景に持つ国際紛争であった。しかし，核兵器による相互抑止というむき出しの力関係と比較するとイデオロギーや社会正義は後塵を拝することとなる。核兵器を用いた戦争で破滅する危険を冒して世界革命やソ連邦の民主化を進めるリスクが高過ぎるからである。かくして，伝統的な戦争の争点は，あくまで，軍事力という具体的な手段を用いて，領土・勢力圏や天然資源をはじめとする経済的利益を防衛し，あるいは拡大するものであった。

　しかし，伝統的な戦争と異なって，冷戦終結後の地域紛争は，こうした利害損得の計算からその争点を説明することができるものはごく少なくなった。その多くが何らかの形で内戦と結びついていることもあり，民族のようなアイデンティティに関わる争点の重要性が著しく高まったからである。

　利益の分配をめぐって発生する紛争と異なって，価値観や信念に関わる争点は，合意を得ることが難しい。それは不寛容な対立の世界であり，妥協や仲裁によって紛争解決に導く余地も少ない。

　旧ユーゴスラビア連邦の解体に伴う内戦も，概括して見れば，何が損か得かという利害関係ではなく，自分たちがどの民族に属し，どの宗教[5]を信じるのかというアイデンティティを争点として戦われた戦争であり，従来の世俗的利益の争奪とは異なるアイデンティティをめぐる戦争であり，これこそがカルドーの指摘した「新しい戦争」である[6]。

4. 「新しい戦争」における対抗手段の変容

「新しい戦争」においては，戦争に立ち向かう対抗手段についても大きな相違が生まれてしまう。伝統的な戦争においては，戦争を回避する最大の手段は，軍事力による対抗であった。これまでの戦争では反撃の意思と能力を備えることによって敵の攻撃を阻む戦略，すなわち抑止戦略こそが戦争を事前に防止する上で適切な選択であると考えられてきたのである。

しかし，反撃を恐れない主体を前にする時，抑止戦略には意味が無い。費用対効果を合理的に判断する主体に対してこそ抑止は有効であり，どれほどの損害を被っても戦争に訴える主体には抑止が働かないからである。民族の相違に起因する戦争においては，正にそのような利害計算を度外視した行動を目にすることが珍しくないのだ。敵と味方がそれぞれ相手の存在を否定する状況のなかでは，軍事的威嚇によって秩序を保つことは困難である。

アイデンティティを争点とした戦争では，抑止戦略だけでは紛争予防が不可能である。そして，抑止の不能は，同時に，戦争以外の選択は無いという結論につながるのだ。

なお，「新しい戦争」の発生する地域は，軍事的にも経済的にも現代世界の周辺に位置することが多い。世界戦争が勃発すれば，その被害の甚大さは明確であるだけに，世界戦争の防止は国際社会が共有しやすい。だが，逆に，世界戦争にエスカレートする可能性の低い戦争は，放置される可能性が高い。自国民の生命や財産が失われる危険が乏しい限り，戦争防止や軍事介入への国際社会のインセンティブは低いものになってしまう[7]。

5. 未承認国家の出現

冷戦終焉後の世界において「未承認国家」[8]と呼ばれる存在が，バルカンを含む黒海地域を中心に出現し始めたことも「新しい戦争」以降の時代の特徴である。冷戦終焉以降の地域紛争はソ連邦と旧ユーゴスラビア連邦が存在して

いたこと，そして，共産主義政治の終焉という同様の経験を共有するなかで勃発し，それらが「凍結された紛争」あるいは，「長期に及ぶ紛争」となり，未承認国家を生み出して来た。黒海地域には未承認国家が多く存在するようになった。なお，2008年8月の「ロシア＝ジョージア戦争（8日間戦争）」を機に「凍結した戦争」も容易に熱戦化することが証明されたため，現在は「長期に及ぶ戦争」という表現が用いられるようになった。そのような長期化した紛争の所産が「未承認国家」である。「未承認国家」の定義は，「ある主権国家からの独立を宣言し，国家の体裁を整え，国家を自称しているが，国際的に国家承認を受けていない」主体であるというものである[9]。ある主体が主権国家としての地位を確立するためには，モンテビデオ議定書（国家の権利及び義務に関する条約）の「国家の要件」を備え，外交能力を認められる必要がある。具体的には，領土，人民，政府ないし主権の存在に加えて，外交能力を有し，諸外国から国家として承認を得ていることが求められる。つまり，広く国家承認を得られていない主体は，いくら「国家」を自称し，国家の要件を充足させても，主権国家として国際社会から見なされない。また，未承認国家の場合には，それが元来属していた主権国家，すなわち法的親国がその独立を認めることが極めて稀であり，その法的親国の「領土保全」，「主権尊重」の観点から，実際に広く国家承認を得ることは難しいのが実情である。現在，最も説得力を持つ未承認国家の定義は，カスパーセンによる以下の5項目[10]であると言える。

(1) 未承認国家は，権利を主張する少なくとも3分の2の領土・主要な都市と鍵となる地域を含む領域を維持しつつ，事実上の独立を達成している。

(2) 指導部はさらなる国家制度の樹立と自らの正統性の立証を目指そうとしている。

(3) そのエンティティ（政治的な構成体）は公式に独立を宣言している，ないし，例えば独立を問う住民投票，独自通貨の採用，明らかに分離した国家であることを示すような同様の行為を通じて，独立に対する明確な熱望を表明している。

(4) そのエンティティは国際的な承認を得ていないか，せいぜいその保護国・

50

　その他のあまり重要ではない数カ国の承認を受けているに過ぎない。

(5) 少なくとも2年間存続している。

　バルカンを含む黒海地域では，なぜ，未承認国家のかかわる多くの紛争が発生するのかと言えば，第1点目としては，その地政学的戦略性の高さ故に外部からの干渉や侵略を受けやすく，民族，言語・文化の多様性から，民族間の緊張が常に多く存在して来たことがある。第2点目としては，多くが共産主義的統治の過去を持ち，そしてそこからの民主化・資本主義化・自由化という大転換を余儀なくされ，その混乱の余波が，未だに内政・外交を揺るがせている事例も少なくない。また，加えて黒海地域には，ソ連邦や旧ユーゴスラビア連邦が存在していたことも重大な点であると言えよう[11]。

　それでは，黒海地域の紛争は，なぜ長期化するのであろうか。黒海地域では，一度，紛争が起こったら，なかなか解決しないという特徴があり，その背景も複雑である。第1点目は，現在の大国の影響がある点，第2点目は，ソ連邦諸国に実質的に迫られていた「東西選択」の問題の存在，第3点目に紛争当事者たちのナショナリズムの強さが挙げられる[12]。

　それでは，未承認国家の問題は，なぜ容易に解決されないのであろうか。廣瀬陽子によると，第1点目は，移行期にある国際法上の「主権尊重・領土保全」の原則と「民族自決」の原則の矛盾，第2点目は，武力による国境変更を禁止するという原則の存在，第3点目は，黒海地域に特有の問題として，「国際社会」がソ連邦，旧ユーゴスラビア連邦の解体に際して，共和国レベルの既存の境界線を尊重して，境界線の引き直し，変更は認めないという原則を採ったからである[13]。

　このように，ポスト・冷戦期の終わりになって，未承認国家の出現と存在は，国際社会における平和を脅かす無視できない大きな攪乱要因となっており，バルカンを含む黒海地域のみならず国際社会全体の平和をめぐる問題を混沌とさせる問題となっているのである。

6.「新しい戦争」の時代の平和構築

　つぎに伝統的な戦争が無くなった訳では無いが,「新しい戦争」型の地域紛争が増加する時代の平和構築について論じてみよう。戦争が起こった場合,多くの人命,建造物,公共サービスは破壊され,国内避難民や難民の発生も起こる。敵に対する憎悪の念も生じるだろう。

　平和構築とは,そうした,戦争によって壊れてしまった社会を再生する作業を指す。当然,伝統的な戦争によって壊れてしまった社会の再生に対しても平和構築は不可欠な国際社会の課題である。しかし,平和構築という概念や具体的取り組みが国際社会のなかで現実化して来た歴史は,まだ浅いと言えよう。戦争で壊された社会では,地域紛争は再発しやすい。戦争の終了によって消極的平和の状態が得られたとしても,それだけでは再発の可能性が高い。したがって,戦争終結とともに生まれた和平を支えつつ,生命の維持も危ぶまれる人々を支援し,戦争で破壊された社会の復興を手助けすることによって,戦後の復興一つにとどまらず,戦争が再発しないような和平と安定,換言すれば積極的平和を実現することも,また期待できると言えよう。

　平和構築という名の下で行われる具体的作業は,実にさまざまな領域に及んでいる。和平合意の維持,停戦監視の継続のためには,軍隊や警察の派遣が不可欠である。人道支援と経済復興のためには救援活動と開発協力が必要であろう。戦争のトラウマを抱える人々が生きる力を取り戻す上で,心療面のケアも必要である。平和構築の実現には軍事力も人道援助も必要なのであって,どれか1つの手段に限定した議論を行うことには意味が無い。

　また,国外からの関与の必要性についてであるが,本来,戦後復興は,その土地の人々と政府が担うべき責務であるとしても,戦争は社会ばかりではなく政府をも壊してしまうため,戦争によって壊れてしまった社会を独力で再建する力を政府が持たないという事例が多数である。紛争後の復興のために紛争の非当事者が外部から関与するという考え方がそこから生まれるのである。

　平和構築から目を背けることは人道上許されないばかりでなく,国際テロ組

52

織の跋扈等により，豊かな社会の人々から安全を奪う可能性もある。少なくとも，欧州の近代国際関係に関する限り，戦争は何よりも国家が採ることのできる政策の合理的手段であって，違法な行動では無かった。しかし，二次にわたる総力戦であった世界大戦の経験から，戦争を違法な行為として捉える見方が広がっていった。戦争が国家の合理的選択では無く世界各国の取り組むべき災厄として捉えられるようになるとともに，戦争を生み出す惨禍からの復興も，一国の政治課題では無く，世界各国の共有すべき課題であると考えられるようになった。このように平和構築という営為には，紛争地域における戦後の再生を，ただ，紛争当事国の担当すべき課題としてのみ捉えるのではなく，世界全体が共有すべき責任と課題として捉える見方が反映されている。ここに戦争に対する現代的な認識が生まれるとともに，平和の構築も国際社会の責任として自覚されるようになった。平和構築は，戦争違法化と国際関係の制度化という，優れて現代的な国際社会の変容が生み出した政策領域であると言うことができるであろう。

7. 民族紛争はなぜ発生するのか

つぎに，もともと心理学者のエリクソンが名付けた心理学用語のアイデンティティ[14]という概念を国際政治学に導入して「新しい戦争」と喝破したカルドーであるが，この冷戦後の「新しい戦争」の時代のなかで，実際の地域紛争の発生前から発生を経て終了に至るまでの典型的な過程について，アイデンティティとして戦争の原因となる可能性を持っている民族・エスニシティ[15]をめぐる紛争の発生，予防可能性，成長の諸段階を見て行くこととする。

まずは，民族紛争の発生であるが，概括すると，民族紛争発生の4点の必要条件と3点の十分条件が重複した際に民族紛争は発生すると月村太郎は整理している[16]。

民族紛争発生の必要条件であるが，最低限の前提は，複数の民族の存在である。ある国家において，その領内に単一民族しか居住していなかったり，圧倒的多数が同一の民族であったりすると，武力紛争は起きにくいが，現実に存在

している主権国家のほとんどは多民族国家であるので，一民族一国家の国民国家あるいは民族国家というのは政治的擬制と言える。この多民族性に加えて，5点の必要条件が不可欠である。第1点目は構造的要因群，第2点目は政治的要因群，第3点目は経済的要因群，第4点目は社会・文化的要因群（歴史・宗教）である。順番につまびらかにして行こう。

　まず，第1点目の構造的要因群であるが，これは主に民族の居住分布のパターンによって民族紛争が生じる可能性を指している。同じ国内に居住している多民族を，「集住パターン」，「混住パターン」，「散在パターン」として比較すると次のようになる。まず，「集住パターン」では，各民族が国内の特定領域にまとまって居住しているパターン故，自民族地域が確保されているので，自民族地域の拡張を望まない限り，民族紛争が起こる可能性は低い。ただし，地域ごと分離・独立を求める可能性も否定できなくはない。「混住パターン」では，成員間の大規模かつ継続的接触が難しく，民族紛争を起こすだけの組織を成立させることも困難である。このパターンでも民族紛争が起こる可能性は低い。しかし，各民族の居住密度に濃淡があり，なかでも，複数の民族の居住密度が比較的近い場合，激しい民族紛争が発生しやすい。

　第2点目の政治的要因群では，体制変動，特に非民主制から民主制への体制変動，またはその過程である民主化の際，民族的多数派も民族的少数派も民族紛争の危険性をはらんでいるが，民族的少数派の側からの危険性がより高い。選挙や投票が民族間関係を悪化させる可能性が否定できないからである。投票結果の「国勢調査化」の懸念も想定できる。

　第3点目の経済的要因群では，単純に貧困と民族紛争の発生を結びつけがちであるが，絶対的貧困の場合には，紛争を起こすための武器を購入する資金さえ人々の手に無いので，実際は，貧困では無く，経済の停滞や経済の成長と民族紛争との間に関係がある。

　第4点目の社会・文化的要因群（歴史・宗教）では，何であろうが，現有を正当化するために，かつての領有を持ち出す事例である。栄枯盛衰の繰り返しのなかでは，ある特定の領域を複数の国家が順次領有して来た場合，どちらも失地回復を旗印に，領有の維持や復活を求めて来ることがある。こうした係争地

をめぐる歴史主義の援用が民族紛争につながる可能性は高い。同様に危険な場合は，係争地をめぐって，かつて武力紛争を繰り広げたのと同じ組み合わせの民族間で，再び新たな紛争が起きる可能性である。これは，植民地時代の遺産として，旧宗主国に分割統治を行われた地域で，それが国境となった旧植民地諸国のように外部から強制的に作り出された事例もある。なお，社会・文化的要因群（宗教）だが，これについては，一見，宗教間の紛争のように見える戦争も，第2節で述べたようなアイデンティティの対象としての宗教の特殊性から，宗教への真の信仰心からの紛争要因では無い。宗教的相違が民族紛争の構図に影響する事例があることは否定しないが，それだけでは紛争は発生し得ない。単純化はしばしば正しい理解を妨げることになる典型例である。

　このような必要条件に十分条件が重なって民族紛争が生じる。この十分条件としては，第1点目に「当事者が感ずる恐怖」，第2点目に「民衆の行動」，第3点目に「その民衆の動きを特定の方向にまとめるリーダーシップ」が挙げられる。

　まず，第1点目の「当事者が感ずる恐怖」であるが，混住的である居住パターン，民主化による混乱，経済的悪化，かつての武力衝突の記憶，宗教的相違，これらによって相手民族に対する敵意だけでなく，いつ攻撃されるかわからないという恐怖が起きる余地も生まれてくる。こうした恐怖が紛争発生の危険性を高めるという考え方が，「安全保障のジレンマ」である。「安全保障のジレンマ」は国際政治における軍拡構造を説明する際に用いられるが，元は1990年代初めに民族紛争の説明に持ち込まれたものである。

　第2点目の「民衆の行動」についてであるが，「安全保障のジレンマ」が機能し始めると，民衆の間に恐怖が高まって来る。また「安全保障のジレンマ」を起こさせる要因も，民衆に直接に影響を与えて行くだろう。そして，民衆の間に恐怖，不安や不満が蓄積されている時に何らかの事件が起きるならば，民衆のエネルギーが一気に放出され，集団的な行動が開始されるだろう。

　第3点目の「その民衆の動きを特定の方向にまとめるリーダーシップ」であるが，民衆が不満のエネルギーを放出して暴走しても，それで民族紛争が発生するとは限らない。そのエネルギーを民族紛争の方向へと指導する役割を果た

す存在が必要なのである。その役割を果たすのがエリート，特に政府に敵対する側で紛争を起こすエリートである。エリートとて成功の見込みが無ければ民族紛争に関わることは難しいが，それを左右するものの1つは財政基盤である。成功の可能性が大きければ，エリートが主体的に民族紛争に関わって，自ら民族紛争を起こす場合も考えられる。このような必要条件と十分条件とが揃わなければ，民族紛争は発生し得ないのである。

8. 民族紛争の予防はできないのか

今日，この地球上で生活している人々は，基本的に平和な暮らしを望んでいるはずである。民族紛争は，発生する前に，それを予防することはできないのか，という課題への解答は困難である。しかし，従来の予防法では問題があり，近年，注目されて来ている「パワー・シェアリング」も効果が十分とは言えない段階であるが，まずは，従来の予防法から述べていくこととする[17]。

第1点目は「多民族性の否定」である。必要条件，十分条件が揃わぬようにすれば，民族紛争は起こらないのであるから，民族紛争の根源にある多民族性を否定して他民族を物理的に排除するという方法や他民族を同化させてしまうという乱暴な方法があるが，当然，認められない方法であり，認められたとしても，そのコストは非常に高くなる。

第2点目は「他民族に対する支配」だが，これも他民族を隷従させるという点で認められない。近年，第3点目の「パワー・シェアリング」と言われる考え方が，問題が無い訳ではないが，紛争後社会の復興の際に中核に置かれることが多くなった。この範疇に入るのは，「連邦制」，「文化的自治」，「多極共存制」といったものである。

まず第1点目の「連邦制」であるが，ある国家を領域的単位に分け，その構成単位に権限を与えるというものである。それによって，各構成単位は連邦政府からの横暴から領域の住民を守り，少数派の保護を行い得るのである。しかし，連邦構成単位間の境界と民族住地域間の境界の不一致，構成単位の疑似国家化による地域の分離・独立への障害が減ずるといった問題が生じる。第2点

目の「文化的自治」とは，民族を文化的共同体であると前提した上で，民族に関わる文化的分野における自治の権限を，領域では無く民族そのものに賦与しようというものであり，文化的分野の自治権を，その領域に単に移譲するというものでは無い。文化的自治の具体的内容は，まず自治を政治的自治と文化的自治とに二分して，前者は領域的な自治に基づいて処理し，後者は民族的に分けられた領域に自治を与え，民族的少数派の要求の積み残しを民族別の全自治行政区域が全国規模の連合体（「民族共同体」とされる）を形成し，この連合体が文化的な事項の処理に当たるというものである。第3点目は，レイプハルト（Lijphat, A.）が，民主制を採用している多民族的な小国がいかにして政治的安定性を確保しているかを分析した結果，多数決で意思決定をする民主制であるウエストミンスター型とは異なり，民族を政治組織化した上で，そうした組織間の交渉と取引とを通じて政治を運営していく民主制があることを明らかにした。他の研究者に先んじて，レイプハルトは，これを「多極共存制」と命名した[19]。これは，紛争後の国家の制度設計において「パワー・シェアリング」の考え方が導入される際に多くの面でモデルとなった。多極共存制の特徴は，大連合，相互拒否権，民族的比率に基づく資源配分，各民族の自律性の4点である。

　第1点目の大連合とは，民族的少数派を含めて，ほぼすべての主要な政党（民族）を意思決定過程に関与させ，資源を分かち合うことをいう。第2点目の相互拒否権とは，民族的少数派が不満を高めて意思決定過程から離脱してしまうといった事態を防ぐために民族的少数派に拒否権を与え，さらに，特に民族的少数派にとって重大な利益が絡む問題については「全会一致の原則」の導入とも換言できる。第3点目の民族的比率に基づく資源配分とは，これを採用すれば，利便性や透明性に優れ価値中立的である上，勝者が総取りすることを前提とした，「最小勝利連合」の出現の防止にもつながる。第4点目の各民族の自律性とは，その国家を構成している民族を政治組織化し，政党が中央政府とのチャネルとなれば，中央政府はその政党を通じてのみ，各民族との関係を保つべきであるということを指す。換言すれば，中央政府は，民族にのみ関わる問題については干渉せず，民族の自律性を保障しなくてはならないということ

である。

　他方，多極共存制の問題点としては，次の3点が指摘できる。第1点目は，大連合を形成して資源を比例配分する際にどれくらいの規模の民族的少数派（政党）を意思決定過程に取り込めば良いのかという，いわゆる，「足きり問題」である。第2点目は「少数派の暴力」が起こる可能性があるという問題がある。第3点目は，国民に占める民族的な割合が変化した場合の問題である。変動の補足は国勢調査に基づいて行うことが可能である。しかし，変動の結果，ある民族の比率が低下した場合，当該民族が，それまでの「既得権」を容易に手放すことはしないだろう。他方，比率が上昇した民族は，それに基づく資源配分を一刻も早く求めるだろう。また，比率を上げるために自民族の移民を増加する挙に出る可能性もある。

　また，上述のような民族紛争の予防方策に共通の問題点も3点指摘できる。第1点目は，多民族国家において民族的少数派に配慮した統治を行えば，少なくとも，短期的な統治の効率が低下することが必定であることである。第2点目は，国家を形成している民族の文化を尊重するあまりに，その国民全体を架橋する共通のアイデンティティの構築に障害が出るかもしれないという懸念である。第3点目は，何よりも，民族的多数派，特にそのエリートが自民族中心の行動を取る危険性の存在である。

9. 民族紛争はどのように成長して終了するのか

　それでは，民族紛争はどのような過程を経て成長し，終了に向かって行くのかについて述べていくこととする[18]。民族紛争は，いったん発生すると，民族紛争の十分条件であった，相手への恐怖，民衆の恐怖，そしてエリートの指導の3点が相互に強化されることで紛争レベルを上昇させていく。つまり紛争の激化である。これは，民族紛争の発生メカニズムと基本的に同じである。紛争は人間の一生に例えられることが多い。人間の誕生のように発生し，青年期のように激化し，壮年期のように成熟し，老年期のように衰退し，やがて終了するというものである。民族紛争の激化の段階とは紛争の青年期である。

紛争は，段階的に激化していくとする紛争激化に関する段階論を多くの論者は採っている。しかし，これに対して一度の紛争の激化過程はそうかもしれないが，ひとたび起きた紛争と同じ当事者の組み合わせで起こる場合には，紛争激化の段階論のように，一回期性の出来事として紛争を説明するのは，紛争激化に関する理解を誤らせる可能性があるという主張がある。この主張によると，紛争を循環的な過程として理解する必要があるという。

さらに，紛争サイクルが循環するとしても，同じ当事者が再度の紛争に関わる場合は，最初の紛争と比較して，当事者間の関係が当初から緊張しているのではないかという主張もある。紛争が再発した場合には，前回の紛争に比較して，出発点が当初から高いレベルにあり，激化のスピードも速く，紛争の最高点も高くなる。したがって，同じ当事者の組み合わせによる複数の紛争の軌道を重ね合わせると，上向きのスパイラル状になるという。

しかしながら，紛争が一回期性のものであろうがサイクル状やスパイラル状の形状を呈するものであろうと，その激化の局面において段階的に激化するという理解には相違ない。

民族紛争が発生し，激化して最高レベルに達するまでに何段階を経るかについてはさまざまな主張があるが，月村太郎によれば，3段階に分けて論じることができると言う。この3段階とは，第1段階では，「合理的処理の努力」がなされる余地がある段階であり，第2段階では，「ステレオタイプ的イメージの浮上」としてコミュニケーションの減少のため，暴力に関する「自己充足的予言」が見られるようになる。総じて，暴力レベルは次第に上昇するが，まだ脅迫を目的とする暴力の使用が中心である。しかし，第3段階では，「暴力の支配」へと暴力レベルの上昇に従って，相手にいかにダメージを与えるかという意図が中心となり，合理的な費用便益計算よりも自己の威信が重視されるようになる。さらに進むと，あらゆることに対して，相手の破壊が優先する。最終的には，当事者は，刺し違えすらも覚悟する段階に至るという。

また，民族紛争の発生は，その紛争が領域的に広がっていくのは不可避であり，隣国への波及，さらには隣国への介入の可能性[20]も生じて来る。そして，発生後の民族紛争について指摘しておくべきは，それが長期化する傾向が

あるという点である。その主な理由としては4点が挙げられる。第1点目は指導力の脆弱さであり，第2点目はそこで採用される戦術と使用される武器についてである。戦術は主にゲリラ戦やテロであり使用される武器の主役は携帯可能でもある軽火器である。軽火器は武装解除が難しく，一度，解除できたとしても，密輸等で容易に越境して来る。第3点目は，紛争が長引けば長引くほど，紛争の継続に固執する人々が生まれて来る点である。近しい者が犠牲になった仇討ちのために紛争の継続を求める者は，当然，増加して行くが，より重要なのは，暫定的であるはずの戦時政治や戦時経済の日常化によって，そこから私的利益を得る人々が誕生し，紛争の終結を妨害する可能性があるからである。第4点目は，紛争が長引くほどに生まれて来るさまざまなエピソードのなかに，ある村の全滅やある市における集団殺害といった敵の残虐さの象徴となり得るものが含まれて来るにつれて，その犠牲者の恨みを晴らすまで，戦闘を終了できないと心に刻む成員もいるだろう。そういったなかで，紛争が長引くほど，紛争の争点の増加や新たな紛争当事者の参加といった，さらに紛争の構図を複雑化させ，紛争のさらなる長期化へと招く要因が増えて行くのである。民族紛争が成長すると，当事者間でそれを途中で止めることは非常に難しい。

　こうした特徴を持つ民族紛争の終了には大きく二大別できる。第1のパターンは，紛争当事者の一方が勝利して終わるという単純な場合である。第2のパターンは，紛争の解決を目指して国際社会が介入して紛争が終了する場合である。両パターンにおける最大の相違は紛争後にある。第1のパターンの場合は，紛争の舞台となった国が主体的に紛争後の社会の復興に取り組むことになり，国際社会が主導した「国造り」が始まることになる。第2のパターンの場合は，国際的な平和維持活動が展開されることになる。

　平和維持活動の主体は一般に国連であると考えられている。しかし，個々の事例においては，必ずしも，国連が主体では無い平和維持活動も存在する。国連による平和維持活動のほとんどすべては国連安全保障理事会の決議を発動されて来た。これは，冷戦の期間は国連平和維持活動の発動が困難であったことを意味する。

　本来的な平和維持活動は，「交戦者の停戦や兵力撤退の実施の監視や査察と

いった戦闘の再発防止の為の緩衝的役割，あるいは現地の治安維持等の警察的な任務」に限られており，停戦合意締結後に展開されて来た。しかし，紛争形態の変化や国連平和維持活動の増加によって，その活動内容にも変化が見られる。その特徴として大きなものは，本来は軍事的な側面が中心であった国連平和維持活動がそれ以外の分野の活動，例えば，選挙監視や憲法起草にも従事している点や紛争当事者化することを前提として，平和執行的要素が強い活動が含まれる場合があるという点である。なお，上述の2点の特徴を併せ持つ国連平和維持活動も現れて来ている。

平和維持活動が展開され始めると，その後に「国造り」が始まることになる。これを総称して平和構築活動ということができる。平和構築とは，篠田英朗の定義によると，「単なる戦争の欠如以上の平和の基盤を再確立するための道具を提供する諸活動」である。紛争当事国には，停戦合意後の平和維持活動で維持されるべき戦闘の終了，すなわち消極的平和だけでは紛争後の社会が平和であるとはとても言えない。紛争後には，維持されるだけでなく構築されるべき平和（積極的平和）があるのである[21]。

紛争後の社会においては，増員されていた政府軍の兵士や武装組織の戦闘員の取り扱いが急務であり，武装解除，動員解除，社会への再統合（DDR）が必要となる。また，治安の回復のために警察組織や検察や裁判所等の司法組織の整備といった「治安部門改革（SSR）」，それらと並行して，その他の民主的な制度構築への支援を行う「平和創造」と総称される活動が必要となる。これらに輔弼されつつ，紛争の再発防止のために，その国家が「一本立ち」できるように国際社会は支援を行わなくてはならないのである[22]。

10. 馬場伸也の平和学研究の今日的意義

一方で，カルドーが，冷戦終焉後，アイデンティティをめぐる「新しい戦争」の時代が来ているという指摘を行う以前の東西冷戦時代に国際政治学に心理学の概念であるアイデンティティを導入した馬場伸也の平和に関する研究を再考してみたい。

II　21世紀の紛争と国際関係―新しい戦争と平和構築を中心に―　61

　1980年代初頭の国際政治学が主流化していたのは，コンピュータの発達により，行動科学主義，計量分析，システム理論，政策決定論といった分野であった。

　しかし，馬場伸也は，これらの研究への偏りへの懸念から，「国際政治学も根本的には，人間学ないしは人類学に基礎を置くべきである。つまり，『人はなんのために生き』，『なにを求めて生きようとしているのか』という人間存在そのものの根源から発想を展開し，「研究の究極目標は，『人間の尊厳をいかにして保障するか』という点に設定しなければならない。」として，「個としての人間の『生』の究極にあるものは何か」，そして「種としての人類の福祉（永遠平和を含む）達成とは，どのような関係にあるのか。これらの問題を考究することは，国際政治学における本質的な命題であるはずである。」という議論を行い，「私は，その命題を解明する鍵は，独自性と普遍性を止揚するようなアイデンティティの追求にあると思考する。」と主張している[23]。

　社会科学諸学が「不確実性の時代」と言われた1970年代，馬場伸也は，アイデンティティに注目して，大国の研究には「権力・影響力理論」を「強者の理論」として用いるとしても，中・小国の立場から国際政治の力学を解明する上では，「アイデンティティ理論」を導入することが望ましいと論じている。そして，近代合理主義がすべてのものを相対化し，平等化現象を誘発させ，価値の相対化から多元化へ，そして，それから無秩序が派生するという近代合理主義批判を行っている。他にも，すべて机上の空論に終わった「国連開発の10年」計画，従属理論，構造的暴力の理論，自力更生論，内発的発展論等の論破も行っている。

　そして，「アイデンティティは，同一性とか帰属意識とか訳されるように，不確実な世の中にあって，なにか確実で永続性があるもの―たとえば自分の所属する民族（エスニシティ），あるいは国家といったようなもの―と自己とを同一視することによって，歴史における自己の存在証明を求めようとする精神作用を指す。自ら創出した社会秩序の相対性のなかで，よるべなき葦のような近代人の，何かに帰属したいという願望は否応なしにつのる。自分自身のものを何かに，どこかに確立したいという願望が，ある特定の地方につくと地方主義，ある民族（エスニシティ）と結

びつくと民族意識、国家と結びつくと国家主義となる。従って、地方主義、民族主義、国家主義は近代意識の形成過程にあって、アイデンティティを確立しようとする諸形態に過ぎない。」と、馬場伸也は、地域紛争とアイデンティティとの間に緊密な関係があることを見出していた。

　さらに、馬場伸也は、これを前提にして、「現代ナショナリズム」を例に取り現代ナショナリズムを「生活世界」の位相という観点から、国家主義、分離主義（地方主義）、超国家主義、脱国家・超国境（世界市民）主義の４つの位相に大別した上で、普遍的世界を構成しているのは、脱国家・超国境（世界市民）主義だけであると結論づけている。

　その上で、核兵器の拡散のような大量破壊兵器の問題、南北問題のような経済格差の問題、地球環境問題といった世界規模の問題であり、世界中の人々が「世界市民」としての共通のアイデンティティを持って協力せねば解決できない問題が山積している状況を逆手にとって、むしろ、そういう時代だからこそ「危機」を「機会」に置き換えるという発想の転換が可能であり、個人のアイデンティティと共同体のアイデンティティが衝突の原因となる懸念と地球規模の問題の解決につながる一石二鳥の解決策を提示している[24]。

　この解決策は、「新しい戦争」の時代から、ポスト・冷戦時代の終わり[25]や「Gゼロ」後の主導国の無い無極化の時代[26]と言われている21世紀に入って混迷の度を深めている国際関係の時代にも適用可能な今日的意義を有するものである。

------------------------------ 註 ------------------------------

（1）ブッシュ（Bush, G. H. W.）米国元大統領は、冷戦後の新たな国際秩序は、米国が世界唯一の超大国、世界の警察官として米国一極集中の国際秩序となると宣言したことを指す。

（2）Kaldor, M. *New and Old Wars Organized Violence in a Global Era With an Afterword.* Polity Press, Oxford, 1999, U.K.（山本武彦・渡部正樹訳『新戦争論 グローバル時代の組織的暴力』岩波書店、2003年）

（3）Freud, S. *Gesammelte Werke, chronologisch geordnet.* Imago Publishing Co.,Ltd. 1940, 1946, 1950.（中山元訳『人はなぜ戦争をするのか エロスとタナトス』光文社、2008年）

（4）藤原帰一「新しい戦争・新しい平和」藤原帰一・大芝亮・山田哲也編著『平和構築・入門』

II 21世紀の紛争と国際関係―新しい戦争と平和構築を中心に― 63

有斐閣，2011 年，4 〜 6 ページ。

（5） アイデンティティを争点とする「新しい戦争」の具体的争点として挙げられる「宗教」につ
いてである。藤原帰一は，宗教を「新しい戦争」の争点として民族と同様に扱っているが，
髙松洋一等によると，真に「宗教戦争」と呼べる宗教をアイデンティティとする戦争は，近
代以前の十字軍戦争，せいぜい第三次十字軍戦争（1189 〜 1192 年）までであり，その後，宗
教をめぐっているかのように起こった戦争は，時々の政治的・宗教的リーダーが，利害計算
を考慮した上で，旗印に宗教を持ち出して人々を動員して行われたものであった。旧ユーゴ
スラビア連邦の解体に伴う内戦も，セルビアのミロシェビッチ，クロアチアのツジマン，ボ
スニア・ヘルツェゴビナのイゼトベコビッチといった政治リーダーが宗教を旗印にして人々
を動員させたものであった。旧ユーゴスラビア連邦の解体に伴う内戦時における政治リーダー
の動向については次のものが詳しい。

月村太郎『ユーゴ内戦 ―政治リーダーと民族主義―』東京大学出版会，2006 年。

したがって，本章では，「宗教戦争」という代わりに「『宗教』に関わる紛争」，といった記述
で扱うこととする。

（6） 藤原帰一，前掲論文，7 〜 9 ページ。

（7） 藤原帰一，上掲論文，9 〜 11 ページ。

（8） 「非承認国家」あるいは「事実上の国家」という表現で表されることもある。廣瀬陽子「長
期化する紛争と非承認国家問題」六鹿茂夫編著『黒海地域の国際関係』名古屋大学出版会，
2017 年，273 ページ。

（9） 廣瀬陽子，前掲論文，273 〜 274 ページ。

（10） Casperson, N. *Unrecognized States: the Struggle for Sovereignty in the Modern International System*. Polity Press, Cambridge, U.K., 2012, p.11.

（11） 廣瀬陽子は前掲論文でコソボ共和国を未承認国家のなかに分類しているが，国際的承認数が
他の未承認国家よりはるかに多いことから，通常は未承認国家とは扱われていない。

（12） 廣瀬陽子，上掲論文，281 〜 282 ページ。

（13） 廣瀬陽子，上掲論文，283 ページ。

（14） Erikson, H. E. *Identity-Youth and Crisis*. W. W. Norton & Company, Inc. New York, U.S.A., 1968.

（15） 民族とエスニシティの相違は，民族に対してエスニシティは小規模の集団を指す用語上存在
するもので実在の概念では無いという点である。実在の概念としては，エスニック集団，と
いった表現が適切である。本章では，以上を踏まえて，すべて民族という用語を用いること
とする。

（16） 月村太郎『民族紛争』岩波書店，2013 年，174 〜 220 ページ。

（17） 月村太郎，前掲書，192 〜 204 ページ。

（18） 月村太郎，上掲書，206 〜 221 ページ。

（19） Lijphat, A. *Democracy in Plural Societies : A Comparative Exploration*. Yale University Press. U.S.A., 1977.

64

(20) 月村太郎，上掲書，208 〜 209 ページ。隣国への波及は，第一には民族紛争がもたらすさまざまな悪影響が越境し，隣国へと波及していくパターンであり，第二は民族紛争に対して隣国が意識的に介入する場合である。ただし，これを明確に区分することは必ずしもできない。

(21) 篠田英朗『平和構築と法の支配—国際平和活動の理論的・機能的分析』創文社，2003 年，12 ページ。

(22) 月村太郎，前掲書，224 〜 226 ページ。ここで，月村は，民族紛争の再発を防ぐには，民族的アイデンティティを超えた多民族的な国民的アイデンティティ，そしてそれに基づく国民意識の涵養と維持がなされなくてはならないとして，詰まるところ，一見，迂遠であるが，エリートと民衆が一緒になって多民族的な国民的アイデンティティを内面化，さらには社会化させることに向けて日々の努力を行うことが民族紛争の再発を防止する最善の道と言えるであろうと結論づけている。

(23) 馬場伸也『地球文化のゆくえ』東京大学出版会，1983 年ならびに馬場伸也『アイデンティティの国際政治学』東京大学出版会，1980 年。

(24) 馬場伸也，上掲書，ⅰ 〜 ⅲ ページ。

(25) 廣瀬陽子『未承認国家と覇権なき世界』NHK 出版，2014 年。

(26) Bremmer, I. *Every Nation for Itself*. Penguin Group Inc. U.S.A. 2012.

（金森俊樹）

Ⅲ 米中貿易戦争と中国の躍進

1. はじめに

　事の発端は 2017 年 1 月に就任した米国トランプ大統領が掲げた雇用創出と通商協定に関する選挙公約にある。大統領は，外国への雇用流出が特に製造業で多いことを問題視し，貿易赤字削減が有効な対策の 1 つであることを主張するとともに，貿易相手国による不公平な通商慣行，為替操作，知的財産の窃盗などの是正を訴えた[1]。同年 4 月 6 日，大統領は米フロリダで開催された初の米中首脳会談中の夕食会で，習近平主席の目の前でシリア空爆を指示した事実はあまりにも有名である。これは，自分の意に従わない相手には軍事力使用もいとわないという主席に対する暗黙の恫喝であったのか。

　それから間もない 4 月下旬，大統領は米国にとって最大の貿易赤字相手国である中国を念頭に，米通商拡大法 232 条に基づき鉄鋼とアルミの輸入に関して安全保障上の脅威となっているかどうかの実態調査を商務省に指示した。さらに同年 8 月，トランプ政権は，大統領権限で関税引き上げなどの制裁を科すことができる米通商法 301 条に基づき，中国に対し不公正な貿易慣行がないか，調査開始の検討に入る[2]。

　同年 9 月 18 日，米通商代表部（USTR）のロバート・ライトハイザー代表は，補助金による国内企業の巨大化，技術移転の強要，国内外市場の歪曲など組織的な取り組みを行っているとして，世界貿易にとって「前例のない脅威」であると中国を名指しで非難した[3,4]。名指しで非難されメンツをつぶされた中国は「単独主義は多国間貿易システムにとって前例のない課題」であるとして，商務省による 9 月 21 日の定例会見で真っ向から米国に反論する[5]。

　9 月の米中間における非難の応酬後，両国政府は 11 月のトランプ大統領訪中に向けて通商関係を取り持つべく急ピッチで総額 2,535 億ドル（28 兆円）規模

の米中企業間の商談を主導するが，そのほとんどは覚書や協議書のレベルで実際の契約は総額 90 億ドル程度とされている[6][7]。これは，貿易不均衡の早期解消を求めるトランプ政権にとって大きな成果とは言いがたく，IT（情報通信）企業などが中国進出の際に直面する技術移転の強要問題に至ってはまったく進展が見られなかった。この米中首脳会談で，それまでぎくしゃくしていた米中関係が改善に向かうという淡い期待はすぼんでしまうことになる。

　本章は，予測が困難なことで国際情勢に大きな影響を与えている米中貿易摩擦の進展を第 2 節で詳細に振り返りながら分析する。次に，第 3 節で貿易摩擦が経済に与えた影響をさまざまな市場の変化に焦点を当てて検証する。さらに，米国との摩擦がここまで拡大している中国の影響力は世界でどのように変化しているかを貿易と投資を中心に第 4 節で振り返る。最後に，第 5 節で中国に関連して世界が今後どのように変化していくかを展望する。

2. 米中貿易戦争

A. 米国の実力行使と中国の応酬

　通商問題改善の進展が進まず業を煮やしたトランプ政権は，年をまたいだ 2018 年 1 月 22 日，それまでの調査で米国産業への実害がすでに米国際貿易委員会（ITC）で認定されていた太陽光パネルと洗濯機を対象に，実に 16 年ぶりとなる緊急輸入制限（セーフガード）を発動する[8]。セーフガードの内容は，太陽光パネルに 30％，洗濯機に 20％（輸入 120 万台超で 50％に引上げ）の追加関税を課すというものである。対象国はこれら製品を米国向けに輸出するすべての国々で，一見して中国以外の国々にも公平に適用されている。しかし，その実態は 2012 年より続く米国政府による中国製太陽電池製品を対象とした反不当廉売（ダンピング）関税および相殺関税の適用と，生産拠点を国外に移転してこれを回避しようとする中国メーカーのイタチごっこに終止符を打つための措置であったと見る向きもある[9]。

　さらにトランプ大統領は，前年 4 月より調査中であった通商拡大法 232 条に基づく鉄鋼とアルミの輸入に関する調査結果を受け，安全保障上の脅威となっ

ているとしてそれぞれ 25% と 10% の追加関税を 2018 年 3 月 1 日に発表し同 23 日に発動した[10]。関税の対象国は表向きにはこれら製品を米国へ輸出する日本のほか期限付きで適用除外を受ける国を含む多数の国々であるが，鉄鋼，アルミともに世界第 1 位の圧倒的な生産量を誇り米国にとって最大の貿易赤字国である中国が主な標的であることは自明だった。

これまで忍耐強く対応していた中国も，自国を標的にした度重なる米国の実力行使に業を煮やし，国益を損ねることを理由についに反撃の狼煙を上げる。中国は，米国が鉄鋼とアルミの追加関税を発動した 23 日のタイミングで，米国産豚肉や果物，ワインなど計 30 億ドル（約 3,100 億円）相当の報復関税リストを発表した[11]。

しかし，中国による報復関税の警告に対し米国からの歩み寄りは見られず，ついに中国政府は 4 月 2 日に報復関税の発動に踏み切る。具体的な税率は豚肉や再利用アルミといった 8 品目を対象に 25%，残る鋼管，ナッツ類，ワインなど 120 品目を対象に 15% である[12]。

対する米国は翌 4 月 3 日，中国の知的財産権侵害に対抗する措置として年間約 500 億ドル，1,300 品目のリストを 25% の追加関税対象として発表。そして中国はその翌日，それに対する報復措置を取ることを明言した[13]。

ここに，米中貿易戦争の幕は切って落とされたのである。

B. 次世代情報技術の覇権を巡る攻防

米中貿易戦争は当初，実行力のあるトランプ大統領が貿易不均衡解消の公約を着実に実現させているとの見方による報道の側面が強かった。しかし，半導体や通信規格を中心とした次世代情報技術を巡る米中の激しい覇権争いが根底にある。

世界の製造強国の仲間入りを目指す中国政府は 2015 年 5 月に「中国製造2025」という長期計画を内外に公表する。その計画に掲げた重点分野の柱となるのが「5G」に代表される次世代情報技術分野で，中国政府はシステム設備を中国市場で 80%，世界市場で 40% という高い目標を設定し関連産業に金融および技術支援を表明している[14]。

68

　国家主導で産業育成に取り組む中国は貪欲にハイテク企業等のM&A（合併・買収）に着手し，その金額は2016年には過去最高の1,204億ドルに達している[15]。この流れに危機感を抱いていたオバマ政権は，特に軍事用技術が含まれる欧米半導体メーカーの中国による買収案件のいくつかを国防上の理由で却下しており，トランプ大統領の就任直前の2017年1月6日には「半導体市場の世界的なリーダーを目指す中国の野望が，米国産業にとって脅威となる」と指摘した米国半導体産業に関する報告書を発表している[16]。

　2018年4月16日，中国の報復関税とさらなる対抗意思による応酬を受けたトランプ政権は，かねてより安全保障上の脅威とされていた中興通訊（ZTE）への米国製部品販売を7年間禁止する措置を発表する[17]。これは，表向きには米国の対イラン制裁に関連して，同社が犯した違反行為の対応で米当局に対する虚偽が発覚したための措置である。しかし，ZTEは華為技術（ファーウェイ）とともに，中国政府と密接な関係を持ちサイバーセキュリティを脅かす存在としての監視対象であり，オバマ政権時代よりすでに米政府通信システムからの排除を求められていた[18]。ZTEとしては，主要な部品を米国からの輸入に頼っており，この措置によって会社は存続の危機に直面する。

　しかし，これは中国の通信機器企業1社の問題ではなく，実は中国政府が肝いりで掲げた長期計画の屋台骨を揺るがす大問題だったのである。ZTE問題は米中間の技術覇権争いの表面化という側面が大きい。

C.　一時休戦宣言

　2018年5月3日より，米中両国は貿易問題解消のために閣僚級協議を開催するが両国の間にある重要部分の溝は埋まらず，対話を継続することで合意した[19]。続く5月17日よりのワシントンにおける協議にむけて，米国政府はZTEへの制裁緩和を検討し始める[20]。2日間にわたるワシントンでの第2回目の協議終了後の共同声明発表は異例の1日遅れとなったことは協議の難航を如実に物語っていた。

　米中両国による度重なる貿易協議を経て，ようやく共同声明が発表されたのは5月21日であった。声明では，米国が制裁関税を当面保留することと，両

国間の貿易不均衡解消のため米国が農産品やエネルギーの輸出を大幅に増やすことで合意したことが発表された。つまりこの合意は，米国が4月3日に年間約500億ドル1,300品目に課すと発表した25%の追加関税の保留と引き替えに中国が米国製品購入を拡大するという内容のみであり，米国が中国政府に求める巨額補助金による産業振興策の改善と中国が米国政府に求めるZTEへの制裁解除に関する言及はなかった。強硬な姿勢を見せていた米国が一時休戦を選んだのは，同年6月12日に予定されていた史上初の米朝首脳会談の開催が流動的な状況で，会談の実現に向けて北朝鮮の後ろ盾である中国と事を荒立てたくなかったという見方もある[21]。

　米制裁によるZTEの損失が31億ドル以上と推定[22]されるなか，一刻も早いZTE問題解決を目指す中国政府は5月22日，自動車および自動車部品の輸入に対する関税を7月1日から引き下げると発表する。中国の自動車輸入に対する高関税はトランプ政権に問題視されており，中国はここで市場開放を目指す姿勢を具体化させた。これは，それまで主に25%だった自動車の関税を15%に引き下げることと，主に10%だった自動車部品の関税を6%に引き下げるという発表だった[23]。

　これと引き替えに中国は米国より条件付きでZTE制裁解除の確約にこぎつける[24]。

D. 再戦通告

　いったん収まったかに見えた貿易戦争は，2018年5月29日に米国の発表で再戦が通告される。トランプ大統領は追加関税を保留していた500億ドル，1,300品目のリストを6月15日までに発表し，その後すぐに発動することを表明したのである[25]。この通告には，さらに中国による対米投資を新たに制限する案と輸出規制を強化する案の詳細を6月30日までに発表すること，そしてその速やかな発動も盛り込まれた。この通告は意表を突くものと捉えられがちだが，同時期にパリで開催された日米欧三極貿易大臣会合で米国は，中国を念頭にした問題認識を日本，欧州連合（EU）と共同で声明を発表する[26]などの根回しは怠っていない。中国は米国の通告をただちに米国の合意違反とし，

70

これに対する自国の対抗措置を講じる権利を主張した[27]。

　米中両国は6月2日より北京で3回目の貿易協議を開くが，共同声明は発表されず中国側による米国の追加関税取り下げを条件とした米製品の輸入拡大の公表のみに留まった[28]。中国は6月10日，折しも閉幕を迎えた主要7カ国 (G7) サミットにおけるトランプ大統領の関税等障壁削減合意文書撤回のニュースを受け，米国を念頭に利己的で近視眼的な貿易政策を拒否する声明を発表している[29]。

　そして6月14日，トランプ大統領は知的財産権侵害を理由についに対中制裁関税を承認し，翌15日，米国政府はその詳細を発表する。関税は総額500億ドルの中国製品に25%の追加関税を課すもので，第1弾は340億ドル分を7月6日に発動し，残り160億ドル分の時期は後日検討するというものである。関税第1弾はハイテク製品中心の818品目，残りは中国が巨額の補助金を拠出する分野の品目が対象で，その合計は1,100品目にのぼる[30]。中国は翌日，対抗策として同規模の米製品500億ドル相当に25%の追加関税を発表。内容はまず大豆，牛肉などの農畜産物を中心とする545品目340億ドルで，制裁を7月6日に発動し残る品目に関しては発動時期を後日決定するというものであった[31]。大豆に関しては，米国産の6割が中国向けの輸出であることを考慮すれば，中国による制裁が発動されれば米国にとっての影響は大きくなると懸念された。

　中国の報復関税に対抗しトランプ大統領は6月18日，新たに2,000億ドル相当の中国製品に10%の追加関税を課す検討に入る[32]。このころ，ほぼ時を等しくしてすでに3月に発動していた鉄鋼への追加関税を米国内企業の訴えにより中国製品も含む一部を除外する動きが出ていたことを鑑みるに，この制裁発表は実効性に関する疑問点が多くトランプ大統領によるハッタリの側面が大きいと考えられていた。

　米国は6月24日，矢継ぎ早に前政権からの懸念事項であった中国企業の対米投資の制限を検討していることを発表する。この制限の原案は中国資本が25%以上の企業による重要な技術を持つ米国企業の買収を阻止するというものである[33]。

対する中国は6月22日，23日に北京で開催された重要な外交政策に関する会議「中央外事工作会議」の演説で，習近平国家主席が「中国中心で新たな世界統治システムの改革を主導する」旨の演説を行っている。これは中国の野望を阻止しようとするトランプ政権と真っ向から対峙する宣言と各方面で捉えられている[34]。この演説から，全面戦争に突入することも辞さない中国の意思の強さが見てとれる。

E. 全面戦争への突入

結局，米中両国の溝は埋まらず，貿易戦争は全面戦争へ突入する。7月6日，トランプ大統領は予定通り「中国製造2025」の重点投資分野に関連する産業製品を中心とする818品目340億ドル相当の輸入品に対し25%の追加関税を発動した。対する中国も同日，大豆や自動車など同額分の米国製品に報復関税を発動する。

中国のこの報復に対してさらに米国は，制裁第2弾である残り160億ドル分を含まない制裁第3弾となる10%の追加関税対象となる2,000億ドル相当の6,031品目の具体的内容を発表した[35]。それに対し，中国もその発表に反撃を取らざるを得ないことを表明し，世界貿易機関（WTO）に今回の措置を追加で提訴することを発表し，国際社会に米国の貿易覇権主義に反対するよう求めた[36]。

過熱する貿易戦争さなかの7月12日，トランプ政権は米国からの部品供給を7年間禁じられていたZTEと制裁の見直しで基本合意したと発表する。トランプ政権は10億ドルの罰金と今後の法令遵守を約束する預託金4億ドルの支払いを課すことで，米議会による安全保障上の観点からの強い反発を押し切ってZTEの事業再開を認めた[37]。

トランプ大統領にとって米中貿易協議で中国側から譲歩を引き出す好カードとみられていたZTE制裁を，なぜここに来て簡単に手放すことになったのだろうか。報道はされていないが，筆者は裏で繰り広げられているハイテク分野の対立が直接原因ではなかったのかと考える。この時期，米国の大手移動体通信・半導体設計技術開発企業であるクアルコムがオランダの車載半導体メー

カー NXP セミコンダクターズの買収に乗り出していて，他国ではすでに承認を得ていたが中国独禁当局の承認が下りていないことが理由で，買収交渉の期限が目前に迫っていたのである。

さらに，中国の裁判所は7月4日，米半導体大手マイクロン・テクノロジー（Micron Technology）に対し，台湾の競合企業ユナイテッド・マイクロエレクトロニクス（聯華電子，UMC）の訴えを認め，特許侵害の理由で中国本土における26の半導体製品の販売を差し止める仮処分を下した[38]。トランプ政権はZTEの制裁解除で中国側に譲歩することでクアルコムの買収承認とマイクロンへの配慮を後押ししたのだろうという憶測は必ずしも的外れではないだろう。

しかし，米当局による ZTE の制裁見直しは中国側にとって条件が悪すぎたのだろうか，クアルコムと NXP セミコンダクターズが期限としていた7月26日までには中国政府による承認が得られず，両者の買収交渉は終了を迎えてしまう[39]。時を同じく開催された WTO 会合では，中国の経済モデルについて「保護主義や重商主義が世界で最も強力だ」とする米国代表と「米国は不十分な論拠で自国を悪者扱いしようとしている」とする中国代表は大きく異なる見解に立ち激しく意見を戦わせた[40]。

ZTE 制裁で米国が譲歩の姿勢を見せたにもかかわらず，クアルコムの M&A を中国が認めなかったことが貿易摩擦をさらに加速させたのであろうか。トランプ大統領は8月1日，制裁第3弾の2,000億ドル分に追加する税率をすでに表明していた10%から25%に引き上げることを検討し始める[41]。

F. 追加関税第2弾，第3弾の発動とペンス演説

米中両国がワシントンで次官級の通商協議を再開させている最中の8月23日，米国が160億ドル相当の中国製輸入品に対し第2弾となる25%の追加関税を予定通り発動し，中国も同額の米国製輸入品に対する報復関税を発動する[42]。米国はさらに，9月18日，制裁関税第3弾に中国が報復した場合，残りすべての中国製輸入品に25%の関税を課すことを表明する[43]。対する中国はWTOへの提訴[44]と，米制裁第3弾への対抗措置として米国からの輸入品5,000品目600億ドルに5〜10%の報復関税の発表[45]をほぼ同時に行う。

CNN は 9 月 19 日の記事で「米国の目的は中国を交渉の場に引き込むことではなく，米中間の相互依存度を低減するため米国系の多国籍企業に対中投資を引き揚げさせるのが狙いであり，中国からどのような申し出があっても，それで関税が解除されることはあり得ない」旨の香港金融調査会社筋によるコメントを掲載している[46]。米国による数日後の制裁関税第 3 弾の発動は，このコメントが遠からず問題の核心に迫っていることの現れだろうか。

　こうして関税合戦は第 3 弾に突入する。米国は 9 月 24 日，中国からの輸入品 5,745 品目 2,000 億ドル相当に 10% の追加関税を発動する。米国はさらに年をまたいだ 2019 年 1 月 1 日より対象品目の税率を 25% に引き上げることを表明[47]。第 3 弾の米国による制裁関税対象の中国製品には，家電や食料品などの品目が含まれたことで関税の消費者生活への影響も危惧され始めた。中国も同日，600 億ドル相当の米国製品の輸入に対する報復関税 5 ～ 10% を発動した[48]。中国の報復関税は液化天然ガス（LNG）や一部の航空機などが含まれ，両国ともにさまざまなセクターに関税の影響が及ぶと懸念される。

　米中貿易摩擦が拡大の一途をたどる 2018 年 10 月 4 日，ワシントンのハドソン研究所で米国のペンス副大統領が米政府の対中政策に関する重要な講演を行った。この「ペンス演説」の内容は衝撃的で，かつての米ソ冷戦の始まりを告げたチャーチル元英首相の米国における「鉄のカーテン演説」に匹敵するものとしてニューヨーク・タイムズ[49] などの各国主要メディアで大きく扱われた。演説は，トランプ政権による中国に対する激しい非難で，中国による政治，経済，軍事的手段，プロパガンダを通じた米国への影響力行使や官民を挙げて米国の知的財産を獲得しようとするもくろみを具体的な事例を挙げて説明し，その脅威に対してトランプ政権は米国の利益と雇用，安全保障を守るために断固として行動するといった内容である[50]。

　それまで貿易戦争というベールに包まれていた米中間の問題は，ペンス演説によって米国の覇権への挑戦は許さないという米国と，それに真っ向から対峙する中国という構図がその核心部分にあることが明らかになったといえる。それを裏付けるように，あまり大きなニュースとして扱われなかったが，米半導体大手マイクロン・テクノロジーから推定 87 億 5,000 万ドル相当の企業秘密

74

を窃取したとして，中国国有企業の福建省晋華集成電路 (JHICC) と台湾民間企業の聯華電子およびその社員3名が米司法省により起訴されたことを米国は11月1日に発表している[51]。

G. 先端通信技術分野の攻防

米中両国による追加関税第3弾発動後，ペンス演説によって米国の立場が鮮明になるなか，米国は中国大手通信機器メーカー・ファーウェイの通信機器を使用しないよう同盟国に呼びかけていたことが明らかとなる[52]。ファーウェイは中国人民解放軍出身の任正非・最高経営責任者 (CEO) が1987年創業し，2017年には世界における通信基地局のシェアは1位，スマートフォンでも韓国サムスン電子に次ぎ2位と，「中国製造2025」における重点分野の1つである次世代通信規格の中心的企業であり，米中のハイテク技術を巡る覇権争いが一層表面化した。米国の目的は単なる貿易赤字削減ではなく，赤字削減を振りかざすことによる先端通信技術分野における中国の躍進の阻止であることが鮮明となるのである。

両国はブエノスアイレス20カ国・地域 (G20) サミットにおける2018年12月1日の首脳会談で貿易問題の合意に達すべく協議を続けた。しかし，会談では制裁関税第3弾の税率を2019年1月1日より10%から25%へ引き上げるのを米国が2月末まで90日間延長することと引き換えに中国は米国から農産物，エネルギー，工業製品などを相当量輸入することで合意しただけだった[53]。会談により，貿易協議の決裂は当面回避できたものの，米国側の真の要求である技術移転の強要や知的財産権保護，非関税障壁，サイバー攻撃，サービスや農業分野の市場開放などに関しては進展がなかった。会談では前年7月に中国が不認可としていた米クアルコムの蘭NXPセミコンダクターズ買収に関し，再申請されれば承認はオープンであるという発言が習国家主席よりあったが，それに対しクアルコムは買収再開の意思は見せていない[54]。

ペンス演説以降明らかとなった米中のハイテク分野を巡る覇権争いはさらに激化する。2018年12月1日，カナダ・バンクーバーでカナダ司法省が米当局の要請でファーウェイの創業者の娘である孟晩舟・副会長兼最高財務責任

者（CFO）をイランに製品を違法に輸出した疑いで逮捕する[55]。このニュースにより，日本企業も含めたアジア経済に及ぼす影響の懸念からアジアの株式市場が動揺する。ファーウェイ・ショックである。ファーウェイおよび中国政府による抗議もあり，カナダ当局は同 11 日に孟 CFO 保釈を決定する。そして，公約実現を重視するトランプ大統領は対中貿易交渉の有利な進展をもくろみ，孟 CFO の件に関して交渉カードとして米司法省に介入する意向をちらつかせる[56]。

H. 休戦の延長

米国による対中制裁関税第 3 弾の 10％から 25％への税率引き上げを 2019 年 2 月末まで延期する発表があった後，米中貿易協議はそれなりの進展を見せた。中国は，ハイテク産業育成政策「中国製造 2025」の見直しを表明し[57]，その目標達成を 2035 年まで 10 年延期する可能性も憶測された[58]。中国はまた，米国から輸入する自動車および部品への 25％の追加関税と自動車関連製品への 5％の追加関税を 2019 年 1 月 1 日から 3 月 31 日まで停止することを発表[59]。米国は，制裁関税第 1 弾（340 億ドル相当）の品目リストのうち，国内製造業に影響を及ぼす機械品目を中心に一部を追加関税の適用から 1 年間（前年 7 月以降よりすでに関税賦課されている分にも遡及して）除外することを発表する[60]。米国による追加関税の品目別適用除外第 1 弾である。

このような経緯をたどった 2019 年 2 月 24 日，貿易交渉で十分な進展があったとしてトランプ大統領は対中制裁関税第 3 弾の交渉期限としていた 3 月 2 日について，期限を切らずに延期する意向を表明する[61]。米国は追加関税の品目別適用除外を徐々に増やし，3 月 28 日に第 2 弾[62]，4 月 18 日に第 3 弾[63]を相次いで発表する。

I. 再度の交渉決裂とファーウェイ潰し

米中両国の休戦中に相次いだ妥協案で，事態は収束へ向かうとの楽観ムードが漂う 5 月 6 日，衝撃的なニュースが世界を駆けめぐる。トランプ米大統領が中国からの 2,000 億ドル分の輸入品に課している追加関税を，それまでの 10％

76

から5月10日より25％に引き上げること，そして残りのすべての中国製品についても近く25％の制裁関税を課すと表明したのである[64]。

米国が制裁関税強行に踏み切った背景には，米中両国がそれまで協議で積み上げた合意文書案に対して中国政府が法的拘束力を持つ部分を中心に内容を3割削減した案を一方的に送付したことに米側が激怒したためであるとされている[65]。中国は一時，これ以上の通商協議を中止することを表明したが，劉鶴副首相は5月9日と10日にワシントンを訪れて協議は継続された。しかし，中国も13日，報復関税第3弾である米国製品600億ドル分に対する税率5～10％を6月1日から5～25％に引き上げると表明した。

貿易戦争を再開させた米国はさらに15日，安全保障上の懸念があるとして輸出を規制する外国企業のリストにファーウェイを追加し，ファーウェイによる米国のハイテク製品の調達を事実上阻止することを表明[66]。また，国家非常事態宣言を出し，安全保障上のリスクがあると見なされた外国製通信機器の米企業による購入と使用を禁止した[67]。この措置は，特定の国や企業を名指ししていないが，ファーウェイを標的としていることは明白であった。これは，ファーウェイ・ショック第2弾と表現していいほどハイテク業界にショックを与えることになる。

ファーウェイのニュースで隠れてしまっているが，米国はその約1カ月前の4月17日，中国国有通信の最大手である中国移動（チャイナモバイル）の米国参入を，安全保障上のリスクが大きいという理由で認めない方針を明らかにしている[68]。

貿易摩擦の激化と度重なるハイテク企業の制裁を受けて中国は5月28日，米国へのレアアース（希土類）の輸出規制について「真剣に検討している。今後，その他の報復措置も取る可能性がある」と表明した[69]。高性能モーターを使用する現代の自動車や家電製品に欠かせないレアアースの生産は中国によるものが世界の7割で，中国がほぼ独占的地位を占めている。米国が使用するレアアースの約8割は中国からの輸入で，度重なる制裁関税の品目リストにレアアースは含まれていない。中国が対米貿易交渉にこのカードを使うと米国の自動車および家電業界は大打撃を受けるだろうとの脅威が広がっている。しか

し，レアアースはブラジルやベトナムなど中国以外でも埋蔵量は決して少なくなく，時間はかかるが新たな採掘で必要量は確保できる可能性が高い。中国からの供給がストップすると，短期的な打撃は大きいが，新たな供給先の開拓や代替品の開発につながることを考えると中国としても簡単には切れないカードであることは予想される。

図表Ⅲ-1　米中貿易摩擦とハイテク分野を巡る攻防

関税制裁・報復			ハイテク分野を巡る攻防	
米国制裁	中国報復		米国	中国

	米国制裁	中国報復		米国	中国
2018.7.1	第1弾：340億ドル 産業機械など 追加税率：25%	第1弾：340億ドル 大豆，自動車など 追加税率：25%	2018.4.16 2018.7.4 2018.7.12 2018.7.26	ZTE制裁 ZTE制裁解除	マイクロン販売 差し止め仮処分 クアルコムのNXPセミコン ダクターズ買収不認可
2018.8.23	第2弾：160億ドル 半導体など 追加税率：25%	第2弾：160億ドル 古紙など 追加税率：25%			
2018.9.24	第3弾：2000億ドル 家電など 追加税率：10%	第3弾：600億ドル LNG，木材など 追加税率：5%〜10%			
2018.10.4	ペンス演説				
2019.5.10	追加税率：25%へ 引き上げ	2019.6.1から 追加税率：25%へ 引き上げ	2018.11.23 2018.12.1 2019.4.17 2019.5.15	ファーウェイ排除を 同盟国に呼びかけ ファーウェイCFOカナダ で逮捕その後保釈 中国移動の米国参入 不認可 国家非常事態宣言： 米企業のファーウェイ 取引を禁止	
20XX.X.X	第4弾：3,000億ドル 残る全品目 （検討中，2019年6月 時点。）	レアアース禁輸などの報復措置 （検討中，2019年6月 時点。）			

（注）日付はニュース発信元の時間帯を反映。

　ここで，2018年4月以降の米中貿易摩擦とハイテク分野を巡る両国の攻防を図表Ⅲ-1でまとめる。トランプ大統領就任以降2018年のペンス演説までは，次の選挙で勝利を目指す大統領の目的と彼のあけすけな性格が相まって，米中関係の本質は貿易摩擦のベールで包まれていた感が強い。しかし，ハイテク分野の覇権を巡る対立の構図はオバマ政権時代より脈々と引き継がれてきた

ものであった。そして，ここに来てペンス演説が米中摩擦の本質であることを
世界が強く認識できたのは，皮肉にもトランプ大統領の再選に向けた妥協を許
さない通商政策における決断であったといえる。

自由な貿易がお互いの国に恩恵をもたらすことは周知の事実ではあるが，あ
えてそれを捨て去ってでも長期的な国益を守ろうとする両大国のスタンスは，
今後世界がどのように変化するかを決定づけるという意味でかつての米ソ冷戦
に匹敵するものであるとの考えはあながち的を射ていないとは言いきれないの
ではないか。

3. 貿易摩擦が経済に与えた影響

本節では，貿易摩擦が両国経済に与えた短期的な影響について，株価，貿易
財，為替市場を通して検証する。

A. 株式市場

まず，中国の株式市場であるが，2017年以降は鉄鋼・アルミの輸入に関す
る不公正取引の調査開始から始まる一連の出来事が都度，株価に影響している
ことがわかる（図表Ⅲ-2）。上海総合株価指数は2018年1月24日に3,559人民元
をつけて以来2019年1月3日までに2,464元と，約56％下落した。その後，
相次ぐ制裁延期の期待で2019年4月19日までに株価は3,271元まで戻すもの
の，5月6日のトランプ大統領による制裁第3弾のフル発動宣言などでその後
は2,800元前後の低いレベルで推移している。

一方，米国ではそれまで順調に上昇していたNYダウ平均株価が2018年2
月2日に突如665ドル超の9年2カ月ぶりとなる大幅な下げ幅を経験する（図
表Ⅲ-3）。これについてはさまざまな見方があるが，好調な米雇用統計を受けた
利上げ観測に警戒したのが主な原因とされている[70]。その後，株価は次第に
急落前のレベルに戻るが，中国との相次ぐ貿易摩擦のニュースが市場の安定感
を乱した感がぬぐえない。米国株価はトランプ大統領によるメキシコ国境にお
ける壁建設予算を巡って閉鎖に追い込まれた米政府や，金利引き上げを行う米

III 米中貿易戦争と中国の躍進　79

図表III-2　上海総合株価指数の推移（2017年1月〜2019年5月）

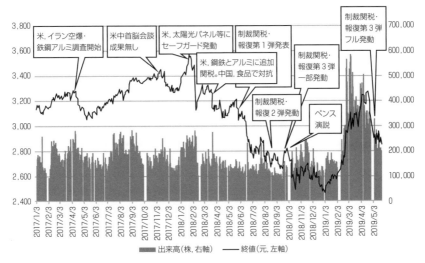

出所：ヤフーファイナンスの株価データを基に筆者作成。

図表III-3　米NYダウ平均株価の推移（2017年1月〜2019年5月）

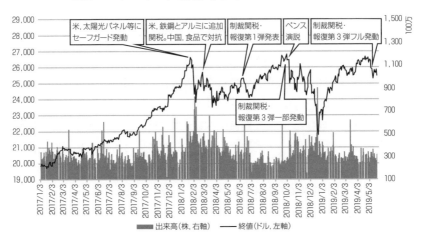

出所：ヤフーファイナンスの株価データを基に筆者作成。

連邦準備理事会（FRB）パウエル議長に対する批判などで市場が混乱し，2018年12月24日にも650ドル超の大幅な値下げを記録する。このような国内事情と貿易摩擦の影響も相まって，株価は2018年2月2日のレベルを超えた上昇基調に移る気配を未だに見せていない。

また，米国では2019年3月22日，11年半ぶりに長短金利の逆転現象が見られた。金利は長期金利が短期金利より高いのが通常で，この現象は異例である。これはFRBがインフレを抑制するために短期金利の利上げを行っているために起こった現象とされるが，筆者は貿易摩擦の影響が米国の実体経済に現れ始める前兆と考える。貿易摩擦による短期的な影響は，中国製品価格の上昇となって米国の消費者物価を上げることにつながる。物価の急激な上昇は米国民の生活に大きな影響をもたらすため，FRBは金利を上昇させることでそのショックを和らげる狙いがあると思われる。つまり，FRBは米国民に短期的な我慢を強いる金融政策をとっているとみるのが妥当だろう。長期金利が上昇していないのは，市場がまだこの経済状況を短期的なものと捉えていることを反映している。

しかし，本稿執筆中に流れた米国における5月の雇用統計悪化のニュースは景気減速の懸念を招いた。これにより，前述したトランプ大統領によるFRBに対する利下げ圧力の方向性と相まってFRBによる利下げがにわかに現実味を帯びてきたことから米株式市場では，6月の第1週に株価が一気に1,000ドル程度上昇するなど激しい動きを見せている。実際に米国で金利が引き下げられた場合，貿易摩擦の影響が物価に強く反映されて中期的にはインフレによる経済的混乱も見えてくる。

中国，米国と経済的に密接な関係にある日本では，この2国間の経済状況が国内の経済に大きな影響をもたらす。米国と同盟関係にある日本は半導体等のハイテク部品などを中国へ多く輸出していることから米中貿易摩擦の影響は小さくない。日経平均株価の推移が米国株価の推移とほぼ足並みをそろえていることが図表III-4で検証できる。

図表Ⅲ-4 日経平均株価（2017年1月～2019年5月）

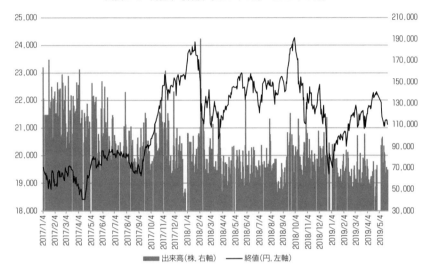

出所：ヤフーファイナンスの株価データを基に筆者作成。

B. 米国大豆先物市場

　世界最大の大豆輸入国である中国は米国による制裁関税第1弾への報復として米国から輸入する大豆に追加関税25％を発動するが，米先物市場では制裁発動前からその動きをキャッチしていた。シカゴ先物市場での大豆価格の推移を図表Ⅲ-5に示す。それまで1ブッシェルあたり1,000ドル超で推移していた価格は，米中貿易協議の不調を受け2018年6月5日の1,005ドルから米制裁第1弾後の7月13日の819ドルまで2割近く下落した。その後，貿易摩擦緩和の期待が高まり価格はいくらか持ち直したが，米制裁第3弾の発動を受け800ドル台前半に価格は戻った。この摩擦で中国は，大豆生産量世界第2位のブラジル産に輸入をシフトさせるなど，米国産大豆の依存度を低下させる動きがさらに強まると考えられる。米中両国の間で失われた信頼関係の再構築に長い年月がかかるのであれば，世界の物流に長期的に大きな変化をもたらす可能性が高い。

図表Ⅲ-5 米大豆先物価格の推移（ドル／ブッシェル）

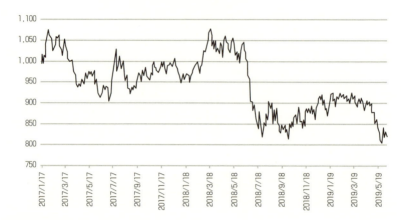

出所：Investing.com のデータを基に筆者作成。

C．為替市場

　ここで，米中貿易摩擦がもたらした通貨への影響を見る。中国の通貨である人民元は米ドルと厳密に連動させるドルペッグ制から一定の変動を許容する管理相場制を経て 2015 年より複数の国の通貨バスケットから求めた基準に連動させる通貨バスケット制を採用している。世界最大の貿易額を誇る中国の人民元は，今や米ドル，ユーロに次ぐ世界第 3 の地位を国際通貨基金（IMF）に認められ，世界の外国為替市場の形成要因としてその重要性が高まっている。

　人民元の対米ドルレートは，2017 年 1 月から 2018 年 4 月中旬にかけて 1 ドルあたり 6.98 元程度から 6.27 元程度まで変化した（図表Ⅲ-6）。これは米ドルに対する人民元の約 10％上昇にあたる。中国政府による意図的な為替介入がない前提では，この人民元の上昇は対中輸入が輸出を大きく上回る米国が制裁関税で高くなった中国製品を他の製品に代替できずに買わざるを得なくなったことを反映したものであると考えられる。米国企業が同じ中国製品を購入するのに今まで以上に人民元が必要になったので人民元が値上がりしたと考えるとわかりやすい。

図表Ⅲ-6　中国人民元の対米ドル為替レート推移（2017年1月〜2019年5月）

出所：サーチナファイナンスのデータを基に筆者作成。

　しかし，人民元は2018年4月中旬以降2019年5月にかけて，1ドルあたり7元程度まで値を戻す（元安に戻る）。この時期の人民元安の要因は定かではないが，関税制裁のさらなる発動を見込んで中国から米国に向けて駆け込み輸出が増加したことが重なり中国は過去最大の対米貿易黒字を記録していることが関連していると思われる。中国政府に関してはかねてから貿易で優位に立とうする目的で人民元安を誘導する為替介入の噂がつきまとうが，安易な人民元安誘導は海外への大規模な資金流出を引き起こすリスクがあるため近年ではその動きに慎重になっていると見る向きもある[71]。

　米国は5月28日，中国を含む対米貿易黒字が大きい9カ国を為替政策に関する「監視リスト」に指定する。これは，「為替監視国」指定とは異なり制裁を伴わないが，米国による中国の通貨安誘導をけん制する狙いがあることがうかがえる。

図表Ⅲ-7　主要国の世界輸出に占める割合（%）

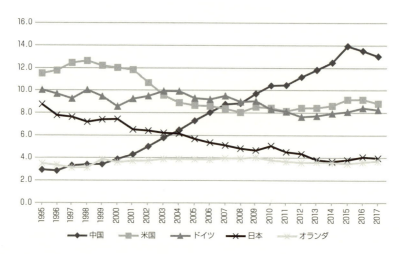

出所：通商白書2018年のデータを基に筆者作成。

図表Ⅲ-8　主要国の世界輸入に占める割合（%）

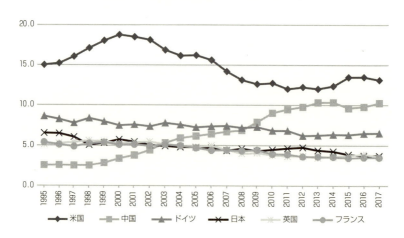

出所：通商白書2018年のデータを基に筆者作成。

4. 存在感を増す中国：貿易と投資

　米国が本気で敵対心を向け始めるほど世界における存在感が増している中国の貿易と対外投資に関して，その実態とはどのようなものなのだろうか。経済産業省は2018年の通商白書で中国の対外貿易投資に関する詳細な分析を行っているが，その主な内容をここで検証する。

A. 貿　易

　現在世界第1位の中国の輸出は，2017年において世界の総輸出の13%を占めた（図表Ⅲ-7）。中国の輸出は1995年には3%弱であったが，めざましい伸びを見せて，日本，米国，ドイツを2000年代に追い越した。

　輸入に関しては，中国の世界輸入に占める割合は2017年に10.3%で，米国に次ぐ世界2位となっている（図表Ⅲ-8）。輸入も輸出と同様に1995年時点では世界の2.6%程度だったが，ほぼ一貫して伸びており，世界1位になるのは時間の問題のようで，国際貿易における存在感ではすでに米国を上回っているのが現状である。

B. 対外直接投資

　中国企業は海外直接投資（事業を行う目的で海外企業取得や海外工場建設に資金を投入すること）でも存在感を強めている。図表Ⅲ-9は，2000年から2017年までの主要国による対外直接投資のフローの推移を表している。中国の対外直接投資は2000年には280億ドルと世界の10位以内にも入らない金額であった。中国による投資はその後伸び続け，2017年にはなんと50倍を超える1兆4,800億ドルになる。

　中国は1990年代前半から先進国などによる対内直接投資を積極的に受け入れてきた。さらに，2000年代前半のWTO加盟後は対内直接投資を増加させた。しかし，中国から国外に向けた対外投資は2000年でも9億1,600万ドルと，対内直接投資の407億1,500万ドルと比較しても2%程度にとどまってい

図表Ⅲ-9　主要国の対外直接投資フロー（10億ドル）

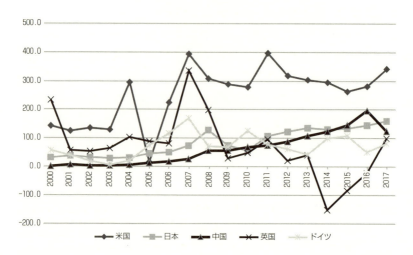

出所：通商白書2018年のデータを基に筆者作成。

図表Ⅲ-10　中国の対外・対内直接投資フローの推移（100万ドル）

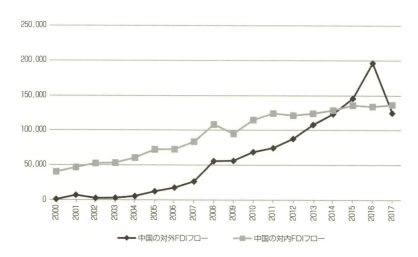

出所：通商白書2018年のデータより。

た（図表Ⅲ-10）。その後，対内投資，対外投資ともに大きく上昇していくが対外投資の伸びは著しく，2014年には対外投資は対内投資にほぼ肩を並べる程度まで上昇する。背景には，中国による海外資源の獲得，中国企業の国際競争力強化を目的とした政策があり，海外投資に関する法整備と規制緩和が行われてきたことが要因とされる。

躍進している中国の対外直接投資先の国別割合は2016年の残高ベースで，第1位が香港（57.5%），そしてタックスヘイブンのケイマン諸島（7.7%），英ヴァージン諸島（6.5%）と続く。第4位からは東南アジア諸国連合（ASEAN）（5.3%），EU（5.1%），米国（4.5%）となっている。香港への対外投資に関しては，リース・ビジネスサービス業向けが最大で，2016年には対香港残高の50%近い割合に達している。次いで多いのが金融業である。これらのデータより，中国企業は香港で一国二制度を活用し海外からの資金調達を含めた事業活動を推進しているという内情が透けて見える。

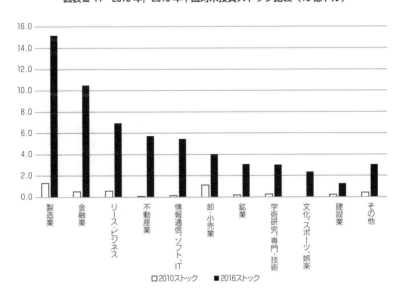

図表Ⅲ-11　2010年，2016年中国対米投資ストック比較（10億ドル）

出所：通商白書2018年のデータより。

次に，米中貿易摩擦に関連して中国による対米直接投資の内容を見る（図表Ⅲ-11）。中国による対米投資は 2010 年より製造業が第 1 位で，2016 年もその順位に変化はない。しかし，極端にストックが増加しているのが不動産業（71.2倍）で，その次に両国で覇権を競っている情報通信・ソフトウェア・IT サービス業（36.8倍）である。続いて，金融業（20.0倍），学術研究・専門・技術サービス（16.5倍）が大きく伸びていて，米国から製造・IT 技術，資金へのアクセスなどを貪欲に追い求めようとする中国の野心が数字となって現れている。

C. 一帯一路諸国に関する貿易と投資

中国の習近平国家主席は 2013 年に「一帯一路」構想を提唱する。これは，中国と欧州を陸路で結ぶシルクロード経済ベルトを「一帯」，南シナ海からインド洋を経由し欧州へ向かう 21 世紀の海上シルクロードを「一路」とする沿線約 70 カ国と中国を，インフラ投資などを通じて結ぶ巨大な広域経済圏構想である[72]。中国政府が自認する一帯一路諸国は 2016 年時点で 63 カ国あった（2017 年は 67 カ国[73]）。

中国が 2016 年に行った米国，EU，一帯一路諸国との貿易額を図表Ⅲ-12 で比較する。中国の貿易額は一帯一路諸国，EU，米国の順に大きいことがわか

図表Ⅲ-12 中国の貿易額（10 億ドル）

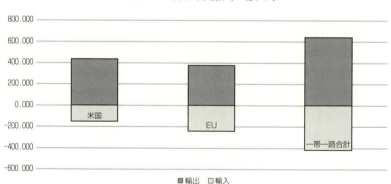

出所：通商白書 2018 年のデータより。

Ⅲ 米中貿易戦争と中国の躍進

図表Ⅲ-13 中国の一帯一路諸国との貿易収支（10億ドル）

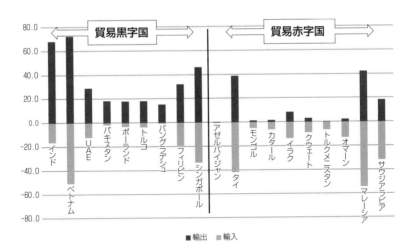

出所：通商白書2018年のデータより。

る。中国の最大の貿易相手国は単体で米国であることに変わりはないが，一帯一路諸国をひとまとめで考えると米国の重要度は低下していると言わざるを得ない。一帯一路諸国のなかでもASEANに加盟する6カ国は中国との貿易額の10位以内に位置しており，中国にとってそれらの国々との関係も相対的に高まっているといえる。

また，一帯一路諸国のなかでも貿易黒字はインド，ベトナム，アラブ首長国連邦（UAE）などの額が大きくなっている（図表Ⅲ-13）。人口が中国に匹敵し今や世界で第7位の経済規模を持つインドなど，発展めざましいアジアの国々における輸出品のマーケット・シェアを巡る欧米諸国との対立は深まる可能性がある。

さらに，中国の貿易が赤字だった一帯一路諸国からの主要輸入品目は原油や鉱物といった資源の多い傾向にあることから，資源獲得を巡る国家間の争いでも中国の存在感は増している。

中国の総対外直接投資ストックに占める一帯一路諸国向けの投資はどのよ

図表Ⅲ-14　中国による一帯一路諸国への対外直接投資ストック

	総対外直接投資ストック（100万ドル）	一帯一路諸国への対外直接投資（100万ドル）	割合
2016	1,357,390	129,414	9.5%
2017	1,482,020	154,398	10.4%

出所：通商白書2018年，中国対外直接投資統計広報2017年データを基に筆者作成。

うに変化しているかを図表Ⅲ-14に示す。中国による一帯一路諸国への対外直接投資は，総対外直接投資と比較してまだそれほど大きな割合となってはいない。しかし，2016年度と2017年度を比較すると，その割合は9.5％から10.4％へと着実に増加しており，今後も一帯一路構想の要となる国々に対する中国からの投資は拡大が予想される。

　一帯一路構想を推し進める中国は，2013年にアジアにおけるインフラ整備を推進するために，アジア開発銀行（ADB）の代替・補完という位置づけでアジアインフラ投資銀行（AIIB）の設立を主導した。加盟国は93カ国だが，公正なガバナンス確立の課題などから日本と米国は参加を見送っていることもあり，開業3年目にあたる2019年1月までの融資案件は13カ国の34件で総額

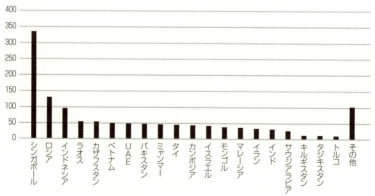

図表Ⅲ-15　中国の対一帯一路諸国直接投資（2016，億ドル）

出所：通商白書2018年のデータより。

Ⅲ　米中貿易戦争と中国の躍進　91

図表Ⅲ-16　各国のアンチダンピング措置被発動状況 1995 ～ 2016 年（件）

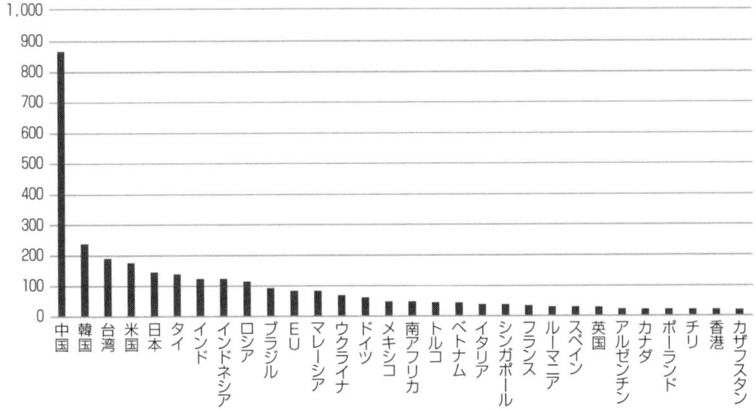

出所：通商白書 2018 年のデータより。

75 億ドルにとどまっている[74]。中国主導の開発銀行による事業は始まったばかりだが，香港，米国における金融業への投資から，金融ノウハウの蓄積が進めば，大きな資金の流れを作り出すことで中国の金融市場における存在感も今後さらに増すことが予想される。拡大している中国の一帯一路諸国への対外直接投資に対する債務国での警戒感が増している。高金利債務の返済に窮していたスリランカ政府は，2017 年 12 月に中国の援助で建設した南部ハンバントタ港を中国国有企業へ引き渡した。これは，インフラ建設のために中国から融資を受けたものの，施設が十分な利益を生まず借金が膨らみ返済不能になり，施設や土地を中国に明け渡さざるを得なくなる「債務の罠」の典型例とされる[75]。中国は過去 10 年で一帯一路諸国を中心に少なくとも世界で 35 カ所にのぼる港建設に資金提供しているという報告がある[76]。対中国の多大な債務の懸念が政治問題になった国々はモルディブ，マレーシア，シエラレオネ，ケニアなど複数存在する。債務の罠に対する国際的な懸念を受け，中国は 2019 年 4 月の一帯一路首脳会議で，インフラ建設において国際標準にのっとって進めることを表明している[77]。

　中国は貿易面でのトラブル件数も群を抜いている。WTO は外国製品の不当

廉売（ダンピング）の訴えが確認された場合，当該国による国内産業保護を目的とした関税などの救済措置（アンチダンピング＝AD）を認めている。この，措置の対象となった輸出国（アンチダンピング被発動国）の過去の件数をみると，1位の中国は 800 件を超えて 2 位の韓国を大きく上回っている。

さらに，中国に対するアンチダンピング発動は新興・途上国からのものが 67％ を占めており，先進国よりも新興・途上国におけるトラブルが多いことがわかる（図表Ⅲ-17）。

図表Ⅲ-17　中国向け AD 措置発動件数地域別シェア 1995 ～ 2016 年

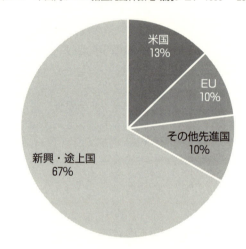

出所：通商白書 2018 年のデータより。

5．まとめと展望

本章は，世界経済を揺るがしている米中両国の貿易摩擦を時系列で追いかけた。当初は対米輸出に国の経済が大きく依存する中国の分が悪く，いずれ米国の要求を飲まざるを得なくなるだろうというのが大方の予想であった。しかし，徐々にその本質が次世代通信技術などのハイテク分野での覇権争いである

ことが明らかになってきた。短期決戦に持ち込めたら中国に与える打撃が大きいと見る米国が有利であった状況は今や長期戦にもつれ込みはじめ，お互いの我慢比べが続いている。このままさらに摩擦が続けば，安い中国製品の恩恵にどっぷりと浸っていた米国民が先に悲鳴を上げる可能性も否定できない。次の大統領選挙まで，国民の不満をどこまで抑えられるかがトランプ大統領再選の大きなカギとなるであろう。また，政府に対する批判を極度に制限している中国でも，貿易摩擦による生活の質の低下を多数の国民に強いるようであれば，習近平国家主席への不満がいつ爆発するかわからない。

　米中間の摩擦が長期に及べば物資の流れに変化が訪れることから，関連する国々にも大きな影響を及ぼすだろう。実際，中国にとって米国からの重要な農産輸入品であった大豆は，今やブラジルとロシアが増産を始めており米国の大豆農家の受けるダメージは今後回復する見通しは少ない。変わって，ブラジルやロシアなどが巨大な中国市場からの恩恵を今後長期的に受けることになるのだろうか。しかし，日本，EU や韓国など中国にハイテク製品の部品等を供給し米国と同盟関係にある国々は，米国と歩調を合わせることが要求されるため，この状況が簡単に経済的なチャンスとはならないだろう。長引く米中貿易摩擦は，関連諸国の株価，産業構造，経済成長といった実体経済にすでに影響を及ぼしており，さらなる摩擦長期化の影響は米中と直接の経済的関連が薄い国々まで広く波及して行くであろう。

　中国は米国との貿易に満足せず，一帯一路構想を掲げながら世界の国々との貿易ルートを確立しようとしている。すでに中国の一帯一路諸国との貿易額は対米国および対 EU の額を大きく上回っており，米中貿易摩擦が中国と一帯一路諸国との貿易をさらに加速させるであろう。もし中国がそれら国々との貿易で相手国の事情に配慮を怠れば，WTO 提訴などの件数がさらに大きく増える可能性がある。

　中国は，途上国から新興国，そして米国と肩を並べる大国へと急速に変貌している。世界最大の人口を抱える中国による貿易や対外投資拡大の影響は全世界におよび，それによる摩擦も増加している。欧米中心に構築されてきた国際秩序に近い将来大きな変化が訪れるのか否か，中国がそのカギを握っている。

註

（1）BBC News, 2016 年 11 月 3 日。

（2）『日本経済新聞』2017 年 8 月 2 日。

（3）Bloomberg, 2017 年 9 月 19 日。

（4）*The Wall Street Journal*, 2017 年 9 月 19 日。

（5）Reuters, 2017 年 9 月 21 日。

（6）『日本経済新聞』2017 年 11 月 9 日。

（7）AFPBB News, 2017 年 11 月 8 日。

（8）CNN, 2018 年 1 月 23 日。

（9）『日経クロステック』2018 年 3 月 7 日。

（10）『日本経済新聞』2018 年 3 月 2 日。

（11）AFPBB News, 2018 年 3 月 23 日。

（12）CNN, 2018 年 4 月 2 日。

（13）BBC News, 2018 年 4 月 4 日。

（14）『日本経済新聞』2018 年 12 月 7 日。

（15）米山洋「転機を迎える中国企業の対外投資」『地域・分析レポート』JETRO, 2017 年 12 月 21 日。

（16）EE Times Japan, 2017 年 1 月 12 日。

（17）Reuters, 2018 年 4 月 17 日。

（18）『日本経済新聞』2012 年 10 月 9 日。

（19）Bloomberg, 2018 年 5 月 4 日。

（20）『日本経済新聞』2018 年 5 月 14 日。

（21）『日本経済新聞』2018 年 5 月 21 日。

（22）Reuters, 2018 年 5 月 23 日。

（23）Reuters, 2018 年 5 月 22 日。

（24）*The Wall Street Journal*, 2018 年 5 月 22 日。

（25）Bloomberg, 2018 年 5 月 29 日。

（26）経済産業省ニュースリリース, 2018 年 5 月 31 日。

（27）AFPBB News, 2018 年 5 月 29 日。

（28）『日本経済新聞』2018 年 6 月 3 日。

（29）Reuters, 2018 年 6 月 11 日。

（30）『日本経済新聞』2018 年 6 月 15 日。

（31）『日本経済新聞』2018 年 6 月 16 日。

（32）『日本経済新聞』2018 年 6 月 19 日。

（33）『日本経済新聞』2018 年 6 月 25 日。

Ⅲ　米中貿易戦争と中国の躍進　95

(34) 『東洋経済』2018 年 7 月 28 日。

(35) 『日本経済新聞』2018 年 7 月 11 日。

(36) 『日本経済新聞』2018 年 7 月 11 日。

(37) 『日本経済新聞』2018 年 7 月 12 日。

(38) Reuters, 2018 年 7 月 4 日。

(39) Bloomberg, 2018 年 7 月 26 日。

(40) Reuters, 2018 年 7 月 27 日。

(41) 『日本経済新聞』2018 年 8 月 2 日。

(42) Bloomberg, 2018 年 8 月 23 日。

(43) 『日本経済新聞』2018 年 9 月 19 日。

(44) Reuters, 2018 年 9 月 19 日。

(45) CNN, 2018 年 9 月 19 日。

(46) CNN, 2018 年 9 月 19 日。

(47) 『日本経済新聞』2018 年 9 月 23 日。

(48) Reuters, 2018 年 9 月 24 日。

(49) *The New York Times*, 2018 年 10 月 5 日。

(50) Remarks by Vice President Pence on the Administration's Policy Toward China, The Hudson Institute, Washington, D.C. October 4, 2018.

(51) Bloomberg, 2018 年 11 月 2 日。

(52) Reuters, 2018 年 11 月 23 日。

(53) Reuters, 2018 年 12 月 2 日。

(54) Reuters, 2018 年 12 月 3 日。

(55) 『日本経済新聞』2018 年 12 月 6 日。

(56) Reuters, 2018 年 12 月 12 日。

(57) *The Wall Street Journal*, 2018 年 12 月 12 日。

(58) Bloomberg, 2018 年 12 月 13 日。

(59) Reuters, 2018 年 12 月 16 日。

(60) 対中追加関税の品目別適用除外結果, 第 1 弾を発表, JETRO ビジネス短信, 2019 年 1 月 4 日。

(61) 『日本経済新聞』2019 年 2 月 25 日。

(62) 対中追加関税の品目別適用除外, 第 2 弾を発表, JETRO ビジネス短信, 2019 年 3 月 28 日。

(63) 対中追加関税の品目別適用除外, 第 2 弾を発表, JETRO ビジネス短信, 2019 年 4 月 18 日。

(64) CNN, 2019 年 5 月 6 日。

(65) 『日本経済新聞』2019 年 5 月 15 日。

(66) 『日本経済新聞』2019 年 5 月 16 日。

(67) AFPBB News, 2019 年 5 月 16 日。

(68) 『日本経済新聞』2019 年 4 月 18 日。

(69) 『日本経済新聞』2019 年 5 月 28 日。

(70) 『日本経済新聞』2018 年 2 月 3 日。

(71) Reuters, 2019 年 5 月 17 日。

(72) 『日本経済新聞』2017 年 6 月 5 日。

(73) 『中国対外直接投資統計公報 2017』中華人民共和国商務部。

(74) 『産経新聞』2019 年 1 月 13 日。

(75) 荒井悦代「99 年租借地となっても中国を頼るスリランカ」『世界を見る目』IDE-JETRO,
2018 年 10 月。

(76) *The New York Times*, 2018 年 6 月 25 日。

(77) 『日本経済新聞』2019 年 4 月 26 日。

(嶋崎善章)

IV *欧州議会選挙から読み解く，*
次期フランス大統領選挙と欧州統合の行方

1. はじめに

　欧州統合が岐路に立っている。伝統的に，反欧州の伝統を持つ英国が欧州連合（EU）離脱を決めたことはさておき，欧州統合を推進してきたフランスでも2014年の欧州議会選挙で極右「国民戦線」が第一党となり，また17年のフランス大統領選挙で同党党首のマリーヌ・ルペン候補が，左右の2大政党の候補を抑え決選投票に進んだ。フランスとともに欧州統合の推進役であったドイツでも17年のドイツ連邦議会選挙で，極右政党「ドイツのための選択肢」が，定数709の連邦議会で，いきなり92議席を獲得し第3党となった。さらに同年，オランダでは反移民，反難民，反EUを主張する「自由党」が躍進し，オーストリアでも，ナチスの流れを引き継ぐ極右政党「自由党」が，「国民党」と連立政権を樹立，「自由党」党首は副首相に就任した。また，イタリアでも2018年，極右政党「同盟」が連立政権入りし，党首マッテオ・サルビーニは，内務相兼副首相として入閣した。

　欧州統合を推進してきた各国で排外的な政策を掲げる政党が台頭している。

　本章では，欧州統合の流れを振り返りつつ，EUの現状を概観し，金融危機や難民危機を経て低下したEU加盟国市民のEUにたいする信任を19年5月に実施された欧州議会選挙の結果を通して分析する。またその結果をもとにEUの将来に大きな影響をもたらすであろうフランスの政治状況を検討しつつ，次期フランス大統領選挙の予測とEUの将来について考察する。

2. 欧州統合の歴史

　第二次世界大戦直後の1950年代から始まる70年にわたる欧州統合の歩み

98

を，黎明期，停滞期，深化・拡大期，混迷期という 4 つの段階に分けて眺めてみよう。

A. 黎明期　1950 ～ 1969 年

　欧州統合の起源は，1950 年にフランス外相ロベール・シューマンがフランスと西ドイツ（当時）の石炭・鉄鋼産業を共同管理することを提唱した「シューマンプラン」発表に始まる。このプランをもとに，フランス，ドイツ，イタリアおよびベネルクス 3 国は，域内の石炭・鉄鋼市場を共同管理する「欧州石炭鉄鋼共同体」を設立した。

　この設立には，各国の経済発展に必要不可欠な石炭と鉄鋼を共同管理することにより，ドイツの暴走を抑止し，過去の悲惨な戦争の再発を防止しようという平和維持への意志があった。同時に，戦後台頭した米国やソビエト連邦社会主義共和国という二大強国に，共同市場形成によって対抗しようという意図もあった。

　58 年には，「ローマ条約」が発効し，域内の関税の撤廃，域外に対する共通関税の設立，資本や労働力の自由移動を目的とする欧州経済共同体（EEC）が設立された。EEC は 67 年に発効した「ブリュッセル条約」により欧州共同体（EC）へと発展した。

B. 停滞期　1970 ～ 1984 年

　70 年代は，二度にわたる石油ショックによる深刻な不況が欧州を覆い，共同市場設立の動きは事実上棚上げ状態となるが，73 年にはアイルランド，英国，デンマークの 3 カ国を加え 9 カ国体制となった（第 1 次拡大）。

　79 年には第 1 回欧州議会選挙が実施される。81 年にはギリシャが EC に加盟し，加盟国は 10 カ国となった（第 2 次拡大）。

　84 年，第二回欧州議会選挙が実施される。フランスでは，極右政党「国民戦線」が 10.9 ％を得票し，初めて欧州議会に議席を得た。

C. 深化・拡大期　1985～2004年

85年にフランス社会党出身のジャック・ドロールが欧州委員会委員長に就任し、欧州市場統合の機運が急速に高まる。ドロールは社会的欧州を標榜し、市場統合による効率的競争市場創設のみならず社会的公正・平等を重視した欧州統合を標榜した。95年まで続いたドロール欧州委員会時代、欧州統合に懐疑的であった「英国労働党」は親欧州統合へと転換した。

85年、第1次「シェンゲン協定 (The Schengen Agreement)」が締結され、95年に実現の運びとなった[1]。

86年にはスペイン、ポルトガルが加盟し、EC加盟国は12カ国となった（第3次拡大）。

87年にはローマ条約の改正条約である、単一欧州議定書 (Single European Act＝SEA) が発効し、92年までにヒト、モノ、サービス、資本の移動を自由化し、ECの域内市場の完成を加速することが目指された。なお意思決定の迅速化を図るため欧州理事会に加重特定多数決が導入された[2]。また同議定書には、EC諸機関の権限と運営規則の修正、研究・開発、環境および共通外交の分野における共同体の権限拡大などの内容が盛り込まれていた。

89年には、「ECの通貨同盟に関する報告書」、通称「ドロール報告」が公表され、単一通貨導入を目指す経済通貨同盟 (EMU) 設立が表明され[3]、欧州通貨統合実現に向けた具体的なスケジュールが示された。1957年に調印されたローマ条約では、人・物・資本・サービスの自由な移動を可能とする共通市場を推進すれば、欧州統合は実現されると想定していたが、ニクソンショックをはじめとする世界的な為替相場の混乱により、資本移動の自由化や金融政策についてより緊密な協調の必要性が生じ、単一通貨導入を目指す経済通貨同盟の重要性が認識されるようになった。

89年、第3回欧州議会選挙が実施され、またベルリンの壁が崩壊し、翌90年には東西ドイツの統一が実現した[4]。90年には域内国境を撤廃し域内の出入国管理の廃止とそのための施策を定めた「第2次シェンゲン協定」が調印された。また、ベルリンの壁崩壊以降、東欧諸国でも政治的自由を求める民衆の

力により多くの国で共産党政権が崩壊し自由主義を標榜する政権が誕生し，1991 年にはソ連邦が崩壊した。

92 年には，通貨統合と政治統合を含む EU 創設を定めた EU 条約（マーストリヒト条約）が調印され，共通通貨ユーロの創設に加え欧州共同体，共通外交・安全保障政策，司法・内務協力という 3 つの柱の導入が決まった。

93 年にはマーストリヒト条約が発効し EU が発足する。またコペンハーゲンで開催された欧州理事会で，中・東欧諸国が EU に加盟するための基準であるコペンハーゲン基準が設けられた[5]。

94 年，第 4 回欧州議会選挙が実施される。

95 年，欧州委員会委員長にドロールに代わり最大会派「欧州人民党」〈中道右派〉から選出されたジャック・サンテールが就任。以後「欧州人民党」出身の欧州委員会委員長が今日まで続いており，欧州統合の重点は競争市場創設に移行している。

95 年にはオーストリア，フィンランド，スウェーデンが加盟し 15 カ国となり（第 4 次拡大），またシェンゲン協定が発効しシェンゲン圏内での旅券審査が廃止された。

97 年には，アムステルダム条約[6] が調印され，99 年に発効し，シェンゲン協定が本条約へ編入された。

98 年には，EMU への参加条件を達成した国が 11 カ国となり，欧州中央銀行（ECB）が業務を開始した[7]。

99 年，EMU 第 3 段階が開始され，11 カ国の正式通貨としてユーロが採用された。01 年にはギリシャがユーロ圏に参加した。第 5 回欧州議会選挙が実施された。

02 年には，上記 12 カ国でユーロの現金通貨の流通が始まった。

04 年には，93 年に定められたコペンハーゲン基準を満たしたとして，旧共産圏諸国を中心とする 10 カ国が EU 加盟を果たし[8]，加盟国は 25 カ国となった（第 5 次拡大）。

また複雑な EU 法秩序を簡素化し，加盟国拡大に対応する機構改革と EU 内民主主義を向上するための欧州憲法条約が合意された[9]。04 年，第 6 回欧州

議会選挙が実施された。

D. 混迷期　2005年から現在

05年，欧州憲法条約がフランスとオランダの国民投票で否決された。

07年，ブルガリア，ルーマニアが加盟し27カ国となり（第5次拡大の完了），また，リスボン条約が調印され，09年に発効した[10]。

09年，ギリシャ財政赤字が隠蔽されていたことが発覚。ユーロ危機が始まる。第7回欧州議会選挙が実施される。

10年，第1次ギリシャ支援（緊急財政支援1,100億ユーロ）が開始され，アイルランドへの金融支援も決定。11年，EU金融監督制度〈ESFS〉[11]が始まる。ESFSがポルトガルへの金融支援決定。ユーロ危機が再燃する。欧州安定メカニズム（ESM）設立条約調印[12]。

12年，第2次ギリシャ支援最終合意。25カ国（英，チェコを除く）が新財政条約[13]に署名し13年発効する。ギリシャ，スペインでユーロ危機が再燃する。

13年，「ツー・パック」が施行される[14]。クロアチアがEUに加盟。EU加盟国は28カ国となる。14年，第8回欧州議会選挙が実施され，EU懐疑派がフランスで23議席，イタリアで22議席，ポーランドで23議席，英国で44議席，ハンガリーで15議席，ドイツで8議席を獲得し，欧州議会の議席約2割を占める。同年，スコットランド独立投票やカタルーニャ州独立住民投票が実施された[15]。

15年，リトアニアがユーロを導入。ユーロ圏19カ国となる。ギリシャが国民投票で緊縮策に反対。またシリアなどから大量の難民が押し寄せ，欧州難民危機が発生[16]。

16年，英国でEU残留・離脱を国民に問う国民投票が実施され，離脱派が51.89％を獲得，英国のEU離脱が決定する。

欧州統合の歩みを振り返ると，70年代の停滞期を経て，80年代後半からドロール欧州委員会委員長のリーダーシップの下，市場統合の流れが急速に強まった。またこの時期，ベルリンの壁崩壊，東西ドイツの統合を経て，経済の

102

グローバル化が急速に進展した。

1987年の欧州単一議定書発効以降，深化と拡大を続けてきたEUではあるが，05年に欧州憲法条約がフランスとオランダの国民投票で否決された。その後，南欧諸国の債務危機に伴いユーロ危機が発生する。ECBは各国の主要金融機関へのコントロールを強めるとともに，欧州委員会は各国予算への監督を強化し，EUは各国の金融・財政への監督機能を強化した。

また，EUに大量の難民や移民が押し寄せるようになり，15年にはEU難民危機といわれる事態が発生した。

3. 欧州懐疑派の台頭と現状

前世紀末から今世紀にかけて，先進国の富裕層と新興国の中間層が所得を多く上昇させた[17]。一方，先進国の中低所得層の所得の伸びは鈍化している。米国では，この中低所得層の不満がトランプ政権誕生の原動力と言われているが，EU諸国でも同様な現象が生まれている。

大衆迎合主義（ポピュリズム）はEU懐疑派の温床といわれる[18]。

フランスの経済学者トマ・ピケッティは近年のフランスにおける所得格差の拡大を次のように説明している。フランス経済が繁栄を謳歌した50年から83年の間，大多数の国民の所得は年率3.5～4％で増加したのに対し，富裕層の所得の伸びは，年率1％程度にとどまっていた。この時期，所得格差は縮小に向かった。ところが83年から15年にかけて，富裕層上位1％の所得は100％，さらに上位0.1％の所得は150％伸びたのに対し，一般国民の所得の伸びは25％にとどまり，年率1％に満たない上昇であった。この時期，所得格差は拡大に向かった。

中低所得層の所得の伸びは80年代以降大きく鈍化している。

さらにユーロ圏では厳しい金融・財務規律が課されており，加盟各国の財政・金融政策は不況期においても緊縮財政政策を強いられており，このことへの国民の不満は強い。また，ドイツをはじめとする北側諸国は自分たちが拠出した税金がEU予算として南欧，東欧諸国へ流失していることへの不満がある。ま

た選挙の洗礼を受けない EU 官僚が強大な権力を行使することへの反発なども
ある。

難民，移民の急増は一般民衆の不安と反 EU 感情を増幅させた。一方，民主
主義の伝統の浅い旧共産主義国では強権的政治体制を容認し，国粋的強権政権
を生んでいる。

民衆の不満をあおりつつ反 EU 感情を増大させ，自党への支持拡大を図る大
衆迎合主義政党は，欧州議会内で 3 つの会派に分裂している。

ポーランドの「法と正義」などが加盟する「欧州・改革グループ」，続いて
イタリアの「5 つ星運動」，ドイツの「ドイツのための選択肢」が加盟する「欧
州自由・直接民主主義グループ」，さらにフランスの「国民戦線」，イタリアの
「同盟」，オーストリアやオランダの「自由党」が加盟する「民族・自由欧州」
である。またハンガリーの「フィデス党」は，最大会派「欧州人民党」に所属
してはいるが，反難民，反移民を掲げ強権的な政権運営を行う大衆迎合主義政
党である。

なおトランプ政権で首席戦略官兼上級顧問を務めたスティーブン・バノンは
これら会派の糾合を提唱しているが，反難民，反 EU 以外に政策の共通点は乏
しく統一会派が形成される見込みは当面ない。

A. 各国の状況

ドイツ

ドイツ国民はユーロを擁護するために増税とインフレーションを受け入れね
ばならないのではないかと懸念している。さらに中東からの難民，移民の急増
がドイツ国民の不安を増大させている。

ナチス台頭を許した反省から，ドイツでは戦後，極右政党が大きな政治勢力
を形成することはなかった[19]。しかし，そのドイツでも反 EU を掲げる極右
政党「ドイツのための選択肢」が，17 年の前回連邦議会選挙〈定数 709〉で，
0 議席から一気に 91 議席を獲得し，キリスト教民主同盟〈200 議席〉，社会民主
党〈152 議席〉に次ぐ第 3 党として連邦議会に議席を得るに至った。

フランス

フランスでは，80 年代から極右政党，「国民戦線」が国政に進出していたが，同党は 14 年の前回欧州議会選挙で，反 EU を前面に掲げ 20%を超える得票率を獲得し，左右の二大政党を抑えて第一党の地位を確立した。17 年の大統領選挙で，同党の党首マリーヌ・ルペンが，二大政党である共和国連合と社会党候補を抑えて決選投票に進んだ。

イタリア

2018 年 3 月にイタリアで実施された総選挙の結果，第三極の「5 つ星運動」が 227 議席を獲得，しかし定数 630 の下院の半数に届かず，反 EU を掲げる極右政党「同盟」〈議席数 125〉と連立政権を樹立し，「同盟」党首のサルビーニは副首相として政権入りした。

スペイン

スペインでは 75 年まで続いたフランコ政権の苦い経験から極右政党は出てこなかったが，2019 年 4 月の総選挙では，社会労働党が，改選前の 84 から 123 へと議席を大きく伸ばす一方，極右政党「ボックス」が躍進し，改選前の 0 議席から，一気に 24 議席を獲得し，初めて国政への進出を果たした。

オランダ

2017 年の総選挙で，極右「自由党」が第一党になるのではないかとの予想であったが，結局第二党にとどまり政権奪取には至らなかった。その後，「自由党」の支持が伸び悩むなか，新たな EU 懐疑派，極右ポピュリスト政党「民主主義フォーラム」が台頭した。19 年 3 月の州議会選挙の結果，州議会議員から選ばれる上院では，「自由党」が議席を 9 議席から 6 議席へ減らす一方，「民主主義フォーラム」が 10 議席を獲得し第二党となった。

オーストリア

17 年 12 月に極右政党オーストリア「自由党」が，第一党である「国民党」

との間に連立政権を樹立し政権入りを果たすとともに，自由党党首シュトラッヘが副首相に就任した。しかし欧州議会選挙直前にシュトラッヘとロシア新興財閥との間のスキャンダルが発覚し，シュトラッヘは，党首と副首相を辞任するとともに，「自由党」は政権から離脱した。

ハンガリー

2010 年，ハンガリーのヴィクトル・オルバンは自らが率いる「フィデス党」で総選挙に大勝し，「キリスト教民主人民党」との連立により一院制議会で議席の 3 分の 2 を獲得した。憲法「改正」に必要な議席を獲得したオルバン首相は，2011 年に新憲法を制定し，政権与党が裁判官を野党との協議なしに任命できる制度に改め，与党寄りの裁判官任命を可能とした。また中央銀行の独立性を削ぎ，政府のコントロール下におく体制を敷いた。さらにメディア規制を敷くとともに，与党に有利な選挙法の改正を行った。

欧州議会は，17 年，このようなハンガリーの政治状況に対し，人権，民主主義，法の支配に対する重大なリスクがあると表明したが，フィデス党は，欧州議会内では最大会派「欧州人民党」に所属しており，制裁措置は発動できないでいる。

ハンガリーは，EU から多額の財政移転を受けているが，難民危機の対応をめぐって EU の諸機関や EU 加盟国を非難している。「フィデス」は，2018 年の総選挙でも 3 分の 2 を超える議席を獲得し，現在政権は三期目に入っている。

ポーランド

2015 年，ポーランドでは，権威主義的な極右政党「法と正義」が第一党となった。しかし憲法改正に必要な議席数を獲得しておらず，憲法違反のまま人権や民主主義を脅かす強権的政策を導入している。ハンガリーと同様，司法の独立性を脅かす政策を実施している。また公共メディアの経営陣の人事に介入し，政権寄りの人物を経営陣に据えた。欧州委員会は 2016 年，ポーランド政府への制裁措置発動を検討した。しかしポーランドへの制裁を発動するために

は，欧州議会で 3 分の 2 以上の賛成と，欧州理事会の全会一致を必要としており，ポーランドへの制裁は，盟友ハンガリーなどの反対により発動できない状態になっている。

4. 2019 年欧州議会選挙

　こうしたなか，19 年 5 月 23 日から 26 日にかけて欧州議会選挙が実施された。欧州議会選挙は 1979 年の第 1 回以来，5 年ごとに実施され，今回で第 9 回目となる。欧州議会 (定数 751) では，各加盟国から選出された議員が国を超えて欧州規模の会派を組んでいる。会派を形成するには 7 カ国以上から選出された 25 人以上の議員が必要である。14 年の選挙では，メルケル独首相やトゥスク EU 大統領，ユンケル欧州委員長らが所属する親 EU 中道右派「欧州人民党」が 216 議席を獲得し最大会派を形成している。「欧州人民党」は「フランス社会党」や「ドイツ社会民主党」の属する中道左派で 185 議席を有する第二会派「欧州社会・進歩連盟」と実質的に大連立を組み，議会の過半数を握り，EU 法案の可決や重要人事などで影響力を発揮してきた。

　一方，反移民・難民を掲げ，EU 懐疑派といわれるポピュリスト・極右勢力が 14 年の選挙で 155 議席を獲得し，議員定数の 2 割を確保した。

　欧州議会の事前の予測によれば，19 年の選挙では親 EU 派である二大会派が過半数割れし，EU 懐疑派勢力の大幅な議席増が見込まれていた。二大会派の過半数割れは，1979 年の直接選挙導入後初の事態であり，今後の EU の政策運営に支障をきたす可能性が懸念されていた。

A. 選挙結果

　「欧州人民党」は 216 から 178 議席へと 38 議席減らし，第二会派である「欧州社会・進歩連盟」も 185 から 153 議席へと 32 議席減らした。その結果，二大会派の議席数は 331 議席となり，事前の予想通り両会派の過半数割れは現実のものとなった。

　一方，躍進が予想された EU 懐疑派，ポピュリスト，極右会派は，「欧州・

改革グループ」が 77 から 63 議席へと 14 議席減，「欧州自由・直接民主主義グループ」が 42 から 54 議席へと 12 議席増，「民族・自由欧州」が 36 から 58 議席へと 22 議席増やし，三会派の合計議席数は，175 議席へと増加した。三会派の躍進は事前の予想ほどではなかったにせよ，欧州議会内で 4 分の 1 の議席を有する勢力となった。

　他方，フランス大統領派，「共和国前進」が属する中道会派「リベラル」は，69 から 109 議席へと議席を 40 増やし，また環境保護会派の「緑」も 52 から 69 議席へと議席を 17 増やした。

　二大会派は過半数割れしたものの，中道会派が議席を増やしたため全体として親 EU 派は過半数を維持することになった。また注目された「ドイツのための選択肢」，「デンマーク国民党」，オランダの「民主主義フォーラム」など国家主義的右翼勢力は，事前の予想ほど議席数を伸ばせなかった。ただし，人口規模の大きいフランス，イタリア，英国，ポーランドの 4 カ国では EU 懐疑派が第一党となった。

B. 各国の結果

ドイツ

　最大議席数を有するドイツでは，極右政党である「ドイツのための選択肢」の得票が注目されていた。

　結果は，メルケル首相の与党「キリスト教民主同盟」およびその姉妹政党である「キリスト教社会同盟」が，第一党を確保したものの得票率を前回の 35.30％から 28.90％へと大きく減らした。また大連立の一翼を担っている「社会民主党」も，同じく得票率を 37.30％から 15.80％へと激減させ，第三党に転落した。

　一方，環境保護政党である「緑の党」は，得票率を 10.70％から 20.50％へと大きく増やし，第二党の座を獲得した。注目されていた「ドイツのための選択肢」は，前回の得票率 7.10％を上回る 11.00％を確保したものの，17 年の連邦議会選挙時の得票率 12.6％には及ばず第四党にとどまった。

フランス

フランスでは，昨年11月よりマクロン大統領に対する抗議運動「黄色いベスト」運動が，毎週末，全国規模で展開され，マクロン大統領の支持率も20％台に低迷しているため大統領派の苦戦が予想されていた。

結果は，反移民，反難民を掲げる極右政党「国民連合」（2018年，国民戦線より改称）が，前回の欧州議会選挙での24.9％から23.31％へと得票率をやや低下させたものの，欧州議会での第一党の地位を維持した。大統領派の「中道連合」は，第二党となり国民連合に敗北したが，得票率が0.9％と僅差であったため健闘との見方が支配的である。

ドイツ同様フランスでも中道右派と中道左派の二大政党の凋落が顕著である。第5共和制のもと5人の大統領を輩出した中道右派「共和派」は，今回の選挙で前回の20.8％から8.48％へと得票率を激減させ歴史的敗北を喫し第四党の地位に転落した。中道左派政党である「社会党」は，すでに前回の大統領選挙で大幅に得票率を減らしていたが，今回も13.4％から6.2％へと得票率を大きく減らし，欧州議会に5議席を確保するのがやっとの惨敗であった。他方，左派的色合いの強い環境政党「ヨーロッパエコロジー」は，8.95％から13.47％へと得票率を増やし，第三党の地位を確保した。なお，フランスの状況については，次節でやや詳細に検討したい。

イタリア

イタリアでは連立政権に名を連ね，反EUや反移民を掲げる極右政党「同盟」が，6.15％から34.33％へと得票率を大きく伸ばした。一方，18年3月の総選挙で第一党となった「五つ星運動」は得票率を前回の21.15％から17.07％へと減らし第三党に転落した。イタリアでも，ドイツ，フランスと同様，中道右派，中道左派政党が得票率を大きく減らした。「民主党」は，前回の得票率40.81％から22.69％へと得票率をほぼ半減させ第二党にとどまった。中道右派政党の「フォルツァ・イタリア」も16.81％から8.79％へと得票率を半減させている。

スペイン（54議席）

　極右政党「ボックス」は6.2％の得票率を獲得した。

オランダ

　「民主主義フォーラム」が躍進するかどうかが注目されていたが，同党の得票率は10.90％にとどまり第五党の地位に甘んじた。また「自由党」の得票率は3.50％と激減し，欧州議会での議席を得ることはできなかった。

オーストリア

　「国民党」が26.98％から34.60％へと得票率を伸ばす一方，「社会民主党」は，前回の24.09％から23.90％へ得票率をわずかに落としたが，現有の5議席を維持した。「自由党」は，19.72％から17.20％へと得票率を落とし議席数も4議席から3議席となり第三党であった。

ハンガリー

　「フィデス」が得票率52.33％で圧勝した。

ポーランド

　「法と正義」が得票率45.38％を獲得した。

C. 評　価

　今回の選挙では，ドイツ，フランス，イタリアの伝統的な中道右派，中道左派政党の退潮が目立った。一方，ドイツとフランスでは，二大政党の退潮に対し「緑の党」の得票率が上昇し，ドイツではキリスト教民主同盟・社会同盟に次ぐ第二党に躍り出た。フランスでは，「国民連合」「共和国前進」に次ぐ第三党となった。

　ドイツでは前回の連邦議会選挙で第三党に躍進した「ドイツのための選択肢」が，前回の欧州議会選挙の得票率を上回ったものの連邦議会選挙の得票率には届かず第四党にとどまった。

フランスとイタリアでは，極右「国民連合」と「同盟」が第一党となった。

注目されていたオランダ，オーストリアでは，極右への支持は広がらずオランダでは第五党，オーストリアでは第三党にとどまった。理由として移民の流入が落ち着きを取り戻したことが考えられる。しかし，両国の国民には EU 予算が南と東の国々に流出することへの不満が鬱積している。

ハンガリーとポーランドでは民主政治に否定的な政権が，EU を批判し，反 EU の政策を強行しており，旧東欧諸国が EU 入りするための条件であったコペンハーゲン基準に明らかに抵触している。しかし EU は有効な対策が打てず，EU にとって厄介な問題である。

5. EU の危機

現在の EU には，欧州統合の推進国であるべき原加盟国における EU 懐疑派の台頭と東欧諸国における反民主的，強権的政権の存在という 2 つの問題がある。

東欧諸国は EU から多額の財政移転を享受する受益国であるため今後も EU 内部にとどまり，EU の政策に反する政権運営を続けながら，EU 内部に寄生し続けるだろう。これは，EU が標榜する自由と民主主義を内部から腐敗させていく危険をはらんでいるが，EU は効果的な制裁を発動できないでいる。

ドイツ，オランダやオーストリアにおける極右勢力の躍進は，今回選挙で一定の歯止めがかかったようにみえる。極右政党「ドイツのための選択肢」の存在は懸念材料であるが，すべての政党が同党との連立を拒否しており，当面，同党の政権入りの可能性はない。

フランスでは，前回選挙に続き極右政党「国民連合」が第一党を確保し，イタリアにおいても極右政党「同盟」が飛躍的な躍進を遂げた。両政党は，反難民，反移民政策を掲げ，EU がグローバリゼーションの尖兵として所得格差を拡大しているといった批判を展開している。またユーロ圏内に課された厳しい金融・財政規律により不況期においても緊縮財政政策を強いられることへの批判や選挙の洗礼を受けない EU 官僚が持つ権力への批判を展開している。

EU 崩壊というシナリオは，大統領制を敷くフランスにおいて次期大統領選で極右大統領が誕生し，フランスの EU 政策が転換した時，現実味を帯びるだろう。

6. 次期フランス大統領選挙

本節では，フランスにおける今回の欧州議会選挙結果を検討し，22 年に実施されるフランス大統領選挙を予測したい。

2017 年春に行われた大統領選挙では，中道派のエマニュエル・マクロン候補と極右「国民戦線」のマリーヌ・ルペン候補が，従来の二大政党である中道右派「共和派」と中道左派「社会党」の候補を抑え決選投票に進んだ。第一回投票の得票率は，マクロン 24％，ルペン 21.3％，共和派フランソワ・フィヨン 20％，極左政党「不屈フランス」のジャン・リュック・メランションが19.6％であった。一方，中道左派の「社会党」は 6.36％と歴史的大敗北を喫した。今回の欧州議会選挙では，伝統的中道右派政党「共和派」が，得票率 8.5％と大敗北を喫しており，次回大統領選挙は再びマクロンとルペンとの一騎打ちになることが予想される。

現職大統領であるマクロンは，フランス北東部の都市アミアン出身，高級官僚を養成する国立行政学院（ENA）を出た後，高級官僚，投資銀行勤務を経て社会党内閣の経済担当閣僚を歴任，その後 2017 年大統領選挙に出馬し，39 歳の若さで大統領に当選した典型的なフランスのエリートである。大統領選直後の 17 年 6 月に行われたフランス国民議会選挙では，マクロンが結成した「共和国前進」が 308 議席を獲得，同じく中道派の「民主運動」が獲得した 42 議席と合わせ 350 議席を確保し，国民議会で 6 割の議席を占めた。強大な権限を持つ大統領が国民議会で多数派を擁しておりマクロン大統領の政権基盤は磐石なはずである。

大統領選挙の選挙公約には以下のプログラムが並んでいた。

（1）よりよい生活と仕事・新たな庇護の確立
（2）企業家精神の確立
（3）新たな成長モデルの確立
（4）万人に共通なルールを
（5）国民を庇護する国家
（6）すべての子供たちに平等なチャンスを
（7）市民を庇護する欧州建設
（8）貧者に手厚い政策
（9）より良き生活をフランス人に
（10）刷新された民主政治
（11）まじめさと責任感

　ここには供給サイドに立った成長戦略とともに一般大衆に寄り添う社会民主的な公約が盛り込まれている。しかし，国民議会選挙での安定多数を背景に新大統領が最初に着手したのは，企業の解雇手続きの簡素化や不当解雇補償額の上限設定など企業サイドに立った労働市場改革であった。また法人税率の段階的引き下げや金融資産にかかる富裕税の廃止，投資やイノベーションの促進，デジタル経済化の推進など，供給サイドの活性化に政策の重点が置かれた。供給サイドの改革による成果には時間を要するが，解雇手続きの簡素化による企業のリストラの影響はすぐに表れ，失業率は高止まりしたままである。
　家計を対象とした改革では一般社会税などの増税が先行し，セットになっていた健康保険料や失業保険料の労働者負担分の廃止は後回しになった。そのため，家計の税負担が一時的に増大し家計の可処分所得は18年第1・四半期に大きく低下した。
　さらに燃料税の引き上げの発表が加わったため，民衆の不満は爆発し，18年11月より大統領退陣を求める激しい抗議運動「黄色いベスト」運動が毎週末フランス全土で組織されるに至り，現在に至るまで続いている（19年5月末現

在)。大統領選挙直後に7割近くあった支持率は，18年12月には23％にまで落ち込み，19年5月の調査でも支持率は30％と低迷している。

A. マクロン政権への評価

世論調査会社IPSOSは，欧州議会選挙直前の5月22日から25日にかけ選挙民5,433人を対象とした世論調査を実施した。そのなかからマクロン政権の評価の一部を紹介しよう。

今回の欧州議会選挙の投票動機は，大統領への支持を表明するため16％，不支持を表明するため36％，どちらでもない43％である。

投票時の最大関心事（複数回答）は，家計の可処分所得38％，環境保護36％，移民問題35％，フランスの欧州および世界における立ち位置35％，格差拡大問題25％，税制が18％である。

大統領派が第一党になれなかった場合については，大統領派にとって大きな敗北であり政策を根本から改めるべき49％，敗北ではあるが欧州議会選挙の結果は国内政治には直接関係ない27％，重要な敗北ではない24％となっている。

マクロン大統領に対する評価については，彼の人間性も政策も評価しない59％，彼の人間性と政策を評価する19％，人間性は評価するが政策は評価しない11％，政策は評価するが人間性は評価しない13％である。

大統領の政策はフランスにどのような成果をもたらしているかについては，プラスの成果をもたらし始めている14％，近い将来プラスの成果をもたらすだろう26％，プラスの効果をもたらすことはない60％である。

大統領の政策はフランス経済にどのような変化をもたらしているか，の問い

には，改善した18%，大きな変化はない27%，悪化した55%である。

　大統領の政策はあなた自身の生活にどのような影響を及ぼしたかの問いには，改善した10%，影響なし38%，悪化した52%である。

　世論調査会社IFOPが同じく5月に実施した調査でも大統領に対し厳しい評価が下されている。大統領はフランス国民に将来のビジョンを示していない68%，大統領の経済政策に否定的回答71%，大統領は国民の不安に寄り添っていない80%となっている。
　ここからは多くの有権者がマクロン大統領を政策のみならず人柄をも評価していないことが読み取れる。大統領の人柄に対する評価を，次期大統領選挙までに改善することは容易でない。就任後2年でマクロン大統領の評価は地に落ちたようだ。

B.「国民連合」（18年に国民戦線から改称）マリーヌ・ルペン
　国民戦線は，1972年，アルジェリアの独立に反対する元仏軍人ジャンマリ・ルペンが創設した極右政党である。反共，反移民を掲げる同党は，「ネオナチ政党」と呼ばれたが，近年は経済のグローバル化や欧州の経済危機にあわせ，社会的弱者への浸透を狙い，反EU，反ユーロの訴えを強化してきた。11年に娘であるマリーヌ・ルペンが父から党首の座を引き継ぎ「ふつうの党」への脱皮を図っている。

C. 国民戦線ルペン候補の大統領選挙時における選挙公約
　17年の大統領選挙時のルペンの公約は以下の通りであった。
　EU域内の自由な移動を保障するシェンゲン協定への参加を停止し，パスポートコントロールを復活させる。
　EUとの間で交渉を行い，フランスのEU加盟条件を大幅に変更し，単一通貨ユーロやユーロ圏国家に課せられる財政規律を廃止する。
　国内法に対するシェンゲン協定やEU法の優越性を廃止する。

EUを緩やかな協力体制に変える。

EU加盟の是非を問う国民投票を実施する。

彼女は前回大統領選の決選投票で大敗し，さらにその直後に行われた国民議会選挙でも8議席しか獲得できず第五党の位置にとどまった。しかし，今回の欧州議会選挙では「EUが公共サービスを細らせ，農業を破壊し，工場を地元から国外に移転させた」などと批判を展開し，第一党の地位を確保した。彼女が次期大統領選に勝利した場合，前回選挙の公約の多くは実行に移されるだろう。そうなればEUの屋台骨に大きな亀裂が生じることは避けがたく，EUは深刻な危機に陥る危険がある。

「国民連合」に対する有権者の意識を探ってみると，肯定的評価26%，否定的評価39%，無関心35%となっている。

「国民連合」についてはまだ否定的な有権者が多い。これは，同党の創設者ジャンマリ・ルペンが，同党創設当時から人種差別発言とナチスの行為を容認する発言を繰り返し「国民戦線」は「ネオナチ」「悪魔の党」というイメージが国民に浸透していることが尾を引いている。マリーヌ・ルペンは，「国民戦線」の負のイメージを払拭すべく父親を党から除名し，さらに党名を改称し，「ふつうの党」への脱皮を図った。しかし，17年大統領選挙の決選投票前に行われたテレビ討論での彼女の激情的言動は，国民に「国民戦線」の古い体質を思い起こさせるものであった。多くのフランス国民は再び「悪魔の党」という負のイメージを蘇えらせた。

D. 両候補の支持層

すでにみたように17年の大統領選挙の第一回投票では，マクロン候補の得票率24%，ルペン候補の得票率21.3%であった。今回の欧州議会選挙では，マクロン派の中道連合22.41%，国民連合23.31%であった。

IPSOSの調査から両候補の支持層を探ってみると，支持層にはっきりとした違いが明らかになる。

年齢層：マクロン派の「中道連合」は，年齢層が上がるほど支持率が上昇す

る。18歳から24歳までの支持率は12%，50代の支持率は21%であるが70代以上になると支持率は33%に上昇する。一方，「国民連合」では，50代の支持率が最も高く30%，18歳から24歳までの支持率は15%，70歳以上の支持率は20%と，若年層と高齢層では支持率が低下する。

　職業別：「中道連合」は，企業経営者や幹部の支持率が28%，退職者の支持率が30%と高い一方，労働者の支持率は12%と低い。「国民連合」では，労働者の支持率が40%，続いて失業者の支持率が29%と高い。他方，企業経営者や企業幹部の支持率は13%，自営業者の支持率は14%と低い。

　学歴別：大統領派の支持者は大卒以上の支持率が25%とやや高く，その他の学歴層では20〜21%の支持率である。「国民連合」は高卒資格以下の低学歴層の支持率が33%と高く，大卒以上では12%と低い。

　所得別：大統領派では，月収3,000ユーロ以上の高所得者層の支持率が26%と高い一方，月収1,200ユーロ以下の低所得層の支持率は11%と低い。大統領派の支持者は所得が上がるほど上昇する。国民連合派の支持率は，月収1,200ユーロ以下の低所得層で30%と高く，月収3,000ユーロ以上の高所得層では18%と低い。国民連合の支持者は所得が上がるほど低下する。

E. 17年の大統領選挙の第一回投票と19年欧州議会選挙の有権者行動

　今回の欧州議会選挙では，17年の大統領選第一回投票でルペン候補に票を投じた有権者は78%が再び「国民連合」に投票している。大統領選第一回投票でマクロン候補に票を投じた有権者は58%しか大統領派に票を投じていない。

　国民連合は，核となる支持層をしっかり掴んでいる一方，大統領派の支持層は流動的である。大統領選挙でマクロン候補に投票した有権者の25%が，欧州議会選挙では，「社会党」および左派色の強い「ヨーロッパエコロジー」に投票している。他方，前回の大統領選で中道右派「共和派」に投票した有権者の27%が，欧州議会選挙では大統領派に投票している。今回，大統領派の支持率は大統領選一回投票時から1%程度しか低下していないが，その背後では支持層の比較的大きな交代が起きている。すなわち中道左派の支持者たちは，

大統領派から離れ，他方，中道右派の支持層たちが大統領派に流れ込んで来ているのである。つまり大統領の支持層は，大統領選挙時よりも明らかに右に移動しており，支持層の右傾化が認められる。

　大統領派は，富裕層，高学歴層，比較的高い年齢層から支持を得ているが，高学歴層と65歳以上の58％，企業幹部の54％が大統領はフランス国民に将来のビジョンを示していないと回答している。大統領の経済政策についても企業幹部の53％，高学歴層の56％，65歳以上の62％が否定的である。さらに65歳以上の73％，企業幹部の71％，高学歴層の70％が大統領は国民の不安に寄り添っていない，と回答している。最大の支持層のなかでも半数以上の有権者が大統領の政策に否定的である。

　支持率の低迷する大統領に対抗できる野党として，最も高い支持を得ているのはルペン率いる「国民連合」である。極左政党「不屈のフランス」も33％の支持を集めているが，同党は，欧州議会選挙で，得票率を大きく落とした。また，すでに述べたように中道右派「共和派」や中道左派「社会党」の支持率はそれぞれ19％と10％と低迷している。

　このような状況から，フランスではすでに次期大統領選挙の決選投票を，マクロン大統領とルペン候補の対決と想定した世論調査が実施されている。

　第一回投票の予想では，マクロン30％（前回24％），ルペン28％（前回21.3％）と2候補の得票率が突出している。

　決戦投票は，マクロン57％（前回66.1％），ルペン43％（前回33.9％）と予想されている。

　いまだに決選投票では，マクロン大統領が有利な見通しであるが，その差は前回の大統領選挙よりも明らかに縮小している。今後も大統領への信任が回復しないなら，フランスに極右大統領が誕生する可能性は小さくない，と言えよう。

EU 加盟についてフランス国民の大半が懐疑的なわけではない。フランスの
EU 加盟について，半数は肯定的であり，否定的は 18％，良くも悪くもないは
33％である。しかし，将来重大な事態に直面した場合，EU の権限を制限して
自国の決定権限を強化すべきという意見は 61％，自国の決定権限を制限して
EU の決定権限を強化すべきという意見は 22％，現在の権力構造を変えないは
17％である。

グローバル経済下における EU の役割については，EU はグローバル経済か
らフランスを庇護している 34％，EU はフランスをグローバル経済の競争下に
さらしている 37％，EU はグローバル化に何の影響も与えていないは 29％で
ある。

フランス国民の約半数は EU への所属を肯定的に捉えているが，今後重大な
事態に直面したときには，EU の権限を縮小して自国の権限を強化すべきとの
考えが支配的である。この主張はルペン候補の主張と重なる。

F. マクロン大統領の政策転換

19 年 4 月 25 日，反政府デモ「黄色いベスト」への対応策として，マクロン
大統領は中間所得層を主な対象とする約 50 億ユーロ（約 6,200 億円）の所得減税
を表明し，22 年までに公務員を 12 万人削減するという公約を取り下げ，さら
にエリート養成校の国立行政学院廃止の方針を発表した。大統領はこの政策転
換によって支持率回復を図りたいところだが，まだ際立った支持率の回復に
至っていない。

7. おわりに

英国は EU 離脱を決めたものの，離脱合意が英国下院で承認されず離脱の先
行きは不透明のままである。反 EU の伝統を持つ英国の離脱はさておき，欧州
統合を積極的に推進してきた独仏に加えイタリア，オランダ，オーストリア，
スペインなどの大陸諸国でも，金融危機以後，反 EU 勢力が台頭し，欧州議会

内に4分の1の勢力を占めるまでになった。しかし，これらの勢力はさまざまな会派に分裂しており，統一会派の結成は容易ではない。

ドイツにおける極右勢力「ドイツのための選択肢」の台頭は懸念材料ではあるが，他党は連邦議会における同党との連立を完全に拒否しており，同党が政権入りする可能性は当面ない。ハンガリーやポーランドの現政権もEUにとっては頭痛の種である。しかし旧東欧諸国はEUからの財政支援の受益国であり，これからもEU内に寄生し続けるだろう。

すでに極右政党「同盟」が政権入りを果たしているイタリアでは，サルビーニ党首が，今回の選挙の結果を受け，フランス「国民連合」，「ドイツのための選択肢」との結集を画策しており，その動向に注目する必要がある。

しかしEUの最大の危機はフランスにある。伝統的な中道右派や中道左派政党は急激に支持を失っており，極右「国民連合」のルペン党首が，民衆層の不満の唯一・最大の受け皿として支持を固めている。

支持率低迷にあえぐマクロン大統領が，フランス経済を飛躍的に回復させ，その実績をもとに次期大統領選挙に臨まない限り，フランスに極右大統領が生まれる懸念は払拭されない。欧州統合を推進してきたフランスに極右大統領が誕生すれば，フランスのみならず欧州全体に激震が走り，EUの屋台骨を大きく揺るがすことになるだろう。

ドロール時代に目指した社会的欧州の建設も中道左派政党が大きく支持を減らすなかでの実現は困難であり，少なくない民衆がEUやマクロン大統領をグローバル経済を先導する大企業や金持ちの手先とみなしている。

金融危機や移民危機を経験した民衆層は各国でEUへの不満を募らせている。そうしたなか，EU懐疑派の諸政党は民衆の不満に乗じて各国で党勢を拡大しており，欧州統合のさらなる深化は当面EU市民の信任を得られないように思われる。

EU危機の決定的な引き金を引かないためにも，マクロン大統領は今後民衆の不満に耳を傾け，前回の選挙公約に掲げた国民に寄り添う政策を積極的に推進する必要があろう。定着しつつある「金持ちのための大統領」というイメージが続くかぎり，次期大統領選挙では苦戦が予想される。その際の，最大のラ

120

イバルは極右「国民連合」党首ルペンである。

　世界はマクロン大統領の今後の政権運営に注目しておく必要がある。米中の2大大国の経済戦争に世界経済が振り回されている今日，第3極であるEUの存在意義は決して小さくない。

-------------------------------- 註 --------------------------------

（1）欧州共同体（EC）の枠外で，西ドイツ（当時），フランス，ベルギー，オランダ，ルクセンブルクの5カ国が「人の移動の自由」の実現に向けて，域内国境を段階的に撤廃することを目指す。その後イタリア，スペイン，ポルトガル，ギリシャ，オーストリア，フィンランド，スウェーデンが加わり，シェンゲン協定の締結国は13カ国に拡がり99年発効の欧州連合（EU）改正基本条約「アムステルダム条約」に組み入れられ，「人の移動の自由」がEUの法体系のなかで保障されるようになった。

（2）この方式では，決案成立には加盟国数の55%以上，賛成国の人口合計がEU人口の65%以上の両方を満たす必要があるが，同方式の導入によりそれまで全会一致の原則により滞っていた欧州統合の動きが，加速することになった。

（3）欧州通貨同盟（EMU）加盟には以下の4つの条件が課されている。

　1. 消費者物価上昇率は最低3カ国の平均を1.5%以上上回らない。2. 財政赤字はGDP比3%以下，債務残高はGDP比60%以下。3. 為替変動幅は，2年間ユーロに対し上下15%以内。4. 消費者物価上昇率は最低3カ国の平均を2%以上上回らない。

　1990年7月より開始する第一段階は，各国間の財政・経済政策協調の強化とEC加盟国の全通貨を，ESMの一環として設立された欧州為替相場メカニズム（ERM）に参加させ，将来，共通通貨を導入する際の障害を排除することを目指している。第2段階では，欧州中央銀行（ECB）と加盟各国の中央銀行で構成される欧州の統一的な欧州中央銀行制度（ESCB）を設立し，ERMにおける為替相場の変動幅を縮小する。第3段階では，ECBが統一的金融政策を実施し，対第三国への為替介入への決定や公的準備の集中管理を行い，為替相場を固定し，単一通貨導入を目指す。ESCBとECBは98年に設立され，ユーロは99年から金融機関間の決済に導入され，2002年1月からは一般に流通を始めた。

（4）当初，フランス大統領フランソワ・ミッテランは，ドイツの国力が突出することを恐れ東西ドイツ統一に反対の立場であったが，当時ヨーロッパ最強の通貨であったドイツマルクを放棄し共通通貨ユーロを採用することを条件に東西ドイツの統一を認め，ドイツ統一は，壁崩壊から1年という驚くべきスピードで実現した。

（5）同基準では，民主主義の確立，法の遵守，人権および少数民族の尊重，効率的な市場経済の確立，共通市場の競争圧力に耐えうる経済力が求められている。

（6）本条約では市民権や個人の権利を尊重することや欧州議会のEU政策決定への関与を強化することで民主的統制を強化することを目指している。

IV 欧州議会選挙から読み解く，次期フランス大統領選挙と欧州統合の行方 121

（7）アイルランド，伊，独，仏，蘭，ベルギー，ポルトガル，西，ルクセンブルク，オーストリア，フィンランドの 11 カ国。

（8）エストニア，ラトビア，リトアニア，ポーランド，チェコ，スロバキア，ハンガリー，スロベニア，キプロス，マルタの 10 カ国。

（9）しかし，欧州憲法条約は，2005 年にフランス，オランダで実施された国民投票で否決され，批准にいたっていない。

（10）正式な名称は「欧州連合条約および欧州共同体設立条約を修正するリスボン条約」である。05 年にフランスとオランダにおける国民投票で欧州憲法条約の批准が否決されたことをうけ憲法条約に改正を加えたリスボン条約が 07 年に調印，09 年に発効された。本条約では欧州憲法条約に盛り込まれていた機構改革や，市民の EU への関与を強化することが規定されている。その一方で欧州憲法条約にあった EU の旗のような超国家機関的な性格は取り除かれ，また特定の国には適用除外条項が規定された。

（11）この制度はリーマン・ショックを背景とする世界的な金融危機を機に，金融市場の安定化を図り，金融危機の再発を防止することを目的として設立された。

（12）ギリシャの債務問題を契機として発足した時限機関である欧州金融安定基金（European Financial Stability Facility, EFSF）から移管され 2012 年にルクセンブルクで恒久機関として設立された。欧州版の国際通貨基金（IMF）とも呼ばれる。

（13）ユーロ圏の財政規律と監視の強化をはかるための政府間条約で，ユーロ圏各国に厳格な財政均衡ルールを導入するもの。単年度の赤字は GDP の 0.5％を超えてはならない厳しい財政均衡義務が課されている。

（14）ユーロ圏の国の予算案が欧州連合（EU）の予算ルールに適合しているかチェックし，適合していなければ変更を求める権限を欧州委員会に付与することを認める財政監督強化を目的とした制度。

（15）スコットランド独立は，賛成 44.70％，反対 55.30％で否決された。カタルーニャ住民独立投票は，賛成が 92.01％と多数派を占めたが，住民投票自体が無効とされた。

（16）2015 年には 130 万人が EU 加盟国に庇護を求めた。内戦の影響でシリアからの難民が最も多かった。

（17）この 3 つのグループを，横軸に所得層順に並べ，縦軸に所得の上昇率を折れ線グラフで描くとちょうど象が鼻を持ち上げている姿を横から眺めたような形になる。そのため，これをエレファントカーブと呼ぶ。

（18）大衆迎合主義には，一般的に反エリート主義，自国（民）中心主義，多元的な価値を否定する傾向がみられる。

（19）ドイツには政党別投票で得票数が 5％に満たない政党には議席を与えない 5％条項があり，これにより 5％以上の支持率を得られない政党は，連邦議会に議席を得ることはできない。

参考文献・資料

Antoine Boiron, *Evolution des inégalités de niveau de vie entre 1970 et 2013* INSEE dossier, 2016.

Emmanuel Macron président programme, 2017.

ifop, L'intention de vote a la prochaine élection présidentielle, mai 2019.

ifop, Que feraient les Français s'ils pouvaient revoter aux referendums européens de 1992 et 2005 ?, mai 2019.

Ifop, Le tableau de bord politique, mai 2019.

Ipsos, Sociologie des électorats et profil des abstentionnistes 2019 élection européennes, mai 2019.

Ipsos, Européennes : comprendre le vote de français, mai 2019.

Libération, Les résultats des européennes sont-ils des accidents électoraux ?, 24 mai 2019.

Thomas Piketty, De l'inégalité en France, le blog de 18 avril 2017.

遠藤　乾『欧州複合危機』中公新書，2016 年。
小田中直樹『フランス現代史』岩波新書，2018 年。
庄司克宏『欧州ポピュリズム』ちくま新書，2018 年。
高橋和他『拡大 EU 辞典』小学館，2006 年。

（雨宮康樹）

V バルカン半島にみる国際関係
—「アルバニア人居住圏」地域の出現—

1. はじめに

「アルバニア人居住圏」地域[1] とは，筆者の造語である。アルバニア系の人々はディアスポラの民のように故地のバルカン半島地域から離れて居住することが多いが，冷戦終焉後，バルカン半島地域の，具体的にはアルバニア共和国，コソボ共和国，北マケドニア共和国[2] 北西部に国境を越えて居住しているアルバニア人の居住圏地域を指している。この居住圏地域の動向を見て行くことで，伝統的な国際法や国民国家あるいは民族国家故の諸々の課題，特に負の課題を世界の他の地域でも逓減，解消できるのではないかという可能性が見出せる。

本章では，「アルバニア人居住圏」地域と国際関係について述べて行くが，まず，それを包含している黒海地域[3] についての概観と特徴について述べ，次に，その黒海地域のなかに包含されているバルカン半島地域の存在について検討して，それから「アルバニア人居住圏」地域について詳らかにして行くこととする。そして，黒海地域，バルカン半島地域，「アルバニア人居住圏」地域の各レベルと国際関係について論じて行くこととする。

2. 黒海地域の概観

1453 年に 14 世紀から勢力拡大に乗り出したオスマン帝国がコンスタンティノープルを征服して以降，黒海は「オスマンの海」と化したが，18 世紀に入るとロシアが南下政策を推進したため，黒海の覇権をめぐってオスマンとロシアの対立が激化した。さらに 19 世紀になると，イタリアとドイツの統一を受けてオーストリアがバルカンへ勢力を拡大するとともに，オスマン帝国の衰退

により「東方問題」[4]が深刻化したため，英国，フランス，ドイツが勢力均衡の観点から黒海へ進出し始めた。その結果，黒海は19世紀末までに外部に開かれた欧州の海となった。19世紀に入り第一次世界大戦後になると，黒海北岸にソ連邦，南岸にトルコ共和国が誕生した。1920年代はセーブル条約やローザンヌ条約により英国の覇権下で外部に開かれた海であったが，1936年のモントルー条約が締結されたのを受けて黒海はトルコとソ連邦の海となった。第二次世界大戦後は，ワルシャワ条約機構（WTO）と北大西洋条約機構（NATO）の対立の最前線となったが，1989年の東欧革命と1991年のソ連邦崩壊により黒海は「力の真空」状態となり，北岸から東岸にかけて新独立国家が誕生するとともに安全保障の真空地帯となった。1990年代前半は，その真空をめぐってロシアとトルコが競ったが，1990年代後半には欧州連合（EU）とNATOが東方拡大を本格化させると，露土両国は協力して黒海を露土の海に留めようとした。それ故，黒海地域の国際政治構造は，黒海を閉鎖的な海に留めようとする現状維持勢力と，黒海を欧米に開かれた海にしようとする現状打破勢力の2つが拮抗する二極構造に収斂していった[5]。ところが，2000年代後半からロシアが黒海地域の覇権を狙って攻勢を強めたため，欧米とロシア間，ロシアとトルコ間の対立が激化し，黒海地域の国際関係は著しく不安定化するに至っている。

3. 黒海地域の特徴

「黒海地域」がどの国で成り立っているのかという定説はないが，本章では，黒海地域を「黒海経済協力機構（BSEC）」加盟国からなる地域とする。BSECは，沿岸国6カ国（ロシア，ウクライナ，ジョージア（旧グルジア），ルーマニア，ブルガリア，トルコ）と周辺国6カ国（アゼルバイジャン，アルメニア，モルドバ，ギリシア，アルバニア，セルビア）で構成されているため，黒海地域は沿岸国を超えた黒海周辺一帯を指すことになる。そのため，「広域黒海地域（Wider Black Sea Area）」と呼ばれることもある。

この黒海地域の主な特徴は，多様性，紛争，協力の3点を挙げることができ

る。第1点目の多様性であるが，黒海地域はロシア，西部新独立国家（WINS），南コーカサス（カフカス），バルカンの複数の文化圏に跨るため，領土，人口，宗教等，多様性に富んでいるのである。また，域内の経済的結びつきも希薄で，外部アクターに対して域内諸国がまとまって行動しようとの共通認識も無い。第2点目は紛争であるが，黒海地域は少数民族やディアスポラの宝庫である。また，未承認国家の存在，少数民族問題，武力紛争や暴力衝突，深刻な国家間対立，第二次世界大戦直後のモントルー条約をめぐる論争の継続，石油およびガス・パイプラインのルートをめぐる攻防等に加えて，軍事力をめぐる対立も看過できない。こうしたあまたの紛争要因や紛争が黒海地域には存在している。第3点目の協力は，冷戦終焉直後1992年にトルコがイニシアティブを取って創設されたBSECは，財政難，官僚的手法，BSEC加盟諸国のEU加盟熱等により，必ずしも期待される成果は得られている訳では無いが，経済面での域内協力はそれなりに進んでいる。さらには安全保障協力に向けた動きもある[6]。

　こうした概観や特徴を有する黒海は1つの地域と言えるであろうかと言えば，確かに多様性に富む一方で共通のアイデンティティや文化を欠き，対立や紛争が絶えない地域ではある。しかし，それでも黒海を1つの地域と言えるだけの理由はある。主な点は3点あるが，まず第1点目は，諸々の地域協力が進められているからという点，第2点目は，地域の定義を相互作用の地理的空間と定義すれば，黒海と黒海に流れ込む大河が，2500年以上にわたって，住民や社会の連携を促進するための架橋の役割を果たして来たことが，この地域をして1つの地域と言わしめる。第3点目は，そのような相互関係を超えた，黒海地域特有の政治経済構造の存在とそれらの織り成す歴史的パターンが認識される点である[7]。

4. バルカンの政治と外交
― 変わらぬ「東方問題」の構図 ―

　バルカン半島地域[8]の領域は黒海の西岸からエーゲ海，アドリア海にわた

る。現在でもどの国家がバルカンに属するかについては議論があるところだが，柴宜弘[9]によるとモルドバ，ルーマニア，ブルガリア，ギリシア，セルビア，北マケドニア，アルバニア，モンテネグロ，ボスニア・ヘルツェゴビナ，クロアチア，スロベニア，トルコの欧州部分に当たる東トラキアである。

　バルカンの東に位置する黒海は，近代に入ると，バルカンと共に大国間の角逐の場となっていく。欧州の国際政治における最大の問題であった「東方問題」である。「東方問題」の根本的な要因は，大国による東地中海および黒海を含むその近隣領域における安全保障の確保であると理解することができる[10]。この場合の大国とは，具体的には，オスマン帝国，ハプスブルクとそれを後押しするドイツ，そしてロシアに加えて，フランスと英国も絡んで来た。さらにオスマン帝国が後退した後の領域では，独自のナショナリズムに影響された多くの民族が独立を目指した。その結果，独立したのが，ギリシア，セルビア，モンテネグロ，ルーマニア，ブルガリア，アルバニアである。「東方問題」を構造的原因として勃発したのが第一次世界大戦であり，その結果，オスマン帝国は消滅し，欧州は凋落の途を辿ることとなった。

　しかし，同じ東地中海・黒海およびその近隣領域に接している大国こそハプスブルク（およびドイツ），ロシア帝国，オスマン帝国からEU，ロシア，トルコへと交代し，英国，フランス，米国（およびNATO）に変わったものの，安全保障に影響するという「東方問題」の構図は，21世紀に入った現在でも存続していると言える。そこに着目することで，東地中海・黒海およびその近隣領域における安全保障問題の構造の一貫性が明白になる。

　まず，バルカンから考察を進めると，地域とみなし得るに足りる一種の域内凝集性，あるいは少なくとも，それを形成する域内共通要因の存在が不可欠であるが，バルカンには，地域的アイデンティティを歴史的に支えてきた地域的文化は想定しにくい[11]。地域化についても単一の地域として一体化するのは難しかった。むしろ，近代以降は外部の大国からの影響力を受けることで一体的な発展をますます望めなくなった。

　こうしたバルカンを理解するには，外部の大国を中心，バルカンを周辺とする「中心―周辺」関係の枠組みを適用することが有効である。バルカンとして

は，西欧，ロシア（およびソ連邦），オスマン帝国（および現トルコ）と複数の中心が存在している。したがって，バルカンは複数の中心による影響圏の境界に存在する「境界型周辺」と位置付けられる。「境界型周辺」においては，複数の中心からの影響が強いため，全体としての自己規定や自己完結的な域内関係の存在は難しい。このことからも，バルカンが1つの地域たり得ないことがわかる。

「境界型周辺」としての特徴を喪失しても，バルカンは地理的に隣接・重複している黒海から切り離して論ずることはできない。東地中海および近隣領域の安全保障という観点から見る限り，バルカンと黒海が密接な関係にあることは言うまでもない。バルカン西部も黒海をめぐる国際政治から無関係になった訳では無い。第1点目の理由は，NATOを通じて米国がEUと並ぶ西の当事者として位置付けられることが挙げられる。第2点目の理由は，パイプラインの建設の問題，中東地域からの移民・難民の問題が挙げられる。特に，いわゆる，「アラブの春」が引き金となって内戦化しているシリアからの難民の増加は著しい。

バルカンにおける内政・外交は，冷戦時代まで長らく黒海西岸・北岸の動向に大きく影響されて来た。21世紀に入り，西岸・南岸の動向もバルカンに密接にリンクするようになって来た。東地中海および近隣領域の安全保障問題という現在の「東方問題」の構図は，黒海をめぐってかつてより広範かつ動的な構図を持つようになって来ているのである[11]。

5.「アルバニア人居住圏」地域の形成過程（1）
─ 古代から冷戦終焉まで ─

黒海地域，バルカンのなかに包含されているバルカンにおいて，「アルバニア人居住圏」地域が形成されるに至った経緯を歴史的に述べて行くこととしたい。

まず，「アルバニア人居住圏」地域の形成過程を概観しておきたい。現在のアルバニア人が，古代の欧州において，現在のアルバニア共和国の領土をはるかに凌ぐ広範囲の「ダルダニア」という王国に居住していたイリュリア人の末

裔であることは，考古学上，疑う余地の無い事実であるとされている[12]。言語学上も，アルバニア語は，インド・ヨーロッパ語属に属するが，ゲルマン系，ラテン系，スラブ系の三大語派には属さず，「アルバニア語」のみで一語派を成している。こういう区分をされているインド・ヨーロッパ語族の言葉は，他にはギリシア語のみである。長期にわたって，他の地域から移動して来た周辺諸民族の支配下に置かれたことや近代化が遅れた等の影響で，周辺諸語の借用語や文法の類似点は見られるが，アルバニア語は他の言語と酷似している点は少ない。現代アルバニア語の正書法こそラテン・アルファベットを用いているが，これは近代までアルバニア語が固有の文字を持たなかったため，近代以降，表記に導入したからである[13]。

　なお，アルバニア北部からコソボ以北にかけてのゲグ方言の地域とアルバニア中・南部を中心とするトスク方言の地域の間には若干の文化的差異が存在する[14]。しかし，その差異以上にアルバニア人自身にとっては，「我々こそが古代欧州の先住民族であるイリュリア人の末裔であり，現在，欧州に居住している他のすべての欧州諸民族に先駆けて欧州に居住し続けてきた真の欧州人こそがアルバニア人である」という極めて強い自己認識と誇りとを持っている。

　確かに「アルバニア人居住圏」地域の歴史を遡及すると，第二次世界大戦後，アルバニアが旧ユーゴスラビア連邦と断交した時期に近代国境で両国が，事実上の分断をしていた時期には，同じアルバニア人であっても，アルバニアと旧ユーゴスラビア連邦間との国境を越えた自由な往来が不可能であった時期に，トスク方言が中心のアルバニアのアルバニア人とゲグ方言が中心のコソボや北マケドニア北西部のアルバニア人との間で地域的な理由に基づく文化的差異が生じていたことは事実である。

　一国内ですべての経済活動を完結させようというアウタルキー経済体制を含む，本家のソ連邦でスターリン主義が放棄された後でも，アルバニアは，ソ連邦を修正主義であると断交し，事実上の鎖国政策を行った。こうして「スターリン主義の孤塁」として，アルバニアはスターリン主義体制を堅持して，全土にバンカー（トーチカ）を敷設し，全人民武装を義務付ける等々の内政と外交を行って来た結果，東欧革命時の体制転換以前のアルバニアは，欧州最貧国と

なって行き，体制転換時の移行期・過渡期の間まで，さらに経済的に窮乏化した。

しかし，アルバニア労働党の党首で独裁的政治を行ったホッジャ (Hoxha, E.) 亡き後も後継者のアリア (Alia, R.) は，ホッジャの労働党一党独裁路線を踏襲して，スターリン主義社会主義国家を標榜する内政・外交政策を採った。

一方，西側諸国に最も開放的であった旧ユーゴスラビア連邦の連邦構成単位であったアルバニア系住民が多数派を占めたコソボ連邦内自治州や多くのアルバニア系住民が居住していたマケドニア連邦内共和国のアルバニア系住民の方が，アルバニア本国のアルバニア人よりも経済的に豊かであり，国内外の情報へのアクセスや移動の自由があった。この時期にアルバニア本国の多くがトスク方言を用いるアルバニア人と旧ユーゴスラビア連邦の多くがゲグ方言を用いるアルバニア系住民との間で，少々の差異が生じたのは事実である。

しかし，その差異は結果から見る限り，冷戦終焉直後から旧ユーゴスラビア連邦の解体に至る過程で，ほぼ自然発生的にアルバニア人が多数派であるアルバニア，コソボ，北マケドニア北西部の各々に居住していたアルバニア人の相互協力によって「アルバニア人居住圏」地域が形成されて来たことから，アルバニア人であるという民族的アイデンティティを超えるものでは無かったと言えよう。

アルバニア人の近代民族国家という形でアルバニアがオスマン帝国の支配から独立したのは 1912 年である。独立後のアルバニアでは，ゾーグ (Zogu, A.) を首魁とする現実主義派とノーリ (Noli, F.) を首魁とする理想主義派との間の政治闘争の結果，敗北したノーリは米国に亡命して米国のアルバニア人移民のコミュニティで理想主義を訴え続けたが，勝利した現実主義派のゾーグは，アルバニアの国家体制を王制として，自ら国王ゾーグ 1 世となった。

しかし，この王制国家としてのアルバニア王国は第二次世界大戦の勃発により長くは続かなかった。第二次世界大戦の勃発後，イタリアによる軍事侵攻でゾーグ 1 世は家族と共に亡命し，アルバニアは全土がイタリアの保護領を経て併合されてしまう。イタリアの連合国側への降伏後も，次にドイツがアルバニアへの軍事侵攻を行ってドイツの支配下に置かれた。だが，同様に枢軸国側の

占領下に置かれていたユーゴスラビア王国の再独立を目指した抵抗諸勢力のなかでも有力な勢力の指導者であり，第二次世界大戦後，社会主義国家として再独立したユーゴスラビア連邦の「国父」となるティトー（本名は Joship Broz ヨシップ・ブロズであり，ティトーは党員名）率いる共産主義パルチザン勢力と共闘したアルバニアの共産主義パルチザンの指導者であったホッジャによるアルバニアによる抵抗運動によって，社会主義国家としてアルバニアも再独立を果たした。アルバニア全土から枢軸国側の勢力を駆逐したホッジャが共産党臨時政府成立の宣言を行ったのは 1944 年であった。

　だが，第二次世界大戦後の平和も長続きはせず，国際関係は東西のイデオロギーが対立する冷戦の時代に入った。冷戦当初は，アルバニアもユーゴスラビア連邦もスターリンが率いるソ連邦を中心とした社会主義体制を是とする東側陣営と足並みを揃えていた。しかし，東側陣営のコミンフォルムに加盟している東欧地域諸国をスターリンがソ連邦の衛星国として，事実上の支配下に置くための道具として利用し始めたとティトーは理解して，コミンフォルムが当初の社会主義国間の平等の精神に反しており，ユーゴスラビア連邦はソビエト連邦の衛星国となることをよしとせずとして譲らなかった。この両国の対立の結果，ソ連邦によってユーゴスラビア連邦はコミンフォルムから除名されるという形で袂を分かつこととなった。このユーゴスラビア連邦のコミンフォルム除名によって第二次世界大戦中に共闘関係にあった「戦友」であったはずのアルバニアのホッジャは，すでにスターリン主義を標榜する国内の体制を確立する段階にあり，スターリンと決別して独自の社会主義路線に進む道を選択したユーゴスラビア連邦と路線対立によって断交した。ここで，アルバニア本国のアルバニア人とユーゴスラビア連邦に国境を越えて居住していたアルバニア系住民間の移動の自由が制限されるという状況が起こったのである。

　その後，ホッジャはスターリン期のソ連邦の全面的な支持と協力によってスターリン主義の思想と理論の下で脆弱な国内経済を再構築する一方で，秘密警察である「シグリミ」を用いてアルバニア国内の政敵を次々と粛清し，自らの政権基盤を恐怖政治により盤石にすることに成功して，事実上の独裁者となる。

　一方，ユーゴスラビア連邦の「国父」ティトーは，自身のカリスマ性に加え

て，多民族からなる連邦国家であるユーゴスラビア連邦の維持の上で，ティトーの生涯のブレーンであったカルデリ（Kardelj, E.）の知識や理論を実現化するという道を選択した[15]。内政では，独自の経済体制である「労働者自主管理社会主義体制」，外交的には，東西冷戦の時代にあって，どちらの陣営にも属さない国家の「非同盟中立会議」を組織する上での中心的役割を果たすといった独自路線を進めた。

　この時期にアルバニアは，ソ連邦との蜜月関係で得られた支援を受けつつ国内の経済発展を進めていたが，ホッジャが，スターリン没後のフルシチョフの「スターリン批判」によるソ連邦の路線転換を修正主義として批判。その結果，1961年にソ連邦と断交した。こうして，アルバニアは，東西冷戦期の欧州で東西陣営のどちらにも加わらない「欧州の孤児」として，事実上の鎖国状態に入ったのである。

　その後，例外的に，中華人民共和国の「文化大革命」期（1966～1976年あるいは1977年）に限って，中国との蜜月関係を築いた。この間のアルバニアと中国の関係は，正に蜜月関係と呼んで良いものであった。なお，この「北京＝ティラナ枢軸」が国際的に大きな影響を与えたこともあった。最も注目すべきは，第二次世界大戦後の国際連合において，国連の設立段階から継続していた最大の懸案の１つであった「中国代表権問題」について，アルバニアが提起した，いわゆる，「アルバニア決議案」によって，国連安保理事会常任理事国の中国のポストを争っていた中華民国（台湾）と中華人民共和国に対して，事実上，中国代表のポストに就いていた中華民国と中華人民共和国とを交代させたことである[16]。だが，文化大革命期が終わった中国とアルバニアとの二国間の蜜月関係は，急速に冷却化する。そして，アルバニアは「欧州の孤児」から「世界の孤児」として，国際関係のなかで，ますます孤立を深めて行くことになる。

6.「アルバニア人居住圏」地域の形成過程（２）
―「アルバニア人居住圏」地域の生成―

　1989年以降の東欧革命の旧東欧諸国への波及は，1945年の第二次世界大戦

後の国際秩序を規定することになった米ソ両超大国によるイデオロギーの二極
対立に基づく冷戦構造が国際関係を規定していた冷戦時代の終焉を意味した。
しかし，当時，米国のブッシュ大統領が宣言した「新世界秩序」と謳った米国
一極集中の平和な時代も長くは続かなかった。冷戦の終焉は，フクヤマが上梓
した『歴史の終わり』(17) という書名に象徴されるように「新世界秩序」によ
る国際的な平和が継続するという期待を世界中の多くの人々に与えた。

　事実，1990年の湾岸危機，続く1991年の湾岸戦争における米国主導の多国
籍軍の圧勝が起こる等，短期間ながら「新世界秩序」を現実に示す事例も起
こったのである。

　しかし，すでに，新たな形の地域紛争は世界各地で頻発し始めていたのであ
る。これらは，冷戦構造の下で凍結されていた民族やナショナリズム，「宗教」
に起因するものであったが，従来の伝統的な戦争と異なるため，カルドーがア
イデンティティをめぐる「新しい戦争」であるという指摘を行うまでは，これ
らの地域紛争は，当初，従来から存在していた民族紛争や「宗教」をめぐる紛
争と見なされていた。欧州では，東欧革命の波及した1990年代のユーゴスラ
ビア連邦における分裂と解体に伴う内戦が国際的な注目を集めたが，これも紛
争発生当初は，伝統的な民族紛争の事例として理解されていた(18)。

　このユーゴスラビア連邦の分裂・解体に伴う内戦が勃発した原因は，連邦構
成単位であったスロベニア連邦内共和国の独立から同様に連邦構成単位であっ
たコソボ連邦内自治州の独立に至る過程で，この一連の内戦は，単に民族やナ
ショナリズムをめぐる紛争では無く，さらにアイデンティティをめぐる紛争な
のであるという理解へと国際社会の理解が変容していった。

　当初は，主な原因は，ユーゴスラビア連邦内部の民族およびナショナリズム
の問題であるという文脈で国際社会に共通理解をされていた。冷戦時代の社会
主義体制下で独立を望みながらも，事実上，連邦全体を支配していたセルビア
人による抑圧で独立できないでいた連邦構成単位の他の諸民族のセルビア人の
抑圧からの独立運動であり，東欧革命の波及を契機にして，蓄積していた民族
やナショナリズムが噴出したという理解であった。これは，ソ連邦等と異なる
独自の社会主義体制に基づいた体制であっても，所詮は社会主義国家であった

ユーゴスラビア連邦の限界に至って，独立を望む民族のセルビア人による抑圧への不満が顕在化したとも考えられていた。共産主義パルチザンを率いてユーゴスラビア連邦の解放，再独立を果たしたカリスマ指導者であった「国父」ティトーは，自らの没後を見越して，自らの没後に連邦の求心力を喪失せぬように，存命中の1974年に，いわゆる，「1974年憲法」体制[19]を築いたが，連邦構成単位（連邦内共和国ならびに連邦内自治州）の自治権を拡大したこの「1974年憲法」体制が，皮肉にも，逆に連邦構成単位の独立への期待と実行の問題を容易にしてしまったとも言えよう。結果的に連邦の維持には失敗したのである。

　しかし，ボスニア・ヘルツェゴビナ内戦の辺りからは，内戦の原因は，伝統的な民族およびナショナリズムに起因した紛争では無く，さらに「宗教」に関わる対立も関係しているのではないかというように国際社会の理解が変容して来た[20]。なぜならば，ボスニア・ヘルツェゴビナ連邦内共和国はセルビア正教徒の多いセルビア人とカトリック信者の多いクロアチア人と並んで，イスラム教徒である，現在，ボスニャク人とされる「ムスリム人」という信教によって民族のカテゴリーを創るというティトーが生前に創作した民族区分が三つ巴の紛争を起こしたからである。「ムスリム人」は，血統的にはセルビア人かクロアチア人であり，ボスニア・ヘルツェゴビナ独立後のボスニャク人の教育で差異化を図る上での政策が行われる以前は言語等にも差異は見られなかった。

　また，ティトーが「ムスリム人」というカテゴリーを創作したのは，皮肉にも，ボスニア・ヘルツェゴビナにイスラム教徒が多く居住しており，そのイスラム教徒が，本来，同じ民族であるセルビア系住民やクロアチア系住民と平等に生活できるように創作したカテゴリーであったことが裏目に出たことであった[21]。

　結局，1998年から1999年にかけて2次にわたるコソボ紛争[22]の結果，旧ユーゴスラビア連邦は（コソボを未承認の国家は少なくは無いが），旧ユーゴスラビア連邦の継受国であるセルビア，そして，モンテネグロ，スロベニア，クロアチア，ボスニア・ヘルツェゴビナ，北マケドニア，コソボの7カ国に分裂解体した。そして，国連コソボ暫定統治機構（UNMIK）による暫定統治終了直後の2008年にコソボが独立宣言[23]をしたことが契機となって，近代国境を越え

て，本格的に，アルバニア，コソボ，北マケドニア北西部[24] に至る国民国家の枠組みを超えた「アルバニア人居住圏」地域が自然発生的に出現したのである。ここで，最も重要な点は，この「アルバニア人居住圏」地域におけるアイデンティティの帰属先が，バルカンにおいて，諸民族が掲げては紛争の原因となって来た「大民族主義」的な要素とは異なる点である。

　西欧諸国と東欧諸国，特に南東欧地域諸国との間で国家という概念に対する伝統的な認識は異なっている。西欧地域では「領域国家」として，後に近代国民国家における近代国境にもつながる領域を中心にした国家形成の伝統を擁して来た一方で，東欧地域では，「民族国家」として，民族の居住地域を中心とした国家形成の伝統が育まれて来ていたからである[25]。

　民族を中心とした国家概念を伝統的に有してバルカン半島地域の諸国は，オスマン帝国の軍事力に敗れる中世以前に，自民族の祖先が築いたと信じる中世までに存在していた国家が最も繁栄していた，いわば，自民族の「黄金期」の最大版図をそのまま独立後の自国の領土にしようという思考を持っていた。しかし，各民族の「黄金期」の最大版図は，当然のことだが，時代が異なれば重複することは避けられない。また，このことは，潜在的に紛争が発生する危険性をはらんでいることや内部矛盾を独立以前から抱えた諸国家が，次々とオスマン帝国から独立していったということとも関係があった。帝国主義時代に入ると，欧州方面からはハプスブルク帝国，東方からはロシア帝国，中東方面からは，西欧諸国から「瀕死の病人」と揶揄されながらも，まだ侮れない国力を有していたオスマン帝国という3方向からの圧力を受けつつ国家を維持する上で，バルカン半島地域は，一層，内部に矛盾を抱えた不安定な弱小国がひしめき合う紛争が頻発する地域となった。こうして「バルカン半島は『欧州の火薬庫』」と呼ばれる欧州における紛争多発地域と認識されるようになったのである。

　やがて，二度の世界大戦の主戦場ともなった南東欧地域の諸国は，ほぼすべてが第二次世界大戦後，ソ連邦の衛星国として社会主義体制の「ソ連ブロック」[26]を形成させられることとなった。東側陣営は，軍事的にはワルシャワ条約機構（WTO）を設立し，経済的には経済相互援助会議（COMECON）を設立したが，

Ⅴ バルカン半島にみる国際関係―「アルバニア人居住圏」地域の出現― 135

「ソ連ブロック」の構成諸国は、事実上、これらによって、ソ連邦の衛星国となった。実際、ハンガリーにおける 1956 年の「ハンガリー事件（=「ハンガリー動乱」、ハンガリーの体制転換後は「1956 年革命」と改称)」、1968 年のチェコ・スロバキア連邦における「プラハの春」といった旧東欧圏地域諸国が独自の民主化路線に走るたび、ソ連邦軍を主力とする WTO 軍が軍事介入して鎮圧された。特に 1968 年の「プラハの春」への軍事介入を契機に、軍事介入は「制限主権論（ブレジネフ・ドクトリン)」によって正当化された。冷戦期に旧東欧圏の社会主義国のなかで、こうしたソ連邦の衛星国となることを是としなかったのは、アルバニアと旧ユーゴスラビア連邦の 2 カ国のみであった。それでも、1989 年に始まった東欧革命の波及から免れることはできず、アルバニアも体制転換を余儀なくされ、旧ユーゴスラビア連邦は、激しい内戦を経験して 7 カ国に分裂・解体した。こうした事態は、南東欧・バルカン地域諸国における独立ないし建国以前から内包されていた危険性や内部矛盾が、ついに噴出したとも考えることが可能である。

　しかし、こうしたアルバニアの体制転換や旧ユーゴスラビア連邦の分裂・解体の過程で自然発生的に出現したのが「アルバニア人居住圏」地域であった。これは、近代西欧で生まれた近代国民国家、近代国境、主権国家といった枠組みを超えた新しい概念で捉えるべき地域概念の萌芽であると言えよう。

　それまでのバルカン半島地域諸国に見られたパターンでは、歴史上、特に近現代以降のバルカン半島諸国の歴史を踏襲して、「大民族主義」的発想につながるはずである。そして、アルバニア人の歴史上の「黄金期」であった古代まで考古学的アプローチに依拠して遡及した上で、アルバニア人の祖先とされているイリュリア人が欧州の広範囲に存在していた「ダルダニア」の全版図を自国領とする「大アルバニア民族主義」的発想が出て来てもおかしくない。つまり、紛争の潜在的可能性を内包した自民族中心的かつ危険な過度のナショナリズムの意識につながってもおかしくはないはずである。

　しかし、アルバニアと旧ユーゴスラビア連邦との間を断絶させていた近代国境を越えることが容易になって以降、国家、民族、「宗教」といった紛争につながりかねない危険性をはらんだアイデンティティに縛られない、新しく自然

発生的に生まれた「生活圏」のような「アルバニア人居住圏」地域が出現したのである。この「アルバニア人居住圏」地域とは，矢野暢が創唱した地域概念である「政治的生態空間」に近い，新たなアイデンティティの対象となる地域概念が現実に出現した事例であると考えることができよう。

　矢野暢が創唱した，この新しい地域概念である「政治的生態空間」の定義とは，「ある固有の自然生態的環境のうえに成立して独自の自成な枠をもった，そして固有の社会制度化と政治的言語体系とを含んだ，政治的に意味づけ可能な物理空間」というものである[27]。が，「アルバニア人居住圏」地域と筆者が創唱して定義づけた地域概念は，正にこの定義にあてはまるからである[28]。

7. 「アルバニア人居住圏」地域の出現
― 新しいアイデンティティの対象と課題 ―

　それでは，1989年に始まった東欧革命に端を発したアルバニアの体制転換や旧ユーゴスラビア連邦の分裂・解体過程で自成的に出現して来た「アルバニア人居住圏」地域とは，どのような点で，従来からの国家，民族，「宗教」等のアイデンティティの帰属対象との相違があるのかについて述べていきたい。

　まずは，「アルバニア人居住圏」地域の新しいアイデンティティの対象としての可能性から考察してみよう。ここで述べる「新しい」アイデンティティという意味は，個人としての人間にとって不可欠なアイデンティティの対象となり得た上で，人間が構成する社会やあらゆる共同体が，すなわち，近代以降の主要で既存のアイデンティティの対象である国家，民族，「宗教」等々をめぐる衝突から，「新しい戦争」の時代のアイデンティティをめぐる紛争の発生要因となるという事例が―例外はあろうが―基本的にはつながらないという意味で，「新しい」アイデンティティの対象となり得る可能性の萌芽がみられるという意味である。

　それでは，なぜ，「アルバニア人居住圏」地域は，人間にとって不可欠なアイデンティティの対象でありながら，その人間が構成する共同体であっても，絶対的な価値観の衝突とならず，アイデンティティをめぐる「新しい戦争」の

原因となる危険性を内包しない存在であると指摘できるのであろうか。

　まず，この「アルバニア人居住圏」地域に見られる「地域」としてのアイデ
ンティティは，バルカン半島地域諸国全般にみられてきた，西欧的な「領域国
家」の国家のあり方と異なる「民族国家」という国家を対象としたアイデン
ティティのあり方とは明確に異なる。加えて，西欧的な「領域国家」の延長線
上の国家が主権を持つ「近代国民国家」型の国家や近代国民国家によって構成
されることを前提にして構成されている下位地域統合体や地域統合体を対象と
したアイデンティティのありようともまた異なる。自成的に出現し始めたとい
う点も含めて，正に，矢野暢が定義した「政治的生態空間」の定義に当てはま
る地域概念なのである。

　そして，この「アルバニア人居住圏」地域にみられる「アイデンティティ」
とは，正に馬場伸也のいう「文化的アイデンティティ」に相当するものであ
る[29]。馬場伸也は，「文化的アイデンティティ」の定義を，「ある文化の側面
を己が希求する価値と一体化し，その文化創造の『主体』たろうとする精神
作用」としている。また，「文化的アイデンティティ」とは，単に自己とある
文化とを一体化（同一視）するばかりではなく，さらにその文化を継承・発展さ
せ，今ある悪の現実を超克しようとする側面もあるとして，アイデンティティ
の同一性と主体性・存在証明の両側面を有するものであると指摘している。こ
の「文化的アイデンティティ」の概念を重視する立場から，馬場伸也は，第一
に，個人が自身を取り巻いている文化のどの部分と自己の価値を一体化させる
かという問題であり，個人を文化の受動態ではなく，それへの能動態的主体と
して捉えようとするものであるところに着目している[30]。

　また，同時に馬場伸也は，グローバル化や高度情報化によって世界規模の
「文化的アイデンティティ」が形成されるとも指摘しており，新しい文化創造
の主体たろうとする行為を積極的に評価しながらも，諸々の次元の行為体が，
それぞれの「文化的アイデンティティ」を追求する際の消極的側面や限界，そ
して多層的・文化的アイデンティティ等の諸問題について検討した後，「地球
文化」なる概念を提起した上で，その展望を行うことを試みている[31]。その
上で，現代文化は，個人のアイデンティティをめぐって「タテ」軸に複雑な位

相を形成し，「ヨコ」軸には，それぞれの国家の内部と外部から，色とりどり
の文化が，分裂，統合，相互浸透，拡散作用を繰り広げていると述べている。
すなわち，個人と国家をめぐって，個人としての人間と人間の共同体である国
家との間のアイデンティティのあり方と対象を再考するべき時期に来ており，
過渡期に差し掛かっているという認識を馬場伸也は示している。そして，人間
と社会や他の共同体とのアイデンティティの関係性を再考する過渡期を超えた
先には，すでに地球規模のグローバル化や高度情報化社会の爆発的な拡大を受
けて，各自が排他的価値を主張し，諸々の文化集団間の葛藤のなかで，戦争や
紛争を増大させて行くか，「地球共同体」の意識に覚醒して，寛容，忍耐，協
力の精神に基づく人類全体の福祉向上に努めるかの二者択一を迫られている時
であると警鐘を鳴らしている[32]。グローバル化や高度情報化時代の発達によっ
て，世界のどこで起きたことであろうが，誰もが当事者意識を持たなくてはな
らないという時代に生きている人間は，アイデンティティの対象も地球規模の
アイデンティティを共有できるか否かで，地球規模での人類の破滅への道を歩
みかねない。

　しかし，視点を変えれば，既存のアイデンティティの対象を超克あるいは凌
駕する地球規模ないし世界規模のスケールの大きなアイデンティティを共有す
ることが可能な時代を迎えているとも言えよう。したがって，近現代の人間が
内包せざるを得ないまま来た既存のアイデンティティの対象—国家，民族，
「宗教」等—へのアイデンティティの帰属による紛争への懸念の無い，相矛盾
して見られるジレンマを超克した高次元の共有可能なアイデンティティの対象
へ帰属する好機とも捉えることも可能であろうこうした高次元の視点から見
た場合，「アルバニア人居住圏」地域に見られる特徴は，新たなアイデンティ
ティの対象へ向けた先駆けに見えて来る。たとえば，より具体的な事例を挙げ
てみると，コソボの副首相（当時）エディタ・タヒリ（Tahiri, E.）は，平和路線
を堅持した上で，持論の "Euro Atlantic Integration" 構想の実現に向けて国内
外を奔走中とのことであった。この構想は，その実現により，一気に欧州の国
境の敷居を低くすることが可能であり，その結果，欧州のヒト，モノ，カネと
いった人的交流や物流等の問題を一気に，しかも包括的に解決できる点を強調

した。そして，この構想が実現された暁には，コソボのみならず，欧州全域の人々が恩恵を受けるという点を最重要視しながら実現に向けた努力を継続しているということであった[33]。

　こうした新しいアイデンティティの対象としてのバルカン半島南西部の「アルバニア人居住圏」地域における新たなアイデンティティの対象となる萌芽が，グローバル化や高度情報化が進む現代の国際社会が抱えるアイデンティティをめぐるジレンマの問題への1つの可能な選択肢として，地球規模の普及・拡大につながる可能性は十分にあるであろう。したがって，今後とも，「アルバニア人居住圏」地域の動向には注目し続けるべきであると筆者は思料する。

　ちなみに，"Euro Atlantic Integration"の今後の展望と課題であるが，ここへの「アルバニア人居住圏」地域諸国を含むバルカン地域諸国の統合問題は，EUならびにNATOへの加盟過程を軸としつつ，それを取り巻く多くの国際的文脈から総合的に見て行く必要がある。2014年以降はバルカン地域諸国の一部は欧州の難民危機の前線と化した。シリア内戦からの難民のEU加盟諸国（特にドイツ）への通過ルートとして「バルカン・ルート」と呼ばれる用語が用いられるようになって，国際的な関心がネガティブな文脈で高まる機会となった。

　また，2016年6月23日に，英国が国民投票によりEU離脱を決定したことも，バルカン地域諸国に大きな衝撃を与えた。EU・NATOの東方拡大に積極的であった英国がEUを離脱すれば，バルカン諸国のEU加盟過程も鈍化するであろうという懸念が生じたからである。このように，"Euro Atlantic Integration"の進展には，今後も注視していく必要があると言えるであろう[34]。

------------------------------------ 註 ------------------------------------

（1）金森俊樹「『アルバニア人居住圏』地域の新しいアイデンティティの可能性」『社学研論集』23号，2014年，105～120ページ。

（2）旧ユーゴスラビア連邦解体時の1991年に独立した元ユーゴスラビア連邦構成単位の共和国であった北マケドニア共和国は，独立直後から，マケドニアは，古代マケドニア人と異なり，南スラブ系で，後に南下して定住した民族であるからという理由で，国旗から国名に至るまでギリシアから変更するように圧力がかけられて来た。国旗は変えられて，国名も公式には「マケドニア旧ユーゴスラビア連邦共和国（英文略称FYROM）」という呼称が用いられて来

た。しかし，欧州連合（EU）加盟をはじめとした課題上，2019 年 2 月にマケドニア共和国は，地理的な呼称では「北マケドニア共和国」という国名を用いることをギリシアとの間の問題解決のために応じた。しかし，以下の北マケドニア共和国の政府公式ホーム・ページを読む限り，全面的では無く，あくまで地理的呼称としてのみの改称であるというマケドニア人の複雑な感情が読み取れる。事実，2018 年 9 月の国名変更に関する国民選挙の結果は，投票率がわずか 36.86％であった。この数字はマケドニア人の国名についての複雑な感情を表していると言えよう。

http://mfa.gov.mk/index.php?option=com_content&view=article&id=2976:q-a-orthemen-pre...（2019 年 3 月 8 日アクセス）

（3） アルバニアは黒海に面していないが，旧宗主国がオスマン帝国であったためか国際場裏で黒海地域の国家として見なされる事例が多い。

（4）「東方問題」とは，オスマン帝国の衰退に伴うバルカン民族主義の高揚と諸大国間の対立がもたらした政治外交問題のことである。

（5） 六鹿茂夫「広域黒海地域の国際政治」羽場久美子・溝端佐登史編著『ロシア・拡大 EU』ミネルヴァ書房，2011 年，265 〜 280 ページ。

（6） 六鹿茂夫「黒海地域の地理的・歴史的外観」六鹿茂夫編著『黒海地域の国際関係』名古屋大学出版会，2017 年，5 〜 6 ページ。

（7） 六鹿茂夫「黒海地域の特徴—多様性，紛争，協力」六鹿茂夫編著前掲書，7 〜 11 ページ。

（8） Castellan, G. Histoire des Balkans. XIVe−XXe siècle Edition augmentee. Librairie A Fayard, France, 1994.

（9） 柴宜弘編著『バルカン史』山川出版社，1998 年。

（10） Todorova, M. "What Is or Is There a Balkan Culture, and Do or Should the Balkan Have a Regional Identity ?" Southeastern European and Black Sea Studies, 4, 2004, Istanbul, Turkey. pp.175-185。

（11） 月村太郎「バルカンの政治変動と外交政策」六鹿茂夫編著前掲書，245 〜 270 ページ。

（12） Shukriu, E. Kisha e Shen Prendes Prizren. Zhvillimi dhe prejardhja, Preshtine, Kosovo, 2012.

（13） 金森俊樹「世界の言語 31 アルバニア語」『言語』26 （7），1997 年。

（14） 月村太郎編著『地域紛争の構図』晃洋書房，2013 年，150 ページ。

（15） Kardelj, E. The Nation and International Relations. Social Thought Practice, Beograd, Yugoslavia, 1975.

（16） この時期，日本の外交官であった天羽民雄は，国連本部に駐在しており，この「中国代表権問題」が，いわゆる，「アルバニア決議案」で解決された外交の実相を知り得る立場にあった。それについては，天羽民雄『多国間外交論—国連外交の実相—』PMC 出版，1990 年，252 〜 255 ページに詳しい。

（17） Fukuyama, F. The End of History and The last Man. Free Press, New York, U.S.A. 1992.

V バルカン半島にみる国際関係―「アルバニア人居住圏」地域の出現― 141

(18) カルドーは，アイデンティティをめぐる「新しい紛争」という概念をボスニア・ヘルツェゴビナ内戦から想を得て，前掲書の中で自らの主張を行った。また，前掲書の改訂版では，初版の刊行段階では，まだ生じていなかったコソボ紛争も同様の「新しい戦争」として筆を執っている。

(19) 小山洋司『ユーゴ自主管理社会主義の研究―1974年憲法の動態』多賀出版，1996年。

(20) ユルゲンスマイヤーは，以下の自著のなかで，ナショナリズムは，従来からの理解のような「世俗的ナショナリズム」と「宗教」に関係する「宗教的ナショナリズム」とに二分されるが，ナショナリズムという根幹は同じであるとして，冷戦終焉後の地域紛争の原因を理解することが可能であるとした。Juergensmeyer, M.K. *The New Cold War ? Religious Nationalism Conflicts the Secular State*. The Regents of the University of California, California, U.S.A. 1993.

(21) 齋藤厚「ボスニア語の形成」『スラヴ研究』48, 2001年。

(22) 第二次コソボ紛争時には，北大西洋条約機構（NATO）軍が，NATOの憲法に当たると言える『大西洋憲章』の第5条を改訂して，旧ユーゴスラビア連邦の空爆を行ったことが，コソボ紛争の終結の決定打となった。第5条を改訂して，NATO非加盟国に対しても，国際監視団が大量虐殺といった人権が著しく脅かされていることを確認した場合は，「保護する責任」上，軍事介入をもいとわない「人道的介入」を行うべきであるという，伝統的安全保障観やそれに基づく伝統的国際法における「内政不干渉」や「領土の一体性」等と異なった冷戦後の非伝統的安全保障観とそれに基づく非伝統的国際法への移行期の考え方に従ってNATO空爆は行われた。誤爆や劣化ウラン弾の健康被害といった問題が後で問題化したが，コソボ紛争を終結させたのは，NATO空爆が決定打となったことには変わりない。しかし，移行期に行われたため，セルビア側は，伝統的国際法に基づいて，国連安全保理事会の決議案付属書を盾にコソボの独立を認めず，コソボのアルバニア系住民側は，非伝統的国際法上，コソボにおいて国際監視団が確認した「ラチャク村事件」のような大量虐殺への人道的介入の必要からNATO空爆は行われたのであり，コソボの独立は自明であるとして，EU等が仲介して行われる議論でも結論は平行線を辿っている。コソボの独立を承認した国が100カ国強から増えないのは，国際社会において分離・独立勢力を抱えている諸国が多いことや国連安全保障理事会常任理事国であるロシアと中国自体がそうであるため，いざとなれば拒否権の行使が可能だからであるということが理由となっている。コソボ紛争時の詳細は，金森俊樹「付論 コソヴォ紛争についての若干の考察―国際秩序の転換及び再建と展望―」金森俊樹（共著）『新版・現代バルカン半島の変動と再建』杉山書店，1999年，195～229ページ。

(23) コソボはコソボ紛争前に行った住民投票を国民投票として2008年の独立宣言以前にすでに独立宣言をしたが，この際，コソボの独立を承認したのはアルバニアだけであった。

(24) 北マケドニアでは，マケドニア系住民と共に多数のアルバニア系住民が居住している。アルバニア系住民が集住しているのは，首都スコピエと北マケドニア北西部であるが，マケドニア系住民とアルバニア系住民の人口比率は6対4程度であり，将来的には出生率の高いアルバニア系住民と人口の逆転が起こる可能性も否定できない。北マケドニアの憲法では，多民

族の平等を明記してあるが，かねてよりのゼノフォビアに加えて，コソボ紛争時にコソボ解放軍（KLA）の一部の部隊が，北マケドニアの一部まで国境を越えて侵攻したこと等が重なって，マケドニア系住民とアルバニア系住民の間の感情的確執の存在は否めない。

(25) 金森俊樹「欧州とバルカン地域についての一考察—EU の東方拡大と欧州アイデンティティを中心に—」『ソシオサイエンス』19，2013 年，48 ～ 59 ページ。

(26) 吉川元『ソ連ブロックの崩壊』有信堂，1992 年。

(27) 矢野暢責任編集『講座 政治学Ⅴ 地域研究』三嶺書房，1987 年，26 ページ。

(28) 金森俊樹「国際紛争解決と地域機構」山田満編著『新しい国際協力論 改訂版』明石書店，2018 年，111 ～ 112 ページ。

(29) 馬場伸也『地球文化のゆくえ 比較文化と国際政治』東京大学出版会，1983 年。

(30) 馬場伸也前掲書，3 ～ 7 ページ。

(31) 馬場伸也上掲書，10 ～ 13 ページ。

(32) 馬場上掲書，238 ページ。

(33) 2013 年 6 月 24 日にコソボの首都プリシュティーナ市のタヒリ博士の副首相執務室における筆者のインタビュー。

(34) 東野篤子「国際関係と政治—西バルカン諸国と EU・NATO—」月村太郎編著『解体後のユーゴスラヴィア』晃洋書房，2017 年，183 ～ 205 ページ。

参考文献・資料

Djordjevic, D. & Fischer-Galati, *The Balkan Revolutionary Tradition*. Columbia University Press, New York, U.S.A. 1981.

Mazower, M., *The Balkans A Short History*. The Modern Library, New York, U.S.A., 2000.

金森俊樹（共著）『新版・現代バルカン半島の変動と再建』杉山書店，1999 年。

金森俊樹「『アルバニア人居住圏』地域の新しいアイデンティティの可能性」『社学研論集』23，2014 年，105 ～ 120 ページ。

金森俊樹「バルカン半島地域の特殊性」中津孝司編著『苦悶する大欧州世界』創成社，2016 年，123 ～ 164 ページ。

金森俊樹「バルカン半島地域と大欧州世界」中津孝司編著『苦悶する大欧州世界』創成社，2016 年，165 ～ 223 ページ。

月村太郎編著『地域紛争の構図』晃洋書房，2013 年。

月村太郎編著『解体後のユーゴスラヴィア』晃洋書房，2017 年。

中津孝司『アルバニア現代史』晃洋書房，1991 年。

（金森俊樹）

VI クレムリン（ロシア大統領府）の
エネルギー外交戦略

1. クレムリンを取り巻く国際環境

　国威発揚を目的として，サッカーワールドカップ（W杯）ロシア大会の開催に臨んだプーチン政権。試合は11都市12会場で開かれ，選手，サポーター，外国人客が経済停滞に苦悩するホスト国ロシアを訪れた。プーチン大統領としてはサッカーW杯を突破口に，低迷するロシア経済の浮揚を図りたい。だが，その経済効果は限定的との見方が支配的だ。

　大会組織委員会は観光客増加による消費やインフラ整備に伴う投資によって，2013～23年における経済効果が最大で308億ドルと試算する。開催費用は官民で6,780億ルーブル（1兆2,000億円），この7割を中央政府や地方自治体の予算で賄ってきた[1]。

　ロシア国内総生産（GDP）の1%に匹敵する効果があるというが，ロシアの実質GDP成長率は2017年で1.5%，2018年1～3月期で1.3%とW杯の経済効果は皆無に等しいことがわかる。米格付け会社ムーディーズ・インベスターズ・サービスはサッカーW杯ロシア大会がロシアのマクロ経済に及ぼすプラス効果は小さいと酷評している。事実，開催都市の経済効果は若干，見込めるとの試算はあるものの[2]，ロシア全体には及ばない。

　2014年にはソチ冬季オリンピック（五輪）を招致したが，その閉会直後，クレムリンはウクライナ南部のクリミア半島侵攻を断行。強引にもクリミア半島をロシアに併合してしまった。猛反発した欧米諸国はロシアに経済制裁を発動。異質な国家ロシアは国際的に孤立，資本の流出が加速し，通貨ルーブル売り圧力が強まった。

　2018年3月に英国のソールズベリーで発生した神経剤を使ったロシア人元スパイ暗殺未遂事件ではロシアの関与が発覚。英国政府はもちろんのこと，29

カ国がロシア外交官を国外に追放した。英政府は閣僚と王室メンバーによる
サッカー W 杯参加をボイコットすると決定した。

　プーチン政権は国際的孤立を打破すべく，W 杯開幕にあわせてサウジアラ
ビアや北朝鮮，レバノン，パナマなど十数カ国を招待，積極的な外交を繰り広
げた[3]。だが，欧米諸国の首脳は欠席，全体として，モスクワの W 杯外交は
不発に終わっている。ロシアの真の姿は醜い。

　モスクワは石油輸出国機構（OPEC）の盟主サウジアラビアと原油の生産調整
で協調姿勢を打ち出しているが，ここには 2 つの狙いが潜む。1 つは OPEC と
生産調整を進めることで，高値の国際原油価格水準を維持したい。経済制裁が
緩和されないなか，オイルマネーだけがロシアにとっての生命線。潤沢なオイ
ルマネーの流入が財政や経済を支える。ロシアの財政収支均衡点は 1 バレル
60 ドルの水準とされる[4]。

　もう 1 つの狙いは米国の同盟国であるサウジアラビアに接近することで，対
米外交チャネルを確保したい。2018 年 6 月 14 日にはサウジアラビアのムハン
マド皇太子がロシアを訪問，プーチン大統領と会談している[5]。クレムリンが
東京との良好な関係を歓迎するのも同じ理由である。同盟関係分断作戦はクレ
ムリン外交の常套手段。国際的に孤立していないと内外に吹聴できる。モスク
ワには利用の論理しかない。

　サウジアラビア側にもお家の事情がある。国営石油会社サウジアラムコの新
規株式公開（IPO）を目前に控えて，原油価格の高値推移を維持しておきたい。
そのためにはロシア側の協力が欠かせない。そもそもロシアには石油会社が乱
立，生産調整に対する共通理解を得ることは困難な状況である。

　OPEC は 2018 年 6 月 22 日，オーストリアのウィーン本部で定例総会を
開催，同年 7 月以降から原油生産の協調減産を緩和することで合意した[6]。
OPEC は 2017 年から日量 120 万バレル，OPEC 非加盟 10 カ国で同 60 万バレ
ル，合計同 180 万バレルの減産目標を設定したが，OPEC 加盟国だけで同 180
万バレルの減産となっていた。

　これを下方修正して，同 60 万〜80 万バレル増産，つまり過剰分を圧縮，当
初の目標である同 120 万バレルの減産を順守する。ただ，共同声明には具体的

VI クレムリン（ロシア大統領府）のエネルギー外交戦略　145

な増産の数値は明記されていない。イランは原油の増産に猛反発している[7]。

　国際原油価格は足元で比較的高値圏で推移しているが，その指標となるロンドン市場の北海ブレント原油（英国沖の北海油田で産出される軽質油[8]）先物価格は 1 バレル 60 ドル近辺，ニューヨーク・マーカンタイル取引所（NYMEX）の標準油種である WTI（ウエスト・テキサス・インターミディエート）先物価格は 5 ドル程度低い，同 55 ドル付近である。原油価格水準は 2008 年 7 月に記録した史上最高値 1 バレル 147 ドルの半値以下にとどまる。

　ワシントンによるイランへの経済制裁再開や在イスラエル米大使館のエルサレム移転，リビア発の供給懸念など，中東情勢の不透明感を背景に，中東産原油に依存する欧州で供給不安感が増し，これが北海ブレント価格に強い上昇圧力をかける一方，米国産の原油が割安であることがわかる[9]。ここに米国産原油を調達するメリットがある。

　米国，英国，ドイツ，フランス，中国，ロシアの 6 カ国とイランが結んだイラン核合意（イランの原子力関連活動を制限する見返りとして，核関連の対イラン制裁を緩和する取り決め，「包括的共同作業計画（JCPOA）」[10]）からワシントンが一方的に離脱したことで，米国による対イラン制裁が復活。米政府がイラン産原油の輸入停止を各国に要求したことで，イラン産原油の輸出に急ブレーキがかかる。

　国際原子力機関（IAEA）はイランが短期的に核武装に突き進む道をふさぐ，核合意を順守していると報告。しかし，米国による対イラン制裁再発動には副次的な効果が鮮烈で，イランが核合意を順守する意味合いが希薄化する。いずれ核合意は空中分解するだろう。

　ワシントンの攻撃標的は保守強硬派イラン革命防衛隊やイスラム教シーア派民兵，革命防衛隊の資金源を遮断したい。テヘランは対抗して，中東産原油輸送の大動脈となるホルムズ海峡（ペルシャ湾とアラビア海を結ぶ）の封鎖，すなわち海上封鎖も辞さない構えを示している。封鎖されれば，イラン産原油のみならず，サウジアラビア産などペルシャ湾岸産油国の原油輸出に支障をきたす。

　米政府に猛反発するイラン政府は，制裁再開は違法だとしてオランダのハーグにある国際司法裁判所（ICJ）に提訴，制裁発動の停止を要求した[11]。イランはまた，いずれは核拡散防止条約（NPT）からの脱退を決定するかもしれない。

テヘランはワシントンの合意離脱を口実に，核兵器の開発に再び着手する可能性が浮上してきた。

イラン市場に再参入を果たしていたフランスの石油大手トタルや自動車大手グループ PSA，デンマークのタンカー大手マークス・タンカーズ，ドイツのシーメンスなどの外資系企業は相次いでイラン撤退検討を表明している[12]。トタルは中国石油天然ガス（CNPC）とともにイランの南パルス天然ガス田開発計画契約を結んでいたが，撤退する方針を表明，グループ PSA はイラン国営自動車大手ホドロとの合弁事業を解消する考えを発表した[13]。

「包括的共同作業計画」で最終合意した 6 カ国は米国，英国，中国，ロシア，ドイツ，フランスである。ドイツのメルケル首相は 2018 年 5 月 18 日にロシアのリゾート地ソチでプーチン大統領と会談，戦略的利益を両国が共有するとの見解を打ち出した。フランスもロシアと戦略的関係を維持する方針でいる。

核合意から米国のみが離脱したが，そのほかの 5 カ国は核合意の履行を継続することで一致している。欧米諸国分断を画策するモスクワにとっては欧米の不協和音は好都合である。現状ではプーチン大統領が一時的な勝者であると評する意見もある[14]。

人口 8,100 万人に及ぶ，中東の大国・イランは原油埋蔵量で世界第 4 位，天然ガス埋蔵量では世界首位を誇る。教育水準も高い。産油量は 2018 年 2 月実績で日量 382 万バレルであったが，2012 年の制裁下では同 260 万バレルと同 100 万バレル以上少なかった[15]。原油輸出量は日量 250 万バレル（2018 年 5 月実績で日量 280 万バレル）で，このうち中国に 24％，インド 18％，韓国 14％，日本 5％，トルコ 9％，イタリア 7％，フランス 5％，アラブ首長国連邦（UAE）5％，その他 13％へと輸出されている[16]。

輸出市場はアジアや欧州に集中，中国，インド，日本，韓国の 4 カ国で 6 割を占有していることが判明する。指摘するまでもなく，原油輸出はイランにとって主要な外貨獲得源となっている。

だが，ホワイトハウスが対イラン制裁再開へと方針転換したことで，イランの原油供給量は落ち込むことが確実[17]。イラン産原油の輸出量は日量 50 万バレル減少すると試算されている[18]。

2017 年の経済成長率は 3.5％に急減速（2016 年実績では 12.5％），イラン経済は閉塞感を強めている[19]。外貨不足懸念で通貨リアルは急降下し，輸入財が急騰している。若年層の失業率が 30％と，国民生活は混乱をきわめ，物価高は庶民を苦しめる。だが，イラン革命防衛隊が外貨を独占，最高指導者ハメネイ師は抵抗経済を説く[20]。

　原油代金を決済するイラン中央銀行と取引した金融機関は米国の制裁対象となる。制裁対象となれば，米ドルが使用不能となり，国際業務を担えない。結果として，基軸通貨ドルの国際金融システムから締め出されることになる。

　日本の原油輸入量は 2017 年実績で日量 322 万バレルであったが，その 9割を中東産油国から輸入，中東依存度は一向に低下する気配がない。その内訳を見ると，サウジアラビアが最多で輸入全体の 40.2％を占有する。以下，UAE24.2％，カタール 7.3％，クウェート 7.1％，ロシア 5.8％，イラン 5.5％，その他と続く[21]。

　米国とイランとは敵対関係にあるが，日本はイラン原油に依存していることがわかる。現在は 5.5％とその依存度は限定的だが，2005 年では 15％とイラン産原油の存在感は高かった。2019 年，日本・イラン両国は外交関係樹立 90 周年を迎えた[22]。日本政府は 1979 年のイラン・イスラム革命後も関係を断絶せず，独自外交を保持，友好関係にある。

　実際，イランは親日国，日本の技術力に対する評価はすこぶる高い。日本政府は米国側に経済制裁の適用除外を要請している。しかしながら，厳しい現実を直視する日本企業側（石油元売り企業）はイラン産原油の輸入を停止，イラン以外の中東産油国から原油を代替調達する[23]。

　一方，中国はホワイトハウスが要請する禁輸を拒否する構えでいる。イラン産原油の輸出国首位は中国で，中国は日量 65 万バレル程度を輸入する[24]。中国の場合，ワシントンによる制裁が通用しない。上海市場では人民元建ての原油先物取引が存在する。北京はイラン産原油を人民元建てで輸入する。中国はまたイランの油田や天然ガス田の開発にも参入している。西側自由世界の開発企業がイランから退散するのを横目に，中国はプレゼンスを強化している。イラン当局も中国が原油輸入量を増やせば，米国に対抗できると呼応してい

る[25]。インドも日量50万バレルのイラン産原油を輸入するが，ルピー建てで取引していた経緯がある。

　テヘランはモスクワとの関係強化にも乗り出している。石油・天然ガス部門にロシア企業（ロスネフチやガスプロムなど）が参入，500億ドルに及ぶ投資案件・計画があることを表明した[26]。たとえば，ロシアの国営天然ガス独占体ガスプロムとイラン国営石油公社（NIOC）はイラン国内の開発事業に共同で取り組むほか，イラン・パキスタン・インド向け天然ガスパイプラインの建設でも協力する[27]。軍事・技術協力も含めて，ロシアとイランは急接近している。イランを舞台にロシアと中国の権益が衝突する場面もあるかもしれない。この場合，中東世界では地理的に近いロシアのほうが有利である。

　イランはロシアにとって，シリアと並ぶ中東戦略の拠点となっている。シリアではイランの革命防衛隊とともにアサド政権を支えている。シリアからロシアとイランの権益が消滅することはないだろう。その一方で，プーチン政権はイランと敵対する，サウジアラビアやイスラエルとの関係も強化。クレムリンの中東戦略は多角的・多層的で巧みである。ホワイトハウスと違って，クレムリンには国内世論という縛りがない。ほぼフリーハンドで中東戦略に専念できる。

　国境紛争の火種を抱えた，犬猿の仲の中印両国が，米中の緊張で急接近している。ロシアとインドとは伝統的な友好国なので，ここに中印露3カ国による一大勢力が誕生することになる。中露両国はイラン核合意で存続を目指す方針で一致する[28]。中印露が対米牽制でも結束を固め，米国に対抗する姿勢に傾けば，米国も軽視できなくなる。

　そもそも米露両国の経済・貿易関係は緊密でない。その両国関係とは基本的に核軍縮の交渉相手に過ぎない。だが，米中関係は違う。中国に米企業が進出，完成品を米国に輸出している。中国は米国にとって文字通り，巨大工場の役割を果たす。サプライチェーン（供給網）が寸断されることで国際分業体制，企業間貿易が崩壊する。

　それだけに米中両国による貿易戦争，報復関税の応酬は衝撃的だ。米中両国は消耗戦に埋没し，早晩，経済的に疲弊していくだろう。中国経済は制御不能

な水準に膨張した対外債務が障害となり，もはや成長を期待できない[29]。脱債務に一刻も早く着手すべきであるにもかかわらず，中国政府は財政出動で急場を凌ごうとしている。中国経済の復活は絶望的な状況となっている。このような中国が米国を攻撃できる手段はただ１つ。外貨準備金に組み入れられている米国債を売却することだ。

米中の対立，それに中国経済の先行き懸念が原因となって，中国企業の株価が急落。上海総合指数には本格反転の兆しすらない。通貨・人民元も下落し続け，米ドル高に拍車がかかっている。これは中国の金融市場から資金が流出，主として米国市場に引き揚げられていることを示唆する。

ただ，中国の金融当局は流動性供給拡大や預金準備率引き下げといった金融緩和策を矢継ぎ早に打ち出し，緩やかな人民元安を容認している節がある。結果，人民元の下落に歯止めがかかっていない。通貨安で輸出を後押しして，景気の下支えを狙う構えだ[30]。一方，トランプ政権は米ドル高を牽制する口先介入を連発，貿易戦争から通貨安戦争へと展開する様相を呈している。

上海株に連鎖して，日本株にも赤信号が点灯している。米ドル高と円高が同時進行し，株高を演出できないでいる。従来，日本株は円高に脆弱，円安は追い風となるが，投資家は米中貿易戦争懸念でリスク回避に動いている。株式や不動産といったリスク資産に資金を投入できない。米中対立を震源として，世界の金融市場が不安定化している。

対抗措置を講じるのは北京だけではない。欧州連合（EU）もまた米国の輸入制限に対抗する姿勢を鮮明にしている。ロシアも中国，EU に追随，ロシア経済発展省は米国が発動した鉄鋼・アルミニウム輸入制限への対抗措置として，米国からの輸入品に報復関税を発動した。ただ，もともと，米露貿易は活発でないことから，対象となる米国産製品は最大でもわずか 8,760 万ドルと限定的である[31]。

中国政府は米国債の売却に踏み切っていないが，モスクワは大量に売却している。ロシアの米国債保有残高は 2018 年 5 月末時点で 149 億ドルと同年 3 月比で 8 割も減少，逆に，有事の際の金を買い増している[32]。

安倍晋三政権は賢明にも環太平洋経済連携協定（TPP）と日・EU 経済連携協

定（EPA）を取りまとめることに成功した。多国間ルールを基軸とする世界秩序を打ち立てようとする壮大なる団結である。日本経済は決して保護主義に陥ることはない。米国ではなく，この日本が自由貿易の旗手としての役割を果たすことができる。

　イランは対岸のサウジアラビアと断絶，互いに敵視政策を貫徹する。加えて，イランはシリアの内戦に介入するだけでなく，イエメン内戦にも軍事介入，シリアやイエメンを舞台にサウジアラビアや米国と正面衝突している[33]。

　ホワイトハウスはまた，経済破綻に喘ぐ，南米のベネズエラにも追加制裁を発動，ベネズエラ政府や国営企業が売掛金の売却や資産を担保に資金を調達することを禁じた[34]。ベネズエラも輸出の95％を占有する原油輸出を増やせないでいる。

　ベネズエラでは反米左派のニコラス・マドゥーロ大統領による独裁体制が確立されているが，過去5年で経済規模は半減，2017年の経済成長率はマイナス14％，2018年マイナス18％と3年連続の2桁マイナス成長が確実視されていた[35]。

　年率1万％を超えるハイパーインフレで物価は1カ月に2倍のペースで上昇していたが，2018年3月は年率8,800％，同年6月に4万6,000％と急加速[36]。物不足，通貨乱造，政府に対する信頼欠如といった複合要因が物価上昇のスパイラル現象を引き起こしている[37]。外貨不足で貨幣経済的に破滅状態[38]，インフレ率は2018年中に年率100万％に達すると見込まれていた[39]。

　本来ならば，財政再建を見据えて，構造改革に本腰を入れるべきであるにもかかわらず，ベネズエラ政府は安易な方法で急場を凌ぐ。通貨の単位を5桁切り下げるデノミ（通貨単位の切り下げ）を実施，10万ボリバルを1ボリバル・ソベラノとした[40]。

　対外債務は政府と国営企業の合計で1,300億ドルに積み上がり，返済不能な水準に達している。政府が企業の国有化を繰り返した結末である。ベネズエラ政府は国債の利払いを停止，国債は事実上のデフォルト（債務不履行）状態にある。

　失業率が30％を超える祖国を見限った国民はコロンビアやブラジルなど国外へ脱出。2016年の人口は3,160万人だったが，貧困層は人口の80％を突破

し，人口の1割近くが流出したと推測されている[41]。連日5,000人が脱出しているとされ，隠れた難民危機の状況に陥っている[42]。明らかに失政だが，政権を批判する勢力は投獄されている[43]。

ベネズエラの原油埋蔵量は3,010億バレルと世界首位を誇るけれども（サウジアラビアの原油埋蔵量は2,670億バレル，ロシアで1,100億バレル）[44]，産油量は日量140万バレルと対2016年比で4割も落ち込んでいる。この先もベネズエラの原油生産量が回復する見込みはない。

国営石油会社PDVSAは資金不足に直面，石油施設も含めて，油井のメンテナンスすらできない状態が継続。資金も人材も不足するPDVSAは資産を切り売りしなければならない状況に追い詰められている[45]。その原油輸出量も2018年4月実績で日量110万バレルと，歴史的低水準に沈む[46]。この空白をサウジアラビアなどの産油国による増産が埋める構造となっている。

このベネズエラに支援の手を差し伸べる国が中露両国。北京が融資を積み上げる一方，モスクワは石油最大手のロスネフチがPDVSAの保有する資産を担保に資金を65億ドル供与する。このうち32億6,000万ドル（元本23億5,000万ドル，利払い8億9,000万ドル）は返済されたが，残余については返済期限が2020年まで繰り延べされた[47]。

しかしながら，ロスネフチにとっては債権が焦げ付いても資産を没収できるから貸付リスクは高くない。ロスネフチはPDVSAが子会社を通じて保有する米国の製油所を没収することで，間接的に米国上陸を実現できる[48]。ただ，ワシントンは米国内のPDVSA資産を凍結してしまった。

2. 国際原油市場とクレムリン

国際原油市場では過剰な原油在庫の解消が進展，需給バランスが供給不足に傾いてきた。需給逼迫も意識されている。2018年3月時点における経済協力開発機構（OECD）加盟国の商業在庫は28億バレル。2015年3月以来の低水準にとどまっているという[49]。

原油価格の急騰は世界経済の重荷となり，結果として，産油国の経済にも負

の影響が及ぶ。世界経済が低迷すれば，自ずと原油消費量に下押し圧力が作用する。原油高が消費を下押しする可能性も市場はあわせて意識している。

　供給不足の空白に米国産の原油が流入すれば，OPECやロシアは国際原油価格の決定権を掌握できなくなる。OPECは今後，原油増産を繰り返すようになるだろう。国際原油価格を押し上げる力は徐々に衰え，下落圧力がかかっていく公算が大きい。

　国際原油市場の勢力地図が塗り替えられて久しい。シェールと呼ぶ頁岩層（けつがん）からオイルやガスを採掘する「シェール革命」で2009年から米国の産油量が急増[50]。同時に，生産コストも大幅に低下，2017年の平均生産コストは1バレル40〜50ドルに改善している[51]。

　技術革新の結晶体であるシェールオイルの増産が進み（特に，米シェール最大鉱区パーミアンの増産が急ピッチで進む），米国が世界を代表する産油国として浮上，その存在感を誇示できるようになった。

　シェール開発にはシェール大手のパイオニア・ナチュラル・リソーシズなどに加えて，国際石油資本（メジャー）の一角を占める，エクソンモービルなど石油大手が本腰を入れるようになってきた。エクソンモービルはロスネフチと手がけてきた北極圏や黒海での合弁事業を解消して（総投資額は5,000億ドル，原油資産123億トン，天然ガス資産15兆2,000億立方メートル規模）[52]，ロシアから撤退する一方，法人税が引き下げられた米国への回帰を鮮明にした格好だ[53]。

　米エネルギー情報局（EIA）によると，米国の原油生産量は日量1,080万バレルと過去最高を記録した[54]。このうち，シェールオイルは同700万バレルと米産油量の7割を占める。2018年通年では2017年実績を日量138万バレル上回る見込みとなっていた[55]。アルジェリアの産油量が日量110万バレルであるから，新たな産油国が市場に参入するほどの規模となる。

　また，国際エネルギー機関（IEA）は米産油量が2018年12月に日量1,125万バレルにまで拡大すると予想していた[56]。原油生産量で米国が世界首位の座を射止めることになる。天然ガスの採掘過程で発生する天然ガソリンを含めると，実は，米産油量は2014年に日量1,178万バレルを記録していた（サウジアラビアは同1,151万バレル，ロシアは同1,084万バレル）[57]。米石油産業の本格復活で国際

原油相場のボラティリティー（変動率）は急激に低下する。つまり国際原油市場は相対的に安定する。

　IEA は 2023 年までの石油市場見通しで米シェールオイルの生産量が 2023 年に日量 780 万 9,000 バレルになると公表している。また，米国の原油生産量についても，2023 年に日量 1,690 万 1,000 バレルに拡大すると展望している[58]。IEA による予想が的中するかどうかはともかく，米国の産油量は着実に増え続けそうである。

　一方，ロシアの産油量は 2018 年 6 月初旬実績で日量 1,110 万バレルを記録している[59]。IEA は 2018 年 12 月のロシア産油量を日量 1,098 万バレルと予想していた。また，サウジアラビアの場合は 2018 年 6 月実績で日量 1,042 万バレルと，やはり同 1,000 万バレル級の原油生産国となっている[60]。

　一般に，サウジアラビアには原油の生産余力が備わっているとされる。しかし，サウジアラビアが産油量を拡張しても，せいぜい日量 1,100 万バレル程度である。しかも原油生産の拡大は一定期間に限定される。一方的に産油量を拡大し続けると，油井にダメージを与える。つまりサウジアラビアは日量 1,000 万バレル程度の産油量を維持するだけで精一杯なのである[61]。

　他方，米国の産油量は 10 年で倍増し，世界原油供給量である 1 億バレルの 1 割を占有する規模に膨れ上がっている。一方，OPEC 加盟産油国の市場占有率は 4 割に満たない（OPEC 加盟 14 カ国の産油量は 2018 年 5 月実績で日量 3,186 万バレル[62]）。

　OPEC は協調減産政策にロシアなど OPEC 非加盟産油国を巻き込まないと，原油相場を支えられない。米国が世界屈指の産油国として台頭するなか，価格決定権を実質的に握るのは米国内の関連企業である。米シェールオイル企業が国際原油市場価格に影響を及ぼすスイング・ファクター（変動要因）としての機能を担うようになった。

　オバマ政権は原油の禁輸を解除，輸出解禁に舵を切った。オバマ政権の果実をことごとく摘み取るトランプ政権だが，米国の原油輸出は奨励する。今や米国の輸出量は日本の原油消費量の半分に匹敵する，日量 200 万バレルに達している。

154

　米国産原油の輸出先は2017年実績でカナダが日量32万4,000バレルと最多で，以下，中国が同22万4,000バレル，英国同10万バレル，オランダ同8万5,000バレル，韓国同5万7,000バレル，イタリア同4万3,000バレル，フランス同3万バレル，シンガポール同2万9,000バレル，日本同2万8,000バレルなどとなっている[63]。

　貿易赤字を抑制する手段として，北京は米国産の原油や液化天然ガス（LNG）を積極的に輸入する姿勢に転じていた。LNGとは気体のメタンガスをマイナス162度に冷却することで液体化したもので，体積を600分の1に圧縮できる。LNG専用タンカーで運搬すれば，大量輸送が可能だ。

　米国ではシェールガスの生産量も急増，沿岸部では日本企業も参画して，LNG生産プラントの建設が進む。LNGの輸出能力は年間7,000万トンと，カタール，オーストラリアに次ぐ世界第3位となる見通しである。中国のLNG輸入量は2017年で4,000万トン近くに達しているが，ここには米国産LNGも含まれる[64]。米国産LNGの2017年輸出実績は1,500万トンで，中国には215万トンが出荷されている。日本も111万トンを輸入，日本，中国以外のアジア諸国は346万トンを調達した。また，欧州に138万トン，中東に211万トン，中南米に435万トンが米国から輸出された[65]。

　一方，米国による原油の純輸入量は日量600万バレルにまで減少，米国は主としてカナダやOPEC加盟国から原油を調達しているが，OPECからの調達量を減らしている。OPEC産原油の調達量は現在，日量300万バレル程度だが[66]，米国のOPEC依存度は今後も低下していく。米国がOPECに対抗する構図は一層鮮明となってきた。

　クレムリンの朝鮮半島に対する影響力は限定的であったが，サッカーW杯を機に一気に挽回したい。北朝鮮の金永南最高人民会議常任委員長（当時）がW杯開幕にあわせて訪露，金正恩委員長の親書をプーチン大統領に手渡した。プーチン大統領は金正恩委員長のロシア招請を表明した。

　金正恩委員長は2018年6月12日にシンガポールでトランプ米大統領との首脳会談に臨んだが，朝鮮半島問題を米国主導で展開していくことを嫌う。中国の習近平国家主席，韓国の文在寅大統領とも直接会談を積み重ねて，独裁体制

保証，安全の保証を引き出したい。経済制裁の緩和，解除で北朝鮮の経済発展を促進したい。これは軍事大国化を進めていくうえでも必要な条件となる。平壌はロシアとの外交パイプも死守したい。

文在寅大統領がロシアを訪問，2018 年 6 月 22 日にプーチン大統領と会談した[67]。対北朝鮮制裁緩和の視線上には，ロシアと朝鮮半島の経済協力というテーマが広がる。今回の露韓首脳会談ではインフラ協力を主柱とする共同声明が発表されている。

文大統領は朝鮮半島とユーラシア大陸をインフラで連結する「新経済地図構想」を練る。プーチン大統領としては，この構想を突破口に朝鮮半島問題に切り込みたい。ロシア産の電力，天然ガスを朝鮮半島に供給，エネルギーネットワークを構築できれば，ロシアの実利を満たせる。

具体的には，シベリア横断鉄道と朝鮮半島縦断鉄道をつなぎ，ユーラシア大陸を網羅する物流網を構築すること，ロシア産の天然ガスを陸上パイプラインで朝鮮半島に供給すること，である。

米国防総省（ペンタゴン）は米韓合同軍事演習，米韓海兵隊連合訓練（KMEP）を中止すると発表している。米国側の平壌に対する大幅な譲歩だ。北朝鮮側が非核化の工程表（ロードマップ）作成にさえ着手しないなか，融和ムードのみが先行するリスクがあるにもかかわらず，気の早い当事者は制裁緩和，解除を視野に入れ始めた。

朝鮮半島をめぐる軍事的な緊張が幾分かは和らいでいることは事実だが，独裁体制を死守する北朝鮮が本気で核兵器，ミサイルを完全に廃棄，放棄するかどうかは疑わしい。南北朝鮮統一に伴うインフラ需要は 10 年間で 2 兆～3 兆ドルに達すると試算されているけれども[68]，個人的には朝鮮半島の統一が実現するとは思われない。

にもかかわらず，南北和平の進展を所与として，フロンティアとしての北朝鮮に投資機会，ビジネスチャンスを見出そうとする動きは早くも始動しているようだ。そこには貪欲なマネーの論理しかない。大統領引退後を見据えた，トランプ・オーガニゼーションが何よりも熱心なのかもしれない。拉致問題は解決済みとする平壌を相手に日本政府や日本企業は支援するのか。必要不可欠な

のはマネーの論理ではなく，倫理である。

3. クレムリンの中東戦略

　世界中の注目を集めるなか，2018年7月16日に米露首脳会談がフィンラン
ドの首都ヘルシンキで行われたが（メディアは米露接近と騒いだが，実態はトランプ大統
領がプーチン大統領の罠に落ちただけである），プーチン外交の本領が発揮されるのは
対米外交でも対日外交でもない。そのメイン・ステージは中東世界である。そ
れはロシアが好む陳腐な南下政策ではなく，21世紀の新国際秩序を見据えた，
プーチン大統領肝煎りの世界戦略の一環としての中東戦略である。

　目下，中東地域の撹乱要因はイスラエルとパレスチナの対立やシリア，イエ
メンの内戦ではなく，トルコである。周知のとおり，トルコは中東，アフリ
カ，欧州の結節点に位置する。ユーラシアと欧州をつなぐトルコの地政学的，
戦略的価値は今も昔も変わらない。アンカラはこの地の利を有効利用しようと
画策する。

　近代トルコの悲願は欧州の仲間入りを果たすことだった。だが，キリスト教
文化圏の欧州はイスラム教国を拒否する。いわゆるキプロス問題で対立するギ
リシャはトルコの欧州入りを頑なに拒む。後発の中・東欧諸国がトルコに先行
してEUに加盟した。その動きは現在も進行中である。

　英国がEU離脱を決定したことを契機に，トルコはEU加盟を断念する。欧
州を見限り，エジプトに代わる中東の大国を目指す戦略に転換していく。これ
を強力に推進した政治家がエルドアン大統領である。クルド民族を敵視するエ
ルドアン大統領は国内のクルド勢力を弾圧する一方，隣国のイラク北部，シリ
ア北部のクルド系も攻撃。影響力を周辺国へと拡大した。特に，シリア北部に
広がるクルド系武装勢力の掃討作戦を強化している。

　アンカラはテルアビブと鋭く対立してきたが，これを切り口としてイランと
友好関係にある。アラブ諸国がカタールに絶縁状を突きつけた際にはカタール
を全面的に支援。独自外交を展開した。ここまでは中東地域の問題の域にとど
まる。

しかしながら，トルコは北大西洋条約機構（NATO）の一員でもある。この文脈においてトルコは欧米諸国の軍事同盟国となる。このトルコがロシアに急接近している現実は，もはや中東の問題では済まされない。欧米諸国との関係改善はほぼ絶望的な状況となっている。

NATO首脳会議がベルギーの首都ブリュッセルにある本部で開催されたが，トランプ大統領は欧州加盟国に国防費の引き上げやエネルギー政策の転換，すなわち脱ロシア依存を要請した[69]。特に，ドイツをロシアの捕虜だと批判した[70]。

ソ連邦時代からドイツを筆頭に多くの欧州諸国は大量の原油や天然ガスをパイプラインでロシアから受け入れてきた。最近では脱ロシア依存を心がけてはいるが，受け入れインフラを整備しなければいけないことから，その進展は遅い。

ドイツは陸上パイプラインだけではなく，バルト海海底に敷設され，ドイツとロシアを直結するパイプライン「ノルドストリーム1」でもロシア産の天然ガスを大量購入してきた。そして今，「ノルドストリーム2」の建設計画が進められている。総工費950億ユーロにも及ぶパイプラインが完成すれば，バルト海経由で輸入するロシア産天然ガスが倍増されることになる。この建設計画については，ポーランドやリトアニア，ウクライナなどロシアの軍事的脅威に直面する一部の欧州諸国が，欧州を分断するパイプラインだとベルリンを非難，反対の立場を明らかにしている[71]。

トランプ政権も海底パイプライン建設反対の姿勢を鮮明にする。ロシアに支払うエネルギー代金を国防費に充当せよとの主張である。ワシントンはドイツなど欧州諸国に米国産のLNGや原油を売り込みたい。これに対して，ベルリンは国防費分担だけではなく，外国派兵でも貢献していると反論する。

2018年6月24日に投開票された大統領選で現職のエルドアン大統領が再選を果たし，同年7月9日に国会で就任宣誓が行われた。エルドアン大統領は2028年までの続投が可能となる。反対勢力を弾圧，メディアを締め付けて，産業界の支配も進め，実権型大統領制導入のための憲法改正で大統領権限を強化，独裁体制を固めた上での再選である。全面的な個人支配，権力の集中が推

し進められる。

2016 年 7 月にクーデター未遂事件が勃発した際，非常事態 (state of emergency) 宣言が発動されていたが，2018 年 7 月 19 日，解除された。ただ，解除後も市民の移動・集会制限，企業の接収は継続される[72]。

これまでトルコでは 1923 年の建国以来，議院内閣制が採用されてきた[73]。しかし，憲法が改正されたことで議院内閣制は廃止され，実権型の大統領制へと移行，大統領が行政の長と国家元首を兼ね，強権型大統領制が始動した。今後，大統領が副大統領，閣僚，政府高官を任免，大統領には国会解散権も付与される。大統領は政党からの離脱を義務付けられたが，新制度は政党所属を認めている。外交，軍事・安保，内政，行政すべての広範な権限を手中に収め，強権統治に拍車がかかる。

近代トルコは建国の父アタチュルクによって 1923 年に建国されたが，2023 年は建国 100 周年となる。エルドアン再選で建国 100 周年の 2023 年が視野に入る。エルドアン大統領は 2023 年を見据えて，巨大国家プロジェクトを掲げる。エルドアンが無制限に大統領の座に居座り続けるという見解もある[74]。

巨大空港や医療施設，港湾設備，道路，トンネルなどを新設し，イスタンブールを通過する運河を建設する構想だ。運河の建設コストは 130 億ドルと試算されているが，新設プロジェクト全体では 3,250 億ドルに上るという。エルドアン政権は官民パートナーシップ (PPP) 方式で建設する構えだが，現在の不安定なトルコ経済に十分な資金力が備わっているのか[75]。

エルドアン政権の死角は資金流出，逃避にある。外資系企業の対トルコ直接投資は鈍化し，地の利が生かされていない。法の支配に背を向けるエルドアン政権を否定，外国マネーは逃げ足を速めている。経済がエルドアン政権のアキレス腱であることは間違いがない。米利上げペースの加速（長期金利の上昇）や原油高によってマネーが逃げ出すのは新興国共通の現象だが，トルコの場合は特に厳しい。米中貿易摩擦の激化も嫌気されている。

通貨トルコリラの対米ドル相場は過去 10 年で 7 割も下落，リラの急落に歯止めがかからない。国債や株式も売られ，長期金利は急上昇，マネーは逃げ足を速めている。エルドアン大統領はトルコ中央銀行の総裁，副総裁，政策委員

を大統領が任命する大統領令を発布，中央銀行の独立性を脅かす事態を招いている⁽⁷⁶⁾。この金融介入姿勢も通貨安に拍車をかけている。

米格付け会社はトルコ国債の格付けを相次いで引き下げ，投資適格級の格付けを失っている。外貨建て債務の負担膨張は企業や金融機関の経営に不安材料となる。官民の対外債務残高は対 GDP 比 5 割強の 4,666 億ドルに達し⁽⁷⁷⁾，対外債務と今後 1 年間の資金（外国マネー）需要は外貨準備金の 2 倍に匹敵する 2,200 億ドルにも及ぶ。その大半が短期のホットマネーである⁽⁷⁸⁾。外貨不足がトルコ経済の手足を縛っている格好だ。

中央銀行は通貨防衛を目的に，政策金利引き上げを実施していたにもかかわらず，先安感は根強く，通貨安と消費者物価指数（CPI）の上昇（2018 年 6 月のインフレ率は対前年同月比で 15.4％，インフレ目標の 3 倍強⁽⁷⁹⁾）が悪循環に陥り，経済活動に支障が生じている。利上げも景気を冷やす⁽⁸⁰⁾。自動車や住宅の販売が落ち込む一方，消費の増加で輸入が拡大，経常収支の赤字が膨張している⁽⁸¹⁾。トルコの経常赤字は対 GDP 比で 5％を超えるという⁽⁸²⁾。

2017 年の GDP 伸び率は 7.4％を記録，2018 年 1 ～ 3 月期も 7.4％と高成長が続く。これはエルドアン政権が意識的に建設投資を積み上げてきた結果でもある。国際通貨基金（IMF）は過熱気味と警告している。

GDP の 6 割を占めるとされる個人消費は 11％増で，これが経常赤字拡大の主因となっている。この高成長にはからくりが潜む。政府が融資の拡大を打ち出すと同時に，減税措置を講じた結果の高成長である。こうした経済成長は長続きしない。政策金利は年 19.75％とすでに高く，当然，景気を冷やしてしまう⁽⁸³⁾。

経済の低迷，混迷が続くと，政権に対する国民の求心力は著しく低下していく。この国内問題から国民の目をそらすために，対外強硬策に依拠するのは強権指導者の常套手段である。周辺国の脅威を煽り，総人口の 2 割近くを占めるとされるクルド系勢力を執拗に攻撃する手口はこのためである⁽⁸⁴⁾。このような軍事介入は欧米諸国との距離を広げる要因となる。

欧米諸国との関係が冷え込むなか，トルコはロシアとの関係を深めている。トルコはシリア，イラクの国境防衛で重要な国家であるにもかかわらず，アン

カラとワシントンの関係は決裂状態，修復不可能な段階を迎えている。トルコ政府はシリアをめぐる軍事作戦で，米国がクルド系勢力を支援することに不満を表明，猛反対する[85]。

シリアなどロシアの中東戦略だけでなく，トルコのロシア急接近はクレムリンの世界戦略にとって好材料として機能する。米欧軍事同盟のNATOを分断し，楔を打ち込める。モスクワにとってトルコは外交上の有効な切り札となる。

歴史的に対立を繰り返してきたトルコ・ロシア両国だが，ロシア側は着々とトルコをエネルギーサプライチェーンに組み入れてきた。黒海海底には天然ガスパイプラインがすでに敷設されており，旺盛なトルコの天然ガス需要を満たす。トルコ直送ルートだけでなく，トルコ経由で南欧諸国にも供給される計画だ。

当然のことではあるが，NATOはウクライナ領クリミア半島を強引に併合したロシアを安全保障上の脅威とする。NATO加盟国の2017年軍事費は9,460億ドルに達する。ロシアと近接するポーランドやバルト3国には4,500人のNATO軍が展開して，ロシアに対抗している。軍事演習にも余念はない[86]。

カフカス（コーカサス）地方のジョージア（旧グルジア）は国土の一部をロシア軍に略奪された経緯があることから，ロシアの軍事的脅威を実感する。このためNATOに接近し，正式加盟国となることを切望する。ジョージアがNATOに加盟すれば，NATOはジョージアを黒海防衛の拠点に仕立て上げることが可能になる。反面，ロシアによる黒海独占が困難となる[87]。

北欧諸国はロシアの軍事的脅威に身構え，中立政策を掲げてきたフィンランドがNATOとの関係強化を図ると同時に，同じくNATO非加盟国のスウェーデンは徴兵制を復活させ，バルト海での軍事演習に力を入れる。バルト3国の一角を占めるラトビアは国防費を増強している[88]。いずれもロシアの脅威を念頭に置く[89]。

すでに指摘したように，トルコはNATO加盟14カ国の一員であるが，ロシアと軍事面の協力を積極的に進めている。ワシントンが米ロッキード・マーチン製の最新鋭ステルス戦闘機F35の対トルコ売却を阻む一方[90]，トルコはロ

シアから最新鋭地対空迎撃ミサイル（SAM）システム「S400」を2019年後半までに購入する[91]。25億ドルとされる契約額の一部をロシアが融資するという。

トルコがロシアの防衛システムに組み込まれることをワシントンが警戒したことは明らかである。NATOの弾道ミサイル防衛網がすでに配備済みだが，相互運用はできない。インド政府も「S400」の購入契約をロシア側と結ぶ。中国に対抗するためだ。モスクワはサウジアラビアとも「S400」供与の交渉を進めている。

ロシア国営軍需輸出大手ロスオボロン・エクスポルトがトルコ向けの「S400」を生産する。「S400」とは最新鋭の長距離地対空ミサイル防衛システム「トリウームフ」を指す。最大で600キロメートル先のステルス機，弾道ミサイルなど多数の敵を特定，破壊できるという。1つ以上の可動式司令センターと8基の発射車両，32発のミサイルで構成される[92]。

クレムリンは米国の同盟国を切り崩すことを主目的として，世界の武器・兵器市場で輸出攻勢をかけている。武器・兵器は資源・エネルギー，原子力発電所と並ぶ，制裁対象国ロシアにとって貴重な外貨獲得源となる。

ロスオボロン・エクスポルト社は2017年に世界53カ国と総額150億ドルの販売契約を締結している[93]。ロシアは2013～17年期で世界第2位の武器・兵器輸出国となっている。その輸出総額は毎年，150億ドル程度の実績を維持している。これがロシア政府歳入に貢献していることは明らかだ。

ロシアがシリア内戦に軍事介入して久しいが，ロシア製武器・兵器の性能を世界に披露できる絶好の機会となる。シリアの権益も死守でき，一石二鳥の効果を見込める。

モスクワはまた原子力発電所もトルコに売り込みたい。ロシアの国営原子力大手ロスアトムが200億ドル相当の原発プラント・原子炉4基を建設する。地中海沿岸部にあるアックーユに設置される。輸入エネルギーに依存するトルコにとって原発敷設は重要なエネルギー政策。エネルギー安全保障を強化するうえでの一助となる[94]。付言すると，エジプトもロシアの協力で原発建設を目指す[95]。

クレムリンの中東アプローチは漸進的だが，それでも確実に奏功しつつあ

る。総仕上げの段階を迎えているけれども，モスクワは民主主義なき中東地域で影響力を行使できる大国としての地位を構築できている。

リビアで掌握していた権益を民主化運動「アラブの春」の煽りを被って，失ってしまった。これを教訓にモスクワは失地回復に乗り出す。その手始めがシリア内戦への軍事介入であった。アサド政権を支援することを口実に，シリアを事実上，支配下に置いた。リビアに代わる地中海の出口を確保する。ウクライナのクリミア半島併合で黒海艦隊の本拠地を獲得したが，ここにシリア支配を結びつける。これで黒海から地中海に至るシーレーン（海上輸送路）を手中に収めたことになる。トルコ戦略はこれを完成するのに不可欠だった。

イスラエル軍がシリアの戦闘機を地対空ミサイル「パトリオット」で撃墜するなど，シリアとイスラエルは鋭く対立，そしてトルコとイスラエルも衝突する。イランはシリアのアサド政権擁護を口実にシリア国内で軍事的プレゼンスを強化，イスラエル攻撃の機会を探る。イスラエルはイランの軍事力を警戒する[96]。

イスラエルはイランがシリアから撤退するよう，クレムリンを説得するが[97]，クレムリンが応じる気配はない。反面，モスクワはこの4カ国と緊密な関係を保持する。シリアのアサド大統領，トルコのエルドアン大統領，それにイスラエルのネタニヤフ首相はいずれもロシア詣でを繰り広げる。プーチン大統領と親密な関係であることをそれぞれが切り札とする。

ロシアの介入なくして，国家間の安定は維持できない。現代中東にとって，ロシア・ファクターを無視できない。プーチン大統領がキーマンとなっている。イスラエルにはユダヤ系のロシア市民が移住してきた上，大富豪が資産を保有する。イスラエルは米国だけを重要視しているのではない。シリア内戦への軍事介入はロシアにとって危険な賭けだが[98]，内戦介入そのものが戦略の主目的ではない。シリアという国家を掌握することが狙いである。

イランはイスラム教シーア派を切り口として，イラク政府やダマスカスと協力関係を築き，中東世界で影響力を強化してきた。インド洋とサウジアラビア産原油の重要な輸送ルートである紅海に面する地政学的要衝地のイエメン内戦にもイランは介入している。インド洋と紅海の結節点がバブルマンデブ海峡で

ある。イエメンではイランが支援するイスラム教シーア派武装組織・フーシと
イスラム教スンニ派のサウジアラビア主導のアラブ諸国による連合軍が後ろ盾
となっている暫定政権の部隊が内戦を展開。イエメンはイランとサウジアラビ
アとによる代理戦争の舞台と化している。

　2018 年 7 月 25 日にはサウジアラビアの原油タンカー 2 隻が紅海を航行中,
フーシの攻撃を受け,サウジアラビア側は紅海経由の原油輸送すべてを停止せ
ざるを得なくなった[99]。フーシは幾度もサウジアラビアの石油施設を攻撃対
象としてきた。イランはこのフーシにミサイルなど武器・兵器を提供してい
る。シリアでも戦闘員を投入するなどロシアと共にアサド政権を全面支援す
る。イエメン内戦やシリア内戦の影響は大きく,中東全体を巻き込む覇権争い
に発展している。

　経済停滞に苦悩するイランと同様に,サウジアラビア経済もせっかくの原油
高を有効利用できていない。サウジアラビア政府は政治的民主主義を無視する
一方,脱石油産業（GDP の 3 分の 1 が石油産業[100]）を標榜するが,経済変革は遅々
として進展していない。サウジアラビアでは民間部門の 8 割を外国人労働者に
依拠するが,2017 年初め以来,70 万人の外国人労働者が出国している。2017
年の外国直接投資（FDI）は 14 億 2,000 万ドルと 2016 年の 74 億 5,000 万ドルか
ら大きく後退している[101]。

　2018 年第 1・四半期の失業率は 12.9％に達すると同時に,経済成長率はわず
か 1.2％にとどまる。2017 年には景気後退に陥っていた。女性の解放へと舵を
切って,注目されたサウジアラビアだが,低成長で社会に閉塞感が充満し,一
般市民の不平・不満を払拭できない。サウジアラビアも外国の内戦に介入する
経済的余裕はまったくない。

　イランはロシアにとって,原発,武器・兵器の格好のお得意先となってい
る。テヘランは反米の旗を振るが,ロシアとは良好な関係を保持する。イラン
とイスラエル,イランとサウジアラビアとは宿敵同士だが,クレムリンはサウ
ジアラビアとも石油政策で利害が一致する。サウジアラビアのサルマン国王,
ムハンマド皇太子は共にモスクワを訪問,プーチン大統領と一定の関係を保つ。

　イランは米国と正面衝突,ペルシャ湾岸産油国産の原油やカタール産 LNG

の要衝となるホルムズ海峡封鎖をちらつかせつつ，石油消費国を威嚇する。シリアに軍事拠点を設置して米国の軍事同盟国・イスラエル攻撃も虎視眈々と狙うが，ロシアが歯止めの役割を担う。テヘランは核兵器を手にして，イラン本土からイスラエル攻撃に備えたいが，イランの核開発をロシアも支援可能だ。この点でもモスクワが防波堤となり得る[102]。

4. 日露関係の実像

　北海道の北部に広がるロシア・サハリン（樺太）。この北東部海域の海底には潤沢な原油と天然ガスが眠る。エリツィン政権時代から原油・天然ガス開発事業「サハリン1プロジェクト」と「サハリン2プロジェクト」が手がけられており，原油とLNGが開発，生産されてきた。

　「サハリン1」を主導する企業はロスネフチ，一方，「サハリン2」の場合はガスプロムが外資系企業から経営権を剥奪，経営を掌握している。ロシア政府と生産物分与契約（PSA）が締結されている。この開発事業には日本の総合商社なども参画，権益を保持する。日本は現在，東シベリア産の原油（エスポ原油）に加えて，サハリンからも原油とLNGを調達，日本の大口需要家のニーズに応答している。

　この「サハリン1」をめぐって，ロスネフチが権益を持つ外資系企業に総額891億ルーブル（1,570億円，14億1,000万ドル）の支払いを求めて提訴した[103]。現在，「サハリン1」を主導する責任企業はエクソンモービルで，エクソンモービルとサハリン石油ガス開発（SODECO，日本の経済産業省・伊藤忠商事・丸紅など官民が出資）がそれぞれ30％の権益を保持する。ロスネフチの持ち分は子会社2社を通じた20％にとどまる。残余の20％分はインド石油天然ガス公社（ONGC）が出資している。

　ロスネフチが原油の分配，補償の件で権益を保有する外資系企業と協議を進めてきた経緯があり，提訴は交渉を有利に進め，和解を引き出したい。エクソンモービルがロスネフチとの合弁事業を解消，ロシア撤退を決定していたことから，ロスネフチが報復措置を講じ，経済制裁で不足する米ドルを獲得した

かったからだろう。

　ロスネフチの最高経営責任者（CEO）がプーチン大統領の盟友イーゴリ・セチンであることから，提訴がクレムリンの意向に沿ったものであることは間違いがない。ロスネフチはライバル企業を買収することで巨大化した事実を忘れてはなるまい。資源権益強奪はロスネフチのお家芸なのである。

　日本政府は懸案の北方領土問題，平和条約交渉を解決すべく，積極的にロシア外交を展開。首脳会談を頻繁に繰り返すとともに，北方領土での共同経済活動を推し進めようと躍起となっている。外務省のロシア課長がセクハラを理由に更迭された不祥事も手伝って，対露外交は外務省ではなく，官邸・経済産業省が主導権を握る。これが強引な対露経済支援に姿を変えている。

　性懲りもなく，日本政府はロシア極東のカムチャッカ半島に LNG 積み替え基地を建設する計画でいる[104]。ヤマル LNG 生産施設の LNG をカムチャッカ半島で積み替えて日本に輸送する構想のようだ。国際協力銀行（JBIC），日本貿易保険（NEXI）といった政策金融で支援するというから日本政府が積極的に働きかけたに違いない。ヤマル LNG の責任企業であるロシア独立系天然ガス大手ノバテックに積み替え基地の建設を任せて，日本は輸入するだけで十分のはず。経済産業省に学習能力が欠落しているのか。

　経済産業省は寝耳に水と居直るが，「サハリン 1」事業をめぐる今回の騒動に驚きはない。資源はロシア国家に帰属するという哲学がクレムリンの信条。資源開発で外資系企業が主導権を握る現実に無理がある。提訴や事業見直しは予見できた。ロシアには国際標準は通用しない。たとえ契約を結んでいても役に立たない。ロシア自らの利益となるように再解釈される。

　この現実を直視しない安倍政権の対露外交は誤っている。交渉や経済支援を積み上げても北方領土が日本に返還されることは永遠に不可能だけれども，対露交渉は外務省主導で進めていくべきだ。

註

（1）『日本経済新聞』2018 年 6 月 10 日号。
（2）*Financial Times,* June 8, 2018.

（3）『日本経済新聞』2018 年 6 月 16 日号。

（4）『日本経済新聞』2018 年 3 月 19 日号。

（5）『日本経済新聞』2018 年 6 月 17 日号。

（6）『日本経済新聞』2018 年 6 月 23 日号。

（7）『日本経済新聞』2018 年 6 月 26 日号。

（8）『日本経済新聞』2018 年 5 月 16 日号。

（9）『日本経済新聞』2018 年 6 月 5 日号。

（10）『日本経済新聞』2018 年 4 月 24 日号。『日本経済新聞』2018 年 5 月 23 日号。

（11）『日本経済新聞』2018 年 7 月 19 日号。

（12）『日本経済新聞』2018 年 6 月 14 日号。『日本経済新聞』2018 年 5 月 18 日号。

（13）『日本経済新聞』2018 年 7 月 7 日号。『日本経済新聞』2018 年 4 月 26 日号。

（14）*Financial Times*, May 19, 20, 2018.

（15）イランの平均産油量は次のように推移している。経済制裁発動以前の 2012 年で日量 399 万 7,000 バレル，発動中の 2013 〜 14 年で同 279 万 6,000 バレル，2015 年で同 300 万 6,000 バレル，制裁解除の 2016 年で同 365 万 7,000 バレル，2017 年で同 378 万 9,000 バレル（*Oil & Gas Journal*, June 4, 2018, p.48）。

（16）『日本経済新聞』2018 年 5 月 10 日号。

（17）『日本経済新聞』2018 年 4 月 24 日号。

（18）*Financial Times*, April 28, 29, 2018. 日量 80 万〜同 105 万バレルのイラン産原油が国際原油市場から消滅するとの見方もある（『日本経済新聞』2018 年 7 月 11 日号）。

（19）『日本経済新聞』2018 年 1 月 19 日号。

（20）『日本経済新聞』2018 年 5 月 19 日号。

（21）『日本経済新聞』2018 年 6 月 27 日号。

（22）『日本経済新聞』2018 年 7 月 12 日号。

（23）『日本経済新聞』2018 年 7 月 19 日号。

（24）『日本経済新聞』2018 年 6 月 28 日号。

（25）*Financial Times*, July 16, 2018.

（26）*Financial Times*, July 14, 15, 2018.

（27）*Oil & Gas Journal*, January 1, 2018.

（28）『日本経済新聞』2018 年 6 月 10 日号。

（29）*Financial Times*, July 26, 2018.

（30）『日本経済新聞』2018 年 7 月 20 日号。

（31）『日本経済新聞』2018 年 7 月 7 日号。

（32）『日本経済新聞』2018 年 7 月 20 日号。*Financial Times*, July 19, 2018.

（33）『日本経済新聞』2018 年 4 月 13 日号。

（34）『日本経済新聞』2018 年 5 月 26 日号。

（35）『日本経済新聞』2018 年 4 月 25 日号。

VI クレムリン（ロシア大統領府）のエネルギー外交戦略　167

(36) 『日本経済新聞』2018 年 7 月 27 日号。

(37) 『日本経済新聞』2018 年 7 月 28 日号。

(38) 『日本経済新聞』2018 年 6 月 28 日号。

(39) 『日本経済新聞』2018 年 7 月 25 日号。

(40) 『日本経済新聞』2018 年 7 月 26 日号。

(41) 『日本経済新聞』2018 年 5 月 19 日号。『日本経済新聞』2018 年 7 月 26 日号。

(42) *Financial Times,* April 17, 2018.

(43) 『日本経済新聞』2018 年 5 月 22 日号。

(44) *Financial Times,* December 4, 2017.

(45) *Financial Times,* May 1, 2018.

(46) *Financial Times,* May 2, 2018.

(47) *Financial Times,* March 20, 2018.

(48) *Financial Times,* February 28, 2018.

(49) 『日本経済新聞』2018 年 5 月 18 日号。

(50) 『日本経済新聞』2018 年 2 月 2 日号。

(51) 『日本経済新聞』2018 年 2 月 25 日号。

(52) *Financial Times,* March 2, 2018.『日本経済新聞』2018 年 3 月 2 日号。

(53) 『日本経済新聞』2018 年 2 月 11 日号。

(54) 『日本経済新聞』2018 年 6 月 10 日号。

(55) 『日本経済新聞』2018 年 3 月 19 日号。

(56) 『日本経済新聞』2018 年 4 月 24 日号。

(57) 『日本経済新聞』2018 年 2 月 25 日号。

(58) 『日本経済新聞』2018 年 3 月 6 日号。

(59) 『日本経済新聞』2018 年 6 月 12 日号。

(60) 『日本経済新聞』2018 年 7 月 12 日号。

(61) 『日本経済新聞』2018 年 7 月 11 日号。

(62) 『日本経済新聞』2018 年 6 月 24 日号。『日本経済新聞』2018 年 6 月 13 日号。

(63) 『日本経済新聞』2018 年 7 月 5 日号。

(64) *Financial Times,* June 22, 2018.

(65) 『日本経済新聞』2018 年 7 月 28 日号。

(66) *Financial Times,* June 30, July 1, 2018.

(67) 『日本経済新聞』2018 年 6 月 23 日号。

(68) 『日本経済新聞』2018 年 6 月 26 日号。

(69) 『日本経済新聞』2018 年 7 月 12 日号。

(70) *Financial Times,* July 12, 2018.

(71) *Financial Times,* July 18, 2018.

(72) 『日本経済新聞』2018 年 7 月 20 日号。*Financial Times,* July 19, 2018.

168

(73) 『日本経済新聞』2018 年 7 月 10 日号。

(74) *Financial Times*, June 22, 2018.

(75) *Financial Times*, June 27, 2018.

(76) 『日本経済新聞』2018 年 7 月 11 日号。

(77) 『日本経済新聞』2018 年 8 月 10 日号。

(78) *Financial Times*, July 12, 2018.

(79) *Financial Times*, July 25, 2018.

(80) 『日本経済新聞』2018 年 7 月 25 日号。

(81) 『日本経済新聞』2018 年 6 月 12 日号。

(82) 『日本経済新聞』2018 年 5 月 17 日号。

(83) 『日本経済新聞』2018 年 6 月 8 日号。

(84) 『日本経済新聞』2018 年 6 月 26 日号。

(85) *Financial Times*, July 23, 2018.

(86) *Financial Times*, January 3, 2018.

(87) *Financial Times*, July 24, 2018.

(88) *Financial Times*, July 23, 2018.

(89) 『日本経済新聞』2018 年 1 月 30 日号。

(90) *Financial Times*, June 20, 2018.

(91) 『日本経済新聞』2018 年 6 月 26 日号。『日本経済新聞』2018 年 6 月 6 日号。

(92) 『日本経済新聞』2018 年 5 月 2 日号。

(93) 『日本経済新聞』2018 年 4 月 4 日号。

(94) *Financial Times*, April 4, 2018.『日本経済新聞』2018 年 4 月 4 日号。

(95) 『日本経済新聞』2018 年 7 月 24 日号。

(96) *Financial Times*, July 9, 2018.

(97) *Financial Times*, July 24, 2018.

(98) *Financial Times*, April 17, 2018.

(99) 『日本経済新聞』2018 年 7 月 27 日号。*Financial Times*, July 26, 2018.

(100) 『日本経済新聞』2018 年 3 月 30 日号。

(101) *Financial Times*, July 25, 2018.

(102) *Financial Times*, April 19, 2018.

(103) 『日本経済新聞』2018 年 7 月 25 日号。『日本経済新聞』2018 年 7 月 24 日号。*Financial Times*, July 25, 2018.

(104) 『日本経済新聞』2018 年 7 月 31 日号。

（中津孝司）

VII　経済制裁に直面するロシア経済

1. 本格始動するプーチン最終章

　帝政ロシア時代，ソ連邦時代のいずれも1人の独裁者を支える政治システムが貫徹されていた。そして，一部の特権階級が国家と経済を支配した。当然，民主主義は育たず，競争的な市場経済は定着しない。新生ロシアの異質性はここに源流がある。

　ウラジーミル・プーチンはソ連邦時代に産声を上げ，情報機関員（スパイ）として国に仕えた。当時の東ドイツで勤務中，ソ連邦は空中分解。プーチンは祖国を失う。ゆえに，プーチンにとってはソ連邦の崩壊が20世紀最大の悲劇だということになる。

　プーチン大統領は帝政ロシア，ソ連邦をアレンジして，21世紀にふさわしいロシアを構築しようと模索する。その結果がプーチン一強のロシアであり，インナーサークルによるロシア経済独占である。プーチン大統領が皇帝（ツァーリ）と称されるゆえんでもある。このような社会システムでは格差や不公正さが顕在化する。

　ロシアのオリガルキ（寡占資本家）も新興財閥も資金を洗浄（マネーロンダリング）する目的で欧米諸国の経済システムを巧みに利用している。英国の首都ロンドンに巨額のロシアマネー（汚いカネ）が流入している事実は誰もが知る。一時騒いだ，いわゆる「パナマ文書」で暴かれたのはプーチン大統領とそのインナーサークルが粛々と進める蓄財の実態であった。ロシアのスーパーリッチによる不正な蓄財に欧米諸国が利用され，共犯者と化している。

　諜報活動でもプーチン大統領はソ連邦時代の流儀を継承する。プーチン大統領の出身母体であるソ連邦国家保安委員会（KGB）は現在，連邦保安局（FSB）と対外情報庁，それに連邦軍参謀本部情報総局の3情報機関に姿を変えてい

る。

　皇帝プーチンは 2018 年 3 月 18 日に予定通り実施された大統領（任期 6 年）選挙で，7 割を超える得票率で通算 4 選を果たした。プーチン大統領は国内世論を優先して，対外強硬策を誇示する。

　大統領選挙直前には英国南部ソールズベリーでロシア人元スパイ，セルゲイ・スクリパリとその娘の毒殺（ソ連邦時代に開発された神経剤ノビチョク）未遂事件が勃発。英国政府はロシアの関与を断定し，これを契機に，欧米諸国はロシア外交官を追放，追加の経済制裁に踏み切った。ロシア人スパイの暗躍は今も健在である。

　日本国民はこの皇帝プーチンと向き合い，交渉のテーブルにつかなければならない。国家間の緊張を高めて，相手国から譲歩を引き出す。この交渉手法はロシアだけではない，独裁者の常套手段である。

　今回の大統領選挙戦でもこれまでと同様に，プーチン大統領は脅威となる対抗馬を徹底的に排除，選挙管理委員会が許可した候補者のみが出馬した。有力な対抗馬は若年層に人気の反体制派指導者（ブロガー）のアレクセイ・ナワリヌィ氏であったが，出馬を阻止された。5 人ほどの候補者が出馬を許可されたものの，プーチン候補の真のライバルとは言えない人畜無害な候補者ばかりである。

　プーチン政権側は地方のエリートを支配下に置く，反対派勢力を徹底的に糾弾する，反対派勢力や非政府組織（NGO）に対する圧力を強化する，メディアを厳しい統制下に置くといった強引な手法で恣意的に大統領選の結果を作り上げてきた。独立系の世論調査機関となるレバダセンターでさえも弾圧した。プーチン勢力が総力を結集して，投票率 70％，得票率 70％を捏造したのである[1]。

　政治的思想や信条にかかわらず，まともな人間であるならば，プーチン勢力の手法を否定するだろう。現在のロシアはお世辞にも民主主義国家の範疇に入るとは評価できない。ロシアの司法当局がナワリヌィ派の資産（基金）を凍結したことから[2]，選挙妨害であるばかりか，三権分立すらロシアには確立されていないことがわかる。ロシアは明らかに未熟な独裁国家の一員だと言わざ

るを得ない。

　出馬を拒否されたナワリヌィ氏は，プーチン大統領の故郷となる，ロシア第2の都市サンクトペテルブルクを含めて，都市部で大規模な街頭抗議運動や反政権デモを展開，大統領選では投票のボイコットを訴えていた。治安当局は若年層の不平，不満と向き合わなければならない試練を抱え込む。ナワリヌィ支持者はナワリヌィ氏が彼らの大統領だと主張する。流血の事態に発展すれば，国際社会が黙っていないだろう。

　ナワリヌィ氏の真の目的はここに潜む。ロシア国民の生活水準は停滞したままである。勤務先からの圧力で，仕方なくプーチン候補に1票を投じざるを得なかった有権者も実は，所得水準が低下しているのである。

　月の生活費が1万ルーブル（2万円足らず）に満たない貧困層は2016年にロシア人口の13％に匹敵する2,000万人に達し，過去10年で最多になったという[3]。富は一握りのスーパーリッチに集中し，一般庶民とは別次元の優雅な生活を外国で送る。一方，庶民のロシア政府に対する期待値は雲散霧消してしまった。

　経済成長率が1％台と低空飛行を続ける主因は欧米諸国がロシアに突きつける経済制裁にある。ことに，核兵器競争の相手国となる米国による対ロシア制裁発動がロシア経済に打撃を与えている。通貨ルーブルは対米ドル相場で1ドル65ルーブル程度と，過去最低水準の安値圏に沈む[4]。加えて，株式も国債も急降下，トリプル安に見舞われた。

　確かに消費者物価指数はロシア中央銀行が目標とする4.0％を下回る水準に落ち着き，2018年3月には対前年同月比で2.4％と歴史的な低水準を記録[5]。2018年通年では2.2％と予想されていた[6]。通例，通貨安局面では輸入インフレを誘発するが，経済制裁の影響で輸入代替が進展し，物価高を回避できているからだろう。

　しかし，物価は経済の体温とも形容されるように，見方を変えれば，ロシア経済全体が活性化していない証左でもある。政策金利は段階的に引き下げられてはいるが，それでも年7.00％と必ずしも低い水準でない。

　経済制裁の打撃を緩和すべく，プーチン政権は欧州にあるロシアの飛び地カ

リーニングラードと極東地域にあるウラジオストクに経済特区を新設する構想を練る。狙いは外国に逃避したロシアマネーの還流。富裕層が外国に蓄財するマネーをロシア国内に呼び戻す戦略だ。

だが，プーチン大統領自身やそのインナーサークルは極秘に資産を国外に移し，マネーロンダリングに勤しんできた。祖国ロシアを信用していないからだろう。ロシア企業にロシアマネーの還流を求めても応じない。

ただ，ナワリヌィ氏の指摘や主張は正論ではあるが，残念ながら，ネットの英雄が一国家の指導者として適切だとは評価できない。問題はプーチン大統領の後継となる，有力な人材が不在であることだ。何よりもロシアにとって不幸な事実は優秀，有能な人材が矢継ぎ早に外国へと流出していることである。若く，前途有望な若者が祖国を見限って，外国に自らの人生の活路を見出そうとロシアから脱出を図っている。

ロシア中部に位置するイスラム系のタタールスタン共和国ではロシア語以外の言語を義務教育の必修科目から外すプーチン政権の方針に抵抗，タタール語やタタール文化の継承に力が注がれている。タタール語はロシアでロシア語に次いで多く話される言語で，タタール語を母語とするものは430万人とされる[7]。明らかにモスクワに逆らう動きを見せている[8]。

チェチェン共和国で計画されているリゾート開発プロジェクトをめぐっては，テロの脅威だけでなく，不正や汚職の温床となる懸念が指摘されるようになった[9]。都市部だけでなく，地方にも対立の火種が広がる事態を招いている。プーチン大統領はイスラムの反乱とも言える，チェチェン紛争を武力で鎮圧して，大統領に登り詰めた政治家として知られる。

インターネット上では政府と反体制派の攻防が大統領選後も続く。政府側は政権に批判的なサイトを遮断，情報統制に余念がない。一方，ネット事業者の一部では不当な規制強化に不満が広がる[10]。また，ネット規制に反発を強め，抗議集会に発展，当局と対決する姿勢も目立つ[11]。

大統領選後，プーチン大統領は有権者の前で，国内に山積する問題を解決することに専念することを明言した。いわく経済成長を加速させること，活力あるロシア経済を創出すること，福祉・教育・科学・社会的インフラに力点を置

くことなど，美辞麗句を並べ立てた。

また，2018年5月7日にクレムリン大宮殿で挙行された大統領就任式後，国家の近代化を訴えて，国家発展目標に調印した[12]。そこでは2024年までにロシアの経済規模を世界トップファイブの仲間入りさせること，貧困を半減することなどが挙げられている。しかし，2012年に打ち出された国家目標は何一つとして達成できずにいる。プーチン大統領の言葉を信用する国民はもはやロシアにはいない[13]。

貧困の撲滅や所得格差の是正，それに福祉・教育の改善が必要だと誰もが口を揃えて，ロシア経済の課題を掲げる。しかし，何一つとして解決できないでいる。足元で国際原油価格が復調していることを受けて，産油国のロシアにはオイルマネーが流入，これを追い風に経済を下支えすることだろう。だが，根本的な構造問題にメスを入れずして，ロシア経済の繁栄は実現できない。

ウクライナからクリミア半島を武力で強引に略奪，併合したこと，ウクライナ東部にも侵攻したことを契機に，欧米諸国はロシアに絶縁状を突きつけ，経済制裁を科してきた。その結果，ロシアは国際社会から孤立，国際金融システムから追放されたことで，経済の収縮を余儀なくされた。

問題を解決するには，ロシアが国際社会の前で土下座して，謝罪し，クリミア半島をウクライナに返還することこそが先決である。この道を回避して，ロシアの国際社会復帰はあり得ない。にもかかわらず，プーチン大統領は相も変わらず強気を貫き，2018年5月15日にはロシアとクリミア半島を結ぶ橋の開通式に臨み，トラックのハンドルを自ら握って運転し，クリミア半島の実効支配を誇示して見せた[14]。

また，プーチン政権期に国営企業の民営化や年金改革，劣悪な行政サービスの是正といった構造問題の着手，解消は期待できない。クリミア半島もウクライナに返還しないだろう。プーチン政権下では現状維持と経済の縮小均衡が延々と続くだけである。プーチン大統領もロシアもすでに過去の遺産と化している。

にもかかわらず，プーチン政権は奇怪な策略を講じ，実行している。

経済制裁解除を目的とする米国大統領選への露骨な介入工作，内外の反プー

チン勢力を標的とする執拗なサイバー攻撃（サイバー空間での非正規部隊動員），交流サイトSNSを通じたフェイク（偽）ニュースの拡散や情報操作，内戦介入に象徴される対外強硬策，富の流出を阻止することを視野に入れた不満分子の暗殺など，国際感覚から大きく乖離する戦術を駆使している。

　敵対的なサイバー攻撃を仕掛けたとされるロシア企業がカスペルスキー・ラボ。最近，スイスのチューリッヒにデータセンターを開設したこの企業はロシア政府による情報収集の手先的な役割を演じてきた[15]。

　しかしながら，いずれもすべてが失敗。これがプーチン大統領，プーチン政権の限界なのである。ソ連邦時代を生き抜いたプーチン大統領は最高指導者が死去するまで権力の座にとどまった姿を見てきた。皇帝プーチンも死去するまでロシアの独裁者として君臨する意向だろう。

　2018年3月1日，プーチン大統領は恒例となる年次教書演説で「強いロシア」を念頭に，新型戦略兵器（爆撃機用の極超音速ミサイル，原子力エンジンを搭載した巡航戦略ミサイルなど）を紹介[16]，核攻撃能力の強化によって，米国，北大西洋条約機構（NATO）に徹底抗戦する方針を打ち出した。米国のミサイル防衛（MD）網を突破できると豪語した。

　こうした軍事戦略は北朝鮮の金王朝と何ら変わらない。対外的強硬路線はプーチン政権に対する国民の求心力を強化する手段である。意図的に危機を演出して，政権に対する求心力を高めたい。

　だが，プーチン大統領の野望とは裏腹に，姑息な作戦はことごとく徒労に終わるだろう。逆に，プーチン帝国は海図なき航海を余儀なくされたあげく，疲弊の一途を辿り，「偉大なるロシア民族の復興」というプーチン大統領の悲願を達成できぬまま，政界から引退，あるいは死期を迎える公算が大きい。

2. ポスト・プーチンを探る

　遅ればせながら，プーチン大統領もロシアからの人材流出に危機感を抱き，人材の育成，確保に乗り出した。大統領選前，クレムリン（ロシア大統領府）は「ロシアのリーダー」と題する人材登用コンクールを開催した。管理職経験の

ある40代までの若手を対象に，103人の優秀な人材を選抜，そのうち数十人がクレムリンや省庁に若手テクノクラートとして採用された[17]。

このような手法は公募による人材登用制度を活用した，いわばプーチン・チルドレンを輩出する仕組みと位置付けられる。一定の透明性を確保できるかもしれない。ここからポスト・プーチンが生まれるのだろうか。

プーチン政権下では従来，シロビキと呼ばれる治安機関出身者（保守強硬派）とリベラル派との間で熾烈な権力闘争が繰り広げられてきた。シロビキが大きな政府を標榜して，国営企業の役割を重視する一方，リベラル派は小さな政府を目指し，欧米先進国との関係改善を主張する。現在，シロビキ側が優勢を保つなか，その頂点に立つ実力者がロシア国営石油最大手ロスネフチの最高経営責任者（CEO），イーゴリ・セチンである。

最近では経済発展相だったアレクセイ・ウリュカエフを放逐，セチンCEOの影響力が甚大であることをあらためて内外に誇示した[18]。ジョセフ・スターリン期以来，現職の大臣が逮捕されたのはこの事件が初めてであったことを考えると，セチン社長の影響力がいかに大きいかがわかる。

また，2018年3月末には大手財閥スンマグループのトップ・マゴメドフ会長がインフラ建設（公共事業）をめぐる横領容疑で逮捕された。マゴメドフ会長の資産は14億ドルと伝えられる[19]。マゴメドフ会長はメドベージェフ首相側近のドボルコビッチ副首相（当時）の友人である。この事件もシロビキ暗躍によるリベラル派攻撃に他ならない。

新内閣の要職人事ではメドベージェフ首相は留任，続投となったものの，ドボルコビッチは副首相の座を追われた。事実上の更迭である。シュワロフ第1副首相も退任した。第1副首相のポストには財務相を務めていた，リベラル派のアントン・シリアノフが就任した。シリアノフ第1副首相は引き続き，財務相も兼務する。

そのほかの大臣ポストも留任が目立つ[20]。ラブロフ外相，ショイグ国防相，イワクエネルギー相，オレシキン経済発展相，マントゥロフ産業貿易相は全員，留任組である。継続性や安定性を優先，目玉人事はなく，大幅な人事刷新は先送りされている。その結果，シロビキとリベラル派との勢力均衡は保持さ

れることになった。

　新内閣陣容のなかではマキシム・オレシキン経済発展相に注目したい。オレシキン経済発展相は30代半ばと今後の活躍が期待できる人材である。

　意外かもしれないが，プーチン大統領は身内に甘い温情主義者である。汚職疑惑の本丸については，権力闘争の均衡上，メスを入れるが，その任命責任は問わない。従来，外交・安全保障は大統領が，内政は首相が管轄するという，事実上の分業が不文律化されてきた。長期にわたってロシア経済が低迷しているにもかかわらず，プーチン大統領はメドベージェフ首相に続投させてきた。シロビキからの圧力で若干の人事に手を入れたに過ぎない。

　結果として，今回の組閣人事からはポスト・プーチンは生まれてこないだろう。というよりもむしろ，プーチン大統領が意識的に後継者争いを封じ込めたと解釈するのが実態に近いだろう。

　セチン社長は名実ともに，プーチン大統領に次ぐナンバーツーの座を占める。セチン社長の影響力が絶大なのはロスネフチのCEOであるからというよりもむしろ，治安機関（KGB）出身者としての影響力の大きさにある。それゆえ，次期首相との噂が尽きない。

　セチン社長の対極に立つ大物が経済相経験者のアレクセイ・クドリン。クレムリンで経済アドバイザーとしてプーチン大統領に助言するクドリン氏はリベラル派の象徴的な人物である。西側諸国との関係修復に必要な人材でもある。プーチン政権4期目の人事では，クドリン氏は会計検査院長官に任命された。

　クレムリンを取り巻く権力構造は，セチンCEOを事実上のトップとするシロビキとクドリン氏やメドベージェフ首相を代表とするリベラル派によって構成される。その勢力均衡を図ろうとするのがプーチン大統領だと解釈できる。

　プーチン大統領はセチン社長を自らの後継者だと認知しているのだろうか。セチン社長がプーチン大統領の盟友で，ポスト・プーチンの有力候補であることは事実だが，少々問題もある。その1つが年齢。セチン社長は1960年レニングラード（現サンクトペテルブルク）生まれで，すでに50代後半に差し掛かっている。プーチン最終章の幕が下りる2024年ごろには，60代半ばを迎える。セチン大統領が誕生しても長くは続かない。

Ⅶ　経済制裁に直面するロシア経済　177

　もう1つの問題点がセチン社長の人柄。強引，かつ攻撃的である人物であるがゆえに，評判が悪い。人望もない。レニングラード国立大学卒で経済学の学位を持ち，フランス語とポルトガル語も得意と聞く。プーチン大統領に最も近い人物，インナーサークルの1人で，クレムリン勤務時代には政治家としての研鑽も積んでいる。

　また，セチン社長は石油会社ロスネフチの再建に成功，矢継ぎ早にM&A（合併・買収）を駆使して，ロスネフチをロシア最大の石油企業に仕立て上げた。今やロスネフチは29万6,000人の従業員を抱え，世界原油生産の6%を占有，モスクワやロンドンの株式市場に上場を果たした。その株式時価総額は650億ドルに達する。文字通り，ロシア石油産業界を支配する。

　セチン社長はロスネフチの世界進出にも熱心で，クレムリンによるエネルギー資源戦略の具体的な担い手として活躍する。たとえば，米国による経済制裁で破綻寸前となっているベネズエラには60億ドルを投下，イラクのクルド自治州にも35億ドルを注入している。加えて，2017年にはインドのエッサール・オイルを129億ドルで買収すると同時に，ロスネフチ株14%を中国のエネルギー企業CEFCに売却している。

　セチン社長は卓越したビジネスパーソン，オイルマン，意思決定者，ネゴシエーター，獲物を狙う獣のようでもある。他方で，セチン社長やロスネフチは米国が発動する制裁の対象となっており，米系国際石油資本（メジャー）であるエクソンモービルはロシアを撤退している。

　セチン社長の影響力はロシアの石油産業界，経済界，政界，治安当局すべてに及ぶ。ロシアでは国営部門が国内総生産（GDP）の6割も占有すると同時に，融資の7割を国営系の金融機関が担っているという[21]。国営部門が肥大化すればするほど，セチン社長を代表とするプーチン・インナーサークルの既得権益は積み上がっていく。また，セチン社長は治安当局も牛耳っているからこそ，意に沿わない人物を逮捕できる。

　プーチン大統領に忠誠を誓うセチン社長が有能な人材であることに間違いはないが，プーチン大統領のように表舞台でスポットライトを浴びるのではなく，陰で暗躍するタイプの人物と言える。

プーチン大統領がセチン社長を後継者と考えていないなら，どのような人物が後継者として適任なのであろうか。

かつてクレムリノロジーという専門用語が世に流布していた。あえて日本語に置き換えれば，ロシア大統領府学ということになろうか。ソ連邦時代，クレムリノロジスト（クレムリン・ウォッチャー）は共産党機関紙を熟読，掲載された写真に並ぶ要人の序列などを参考に，次期最高指導者を占った。

もはやこのような原始的な手法は通用しなくなったものの，プーチン大統領自身が後継者指名しない今日，ポスト・プーチンを分析することは今もって健在である。プーチン自らが後継者を語ることはないだろう。後継者が明らかになった瞬間から，プーチン大統領のレームダック（死に体）のカウントダウンが始まるからである。求心力を失う可能性が高い愚行をプーチン自らが犯すわけにはいかない。

しかしながら，その一方で，プーチン大統領が後継者探しを模索していることも事実である。若手テクノクラートの登用がその中核を占めるが，そこではプーチン大統領のインナーサークルを牛耳るシロビキが排除されていく可能性が濃厚となってきた。

2024年を迎えると，プーチン大統領も71歳になる。ロシアの憲法上はプーチン政権最後の年となるけれども，権力欲が旺盛なプーチン大統領は安易な引退の道を選択しないだろう。プーチン院政の道を切り開くべく，院政統治システムの構築へと動き出すものと思われる。たとえば最高会議といった政治装置を新設して，そのトップに就任するといった手法だ。そこでは憲法上の制約，いわば縛りから解放されるから，終身皇帝が可能となる。大統領や首相を統轄できる。

あるいは隣国のベラルーシと国家連合を結成して，その新連合の大統領に登り詰める道も想定できる。そうなると，ロシアとベラルーシの両国を包括する強力な権限を保持できる。この場合もプーチン体制を継続できると同時に，終身皇帝が実現する。いずれにせよ，真の民主主義とは程遠い政治体制となる。ただ，いずれの場合も肉体的・精神的な身体能力の衰えには逆らえない。

ポスト・プーチンの有力候補として，やはり大統領経験者で50代前半のメ

ドベージェフ首相を挙げることができる。2018 年 3 月 21 日付『日本経済新聞』
もメドベージェフ首相を後継者候補として紹介している。有力候補者であるこ
とは間違いがないだろう。だが，この人事では新味に欠け，人心一新を図れな
い上に，セチン社長と同様，一時凌ぎの印象を拭えない。

『日本経済新聞』(2018 年 3 月 21 日号) はメドベージェフ首相のほかに，ショイ
グ国防相，マトビエンコ上院議長，ウォロジン下院議長，ジュミン・トゥーラ
州知事の名前を挙げているけれども，このうちショイグ国防相とマトビエンコ
上院議長は年齢的にクリアできず，有力候補からは脱落しているものと思われ
る。

このなかで着目すべき人物は 40 代半ばのアレクセイ・ジュミン州知事であ
る(22)。ジュミン州知事はかつてプーチン大統領の警護官を担当後，2015 年に
は国防副大臣を歴任している。トゥーラ州はモスクワ南部に広がる農業地帯で
ある。ジュミン州知事はシロビキ出身者でありながら，政治プレーヤーに華麗
なる転身を遂げた。ショイグ国防相やセチン CEO につながる人物である。

そこで浮上する人物が欧州にある，飛び地カリーニングラード州知事のア
ントン・アリハノフ(23)。アリハノフ知事は 2016 年 10 月にプーチン大統領が
州知事に大抜擢した逸材。任命当時，アリハノフ知事は 30 歳という若さだっ
た。もちろんロシア史上最年少の州知事就任である。

飛び地の州知事任命は一見，左遷であるかのような錯覚に陥るが，そうでは
ない。戦時体制下のロシアにとってカリーニングラードは安全保障上，最重要
地域となっている。その後，アリハノフ知事は非常事態相に任命されている。

頼みの綱となる米国が単独主義に傾注することを背景に，大欧州世界では欧
州各国自らが対ロシア防衛強化に動いている。ロシアの領土拡張・膨張主義を
欧州各国が警戒，米国を除く NATO 加盟の 14 カ国が対 GDP 比 2% という目
標水準にまで防衛費を積み上げる方針でいる。

なかでもロシアと近接するバルト 3 国がクリミア半島の二の舞となるのを防
ぐべく，防衛費増強に熱心だ。リトアニアは防衛費を 2 倍超に急増させる一
方，ラトビアは戦車やレーダーシステムの購入を決定している。エストニアも
対戦車砲などを調達，軍隊の近代化を推進している。ポーランド，エストニ

ア，ラトビア，リトアニアには NATO 軍 4,500 人が展開する。

フランスもまた攻撃型原子力潜水艦 4 隻，武装無人機 6 機などの装備を近代化する。ドイツ政府は緩やかな防衛費の拡張を容認する一方[24]，兵力を現行の 18 万人から 19 万人体制に増員する[25]。

ロシアの飛び地カリーニングラードは対ロシア強硬派の北部のリトアニア，南部のポーランドと隣接する。仮想敵国に包囲されている。NATO に対抗するため，ロシア政府はイスカンデル・ミサイルシステムをカリーニングラードに配備した[26]。

NATO 軍と比較すると，ロシア軍の通常兵器は劣勢なのは一目瞭然だ[27]。これを補う手段としてロシアは短距離の戦術核を位置付ける。ロシアは紛争を緩和するために，紛争をエスカレートさせる。これは局地的な核の先制攻撃を意味する。核兵器使用を想定した軍事演習を反復するゆえんだ。ただ，この軍事戦略でクレムリンが思い描く NATO 分断，米欧分断が奏功するかどうかは不透明である。

日本では朝鮮半島情勢のみに注意が集中し，勢い，欧州北部の緊迫した実態にあまりにも無関心に過ぎる。だが，NATO とロシアは睨み合いを続け，一触即発の局面を迎えているのである。

アリハノフ知事（当時）はこの困難な対外環境を直視し，対処する必要があった。それだけにカリーニングラード州知事の任務は重要なのである。その戦略的要衝地にプーチン大統領はアリハノフを赴任させた。この人事ではシロビキの一角を占める，セルゲイ・チェメゾフ・ロステック（ロシア国営防衛コングロマリット）会長が動いたとされる。

アリハノフ氏が大役を果たすことができれば，ポスト・プーチンの資格を十二分に備えているということになる。有力な後継候補の仲間入りとなるだろう。プーチン大統領は有力候補者を意図的にモスクワから遠ざけていたとも解釈できる。凄惨な権力闘争に巻き込まれないように配慮したのである。権力闘争に巻き込まれると，勝者と敗者のいずれかとなる。敗者になると，元も子もない。

ポスト・プーチンの有力候補者はアリハノフ氏だけではない。2016 年 8 月，

プーチン大統領はセルゲイ・イワノフ大統領府長官を解任，当時40代半ばの
アントン・ワイノ氏を後任に抜擢した。ワイノ氏はエストニアの首都タリンで
生まれ，ソ連邦時代のエストニア共産党首の孫である。外交畑でキャリアを積
み，主としてアジア問題を担当した。

　ワイノ氏はその後，プーチン氏の首相時代，大統領時代の双方で内閣やクレ
ムリンでプーチン氏に仕えてきた。対外的には無名の人物であるが，プーチン
側近の1人である。

　なお，解任されたセルゲイ・イワノフ氏の息子は父親と同姓同名のセルゲ
イ・イワノフ氏であり，ダイアモンド世界最大手アルローサの社長を務める。
年齢はアリハノフ氏と同様に30代後半ときわめて若く，国営企業CEOのな
かでは最年少である。ワイノ氏とともにポスト・プーチンの有力候補者であ
る。

　州知事のなかでニジュヌィ・ノヴゴロド州のグレブ・ニキチン知事就任はセ
チン社長がロビー活動で押し込んできた人事である。ニキチン州知事，アリハ
ノフ氏ともにシロビキ人事であることに留意したい。と同時に，ニキチン州知
事もまた30代後半と若い。この州は自動車城下町として知られ，ロシア自動
車産業の集積地である。ロシア産業にとって重要な産業都市であることはいう
までもない。

　中央政府の人事だけでなく，広く州知事の人事にも注視しなければならな
い。若き州知事が台頭する一方，失策で知事辞任を余儀なくされることもあ
る。2018年3月25日，大統領選直後にシベリア南部の炭鉱の街ケメロボで発
生した，ウインター・チェリー・モールの大火災。防火設備の不備が原因で
64人が死亡する大惨事となった。怒った市民は知事辞任を求めて街頭デモを
展開。中央政府に非難の矛先が向かうことを阻止すべく，プーチン大統領はア
マン・トゥレーエフ知事（73歳）を引責辞任に追い込んだ[28]。

　シロビキとリベラル派は自らが権力闘争を繰り広げるだけではなく，若き後
継者にも触手を伸ばして，自らの後継者を担ぎ，ポスト・プーチンを見据えた
抗争を展開している。権力闘争は新たな局面を迎えた。ポスト・プーチンを視
野に，派閥サバイバルを賭けた仁義なき戦いなのである。

3. 低迷続くロシア経済

2018年2月1日，ロシア連邦統計局は2017年の実質GDP成長率を公表，対前年比1.5%増にとどまることがわかった[29]。2015年と2016年はウクライナ侵攻をめぐって欧米諸国が発動した経済制裁や原油安が主因となり，2年連続でマイナス成長に甘んじた。3年ぶりにプラス浮上したものの，2017年後半から急減速，結局，経済発展省の予想値である2.1%増を下回ることになった。国際通貨基金（IMF）は2018年の経済成長率を1.7%と見通していたが，ここには追加経済制裁が織り込まれていない[30]。

2017年については，鉱工業生産も対前年比で1.0%増にとどまっている。鉱工業生産は主として民間部門の投資意欲が低減している影響で，2017年11月からマイナスに転換。製造業の不振を物語っている。

確かに原油をはじめとする資源の国際価格は浮上してきたけれども，欧米諸国が矢継ぎ早に追加制裁を実行。ロシア人外交官の追放に加えて，制裁の対象がロシア政財界の要人（プーチン大統領のインナーサークル）にまで拡大，資産凍結や金融取引の制限が本格的に実施される段階に移っている。

資源価格は市況によって変動するが，制裁はロシアがウクライナにクリミア半島を返還しない限り，緩和，解除されない。トランプ米大統領一家とロシアとの不透明な関係が疑われる，いわゆる「ロシアゲート疑惑」でワシントンは対ロシア制裁の強化に動いており，経済制裁は半永久的に解除されない状況となっている。

当然のことながら，外国人投資家は対ロシア投資に慎重にならざるを得ない。外国企業による新規投資はこの先，見込めないうえ，ロシアからは資金が引き揚げられる。事実，2017年には対前年比60%増となる313億ドルもの資金がロシアから逃避している。

資本逃避は債券安，株安，通貨安のトリプル安を招く。最近ではトルコリラやアルゼンチンペソが急落しているが，経常赤字と財政赤字，つまり重債務（借金大国）であることが通貨下落の原因である。輸入インフレが顕在化し，物

価上昇と金利上昇とが一般市民の生活を圧迫する。

トルコでは10年物国債の利回り（長期金利）が急上昇，投資家が警戒感を強めている[31]。米ドル高局面では新興国から資金が引き揚げられ，通貨安を誘発することが多い。米ドル建ての債務が膨らんでいくからだ。

他方，ロシアの場合，国際原油価格の反発が寄与して，経常収支も財政収支も黒字転換している。それでも，米当局がロシアに対する追加制裁を発表した2018年4月6日直後から通貨ルーブル，株式，国債の相場が急落した。米国側はロシアによる「悪意に満ちた行動」と強く警告[32]，プーチン・インナーサークルを中心に制裁の標的とした。

内外の投資家は制裁対象国のロシアを信用できない。信頼性の欠如も資金流出を招く。リスク回避の際，日本円が広く買われるのは，世界有数の純債権国である日本が国際的に信用されているからに他ならない。

紆余曲折を経ながらも，眼前の世界経済はヒト，モノ，カネ，情報が自由に移動できる空間となる過程にある。自由貿易の重要性は言うまでもなく，国境なき経済空間を大前提とする体制へと昇華していく過程にある。頑なに自由経済を拒否して，保護主義や閉鎖経済に埋没した国家はすべて繁栄を享受できていない。多角的貿易体制，世界貿易秩序を担保する国際機構が世界貿易機関（WTO）であり，貿易制限はWTOルール違反となる。

国境なきグローバル経済は基軸通貨である米ドルが牽引する。世界経済を人体にたとえるならば，米ドルは血液に相当する。米ドルは国際金融取引のハブとしての役割を担う。つまり米ドルには当初から優位性が備わっているのである。米ドルの存在を中核として，国際金融システムは構築され，機能している。その大前提は米国が自由経済の信奉国であると同時に，それを常に標榜している国家だということである。

だが，今，問題なのは，基軸通貨国の米国が保護主義的な通商政策へと走り，自由経済の信奉国を放棄している現実である。開発途上国が輸入関税率を引き上げて，自国産業を育成する政策を打ち出すこととは意味が違う。いわゆる通商摩擦，貿易戦争の仕掛人は米国であるという事実を軽視できない。

米国優先の手段が追加関税であり，輸入制限である。その大義名分は国家安

全保障ということになる。単なる選挙対策に過ぎないにもかかわらず，ある特定の輸入品の増加が米国の安全保障上の脅威になっている[33]とトランプ政権は屁理屈を並べ立てている。だが，米国が基軸通貨国である限り，米国は自由経済の旗手であり続けなければならない。

　トランプ大統領にとっての最優先は何と言ってもまず自分自身にある。次に，トランプ・ファミリー。自分自身と家族の利益追求が何よりも優先される。その利益追求が内政，外交に反映される。トランプ一族は米国を私物化している。自らの出馬出身母体である共和党は利益追求の手段に過ぎない。

　米ドルを発券する米国が政治目的に経済を手段として利用すれば，その影響はグローバル規模で広がっていく。この悪影響は世界を循環し，やがては米国にも及ぶ。結果として，米国民・消費者の生活水準が低下していく。ここにはトランプ一族も含まれる。トランプが大統領を退いたそのとき，家族によるさまざまな不正が暴かれ，トランプ自身と家族は次々と法の裁きを受けることだろう。

　近視眼的な政治的野望は経済的破滅へと帰結する。結局，その野望は成就せず，政治の世界から追放されることになる。トランプ大統領はこの単純な理屈を理解していない。貿易制限の真の目的は貿易赤字の解消ではなく，議会選挙対策であり，大統領自らの再選にあることは明白だろう。

　国際金融システムの頂点に君臨する機関が米財務省と米連邦準備理事会(FRB)。金融・経済制裁を発動するのは米財務省であることから，この役所が絶大な権限を掌握していることがわかる。米財務省による制裁発動の標的となった組織体は，たちどころに国際金融システムから追放，締め出されてしまう。

　米中貿易戦争は米国による対中国経済制裁の発動によって宣戦布告された。中国産の財・サービスが米国経済を侵食し，米国産業に損害を与えているとホワイトハウスは解釈する。ここに中国の執拗な膨張主義，海洋戦略，それに朝鮮半島問題といった国際政治ファクターが複雑に絡み，制裁発動に至る。

　米国は中国の軍事的野望を挫くべく，環太平洋合同演習（リムパック）から中国を排除している。ワシントンの主張には一理ある。しかし，米国の自国優先

主義，保護主義に同盟国を巻き込むことは許されない。

　核兵器とミサイルの開発に執着する北朝鮮が制裁対象国となり，国際社会から追放，孤立してきたことは周知のとおりである。

　イラン核合意から米国が一方的に離脱し，独自の制裁をイランに突きつけた問題もイスラエルという国際政治ファクターが絡む。イランとイスラエルとの対立が激化，中東世界でイランのプレゼンスが高まっていることにイスラエルと同盟国の米国が危機感を募らせてきた。

　米国内のユダヤロビーは強力で，層の厚い票田を自由自在に操る。これも政治ファクターとなる。国際政治ファクターと国内政治ファクターが重なり，独自制裁の発動へと発展した典型的な事例である。イランでも通貨リアルの下落が止まらない。

　米国は経済破綻寸前の反米国ベネズエラやロシアにも制裁を科すが，中国，北朝鮮，イラン，ベネズエラ，ロシアなど制裁対象国のすべてが独裁国家，あるいは事実上の独裁国家である。

　2018 年 4 月，米財務省は対ロシア制裁の対象に，大富豪オレグ・デリパスカとその傘下企業である，世界アルミニウム大手のルースアル（Rusal, ルサール，ロシアのアルミニウムの意）を追加，ルースアルが保有する米ドルを差し押さえると脅迫した[34]。デリパスカ氏はルースアル株 27.8％を掌握する。

　経済制裁の対象に指定されてしまうと，対象となった企業や個人が一種の金融危機に直面することになる。米ドル建て決済が不可能となる一方，保有資産が凍結されてしまうからだ。たちどころに資金ショートに陥ってしまう[35]。

　2017 年実績でルースアルは 371 万トンのアルミニウムを生産，そのうち 45％を欧州市場に輸出している[36]。米国市場にも 50 万〜 60 万トンが輸出されてきた[37]。日本はロシアから年間 30 万トンほどのアルミニウム地金を輸入する[38]。

　ルースアルによるアルミニウム生産は世界全体の 7％，中国を除くと 13％を占有する[39]。ロシア国内はもちろんのこと，アイルランド，ギニア，ウクライナ，スウェーデンなどロシア国外にもアルミナ精製プラントを所有，操業している[40]。従業員は 17 万人に達するという[41]。

米ドルベースの決済ができなくなるルースアルが資金ショート，経営不振に陥るとの思惑から，世界のアルミニウム市場，ロシアの金融市場が乱気流に巻き込まれた。ルースアルは香港株式市場に上場するが，その株式時価総額はほぼ半減している[42]。株価急落後も反発力は弱く，低迷から脱却できていない[43]。ロシア政府による公的資金の投入，あるいはロシア国営銀行による追加融資の注入で，ルースアルに救済措置を講じなければならない事態に発展している[44]。

すでに欧米諸国の経済制裁の対象となっていた，ロシア金融機関のズベルバンク株も連動的に急落したが，資産規模ではロシア国営の対外貿易銀行（VTB）の3倍に達する。ロシア屈指の銀行である。ルースアルは84億ドルの債務を抱えるが（純債務総額は76億ドル[45]），このうちの半分をズベルバンクから調達している[46]。

ズベルバンクは保有していたトルコのデニズバンク株99.85％を146億トルコリラ（3,500億円）でアラブ首長国連邦（UAE）の金融大手エミレーツNBDに売却した[47]。ズベルバンクも国際戦略を見直す必要に迫られている。

なお，ロシア当局は経済制裁を回避すべく，ロシア国営の国防銀行を創設している。この国防銀行は軍産複合体への融資を目的とする[48]。

ロンドン株式市場に上場されるロシア系企業・金融機関の株価も急落，ルースアルとともに，株式価値は大きく削られた。制裁対象でないロシア企業にも悪影響は波及，たとえばロシア金生産最大手のポリウスの株価も下落した[49]。当然，通貨ルーブルの対米ドルレートも暴落している。

デリパスカの悲願であった，ルースアルのロンドン，ニューヨーク株式上場は絶望的となった[50]。

アルミニウムは缶材や建材，それに自動車部品など幅広い製品に使われている。アルミニウムの供給は潤沢なので，本来は価格が安定して推移する。ルースアルによるアルミニウム生産は世界供給の7％を占有するが，日本の需要家も主要な調達先の1つとしている。日本はアルミ地金の2割をロシアから輸入する[51]。

国際指標となるロンドン金属取引所（LME）のアルミ3カ月先物価格は1ト

ン 2,000 ドル近辺で推移していたが，ルースアル制裁が発表された直後，ロシアのアルミニウム供給不安が意識され，一時，同 2,500 ドルを突破，7 年ぶりの高値を記録した。LME やシカゴ・マーカンタイル取引所（CME）はルースアル製アルミニウムの受け渡しを停止，ルースアル製のアルミニウムが市場から事実上，締め出された。

供給不安はルースアルが株式の 27.8％を保有するニッケル生産企業ノリリスク・ニッケルにも波及，ステンレス原料のニッケルやニッケルの副産物であるパラジウムの国際相場も押し上げた。2017 年にはノリリスク・ニッケルからルースアルに 480 億ルーブル（7 億 5,000 万ドル）の配当金が支払われたが，経済制裁の対象となったことでこの先，配当金の支払いが滞る可能性が浮上している。ルースアルにとってはかなりの痛手となる[52]。

パラジウム生産ではロシアの世界シェアが 4 割，ニッケル生産では同じく 1割に達する[53]。ロシアはパラジウム，ニッケルの有力輸出国となっている。主要産地国であるインドネシアやフィリピンのニッケル生産も滞り，在庫が減少していることも重なって，ニッケル価格に上昇圧力が強まっている[54]。

トランプ政権は鉄鋼やアルミニウムに高率関税を課して上機嫌だが，アルミニウムに希少性はない。だが，パラジウムやニッケルは，いわば戦略金属なので，国際市場にロシア産のパラジウムやニッケルが流入しなくなると，たちどころに不足感が蔓延，価格が急騰してしまう[55]。

ノリリスク・ニッケルの CEO はウラジーミル・ポターニンであるが，ポターニン CEO もまたルースアル株 30.8％を所有する。

一方，英国政府に投資ビザの更新を拒否された，ロシアを代表する富豪ロマン・アブラモビッチも約 6％のルースアル株を所有する。英国当局は在留ビザ，就労ビザの取得義務をアブラモビッチ氏に通告している。ユダヤ系であることから，アブラモビッチ氏はイスラエルの市民権を取得している。アブラモビッチ氏はテルアビブにも邸宅を構え，イスラエルのスタートアップ企業に投資している[56]。

スイスを本拠地とする資源商社グレンコアも 8.75％のルースアル株を保有するが，グレンコアはルースアルの最大顧客でもある[57]。グレンコアは 2017

年，ルースアルから24億ドル相当のアルミニウムを購入していた[58]。ルースアルの取引先のなかには世界の自動車企業，すなわちトヨタ自動車や独フォルクスワーゲン（VW），それに米フォード・モーターも含まれる。日本の産業界にとっても無縁のスキャンダルではない。

　また，デリパスカ氏はロシア自動車大手のGAZも傘下に置く。GAZはVWとの合弁企業を通じて，ロシアでVW車を組み立てる契約を結ぶ。

　経済制裁はロシアを標的とするものではあるけれども，その影響は日本や欧州諸国にも及ぶことになる。このためワシントンは対ルースアル制裁を5カ月間猶予すると発表している[59]。制裁の悪影響が同盟国に波及することから，米財務省も苦慮していることがわかる。グローバル規模で国際分業が進展しているからに他ならない。

　アブラモビッチ氏は英サッカープレミアリーグのチェルシー・フットボールクラブのオーナーとして著名なスーパーリッチである。自家用機で世界を飛び回る大富豪の資産は93億ポンドで英国第13位にランキングされる[60]。アブラモビッチ氏だけでなく，ロシアを代表する大富豪が英国内に大豪邸を構える[61]。数多くのロシア系大富豪が英国内に既得権益を積み上げてきたのである。

　マネーロンダリング目的のロシアマネーが英国内に流入してきたことは公然の秘密となっている。ロシアマネーの資金洗浄はラトビア，キプロスなど欧州のユーロ採用国でも繰り返されているという。バルト3国は政治的にロシアと決別してきたが，ロシアは資金洗浄基地としてバルト3国を利用している[62]。

　デリパスカ，アブラモビッチ，ポターニンとロシア財界の大物がルースアル株の保有をめぐって対立してきた経緯があるが，株式取得をめぐる争いは今も継続中である[63]。デリパスカ氏をはじめとして，ルースアルの経営陣は総退陣，制裁対象となっていない人物を新経営陣とし，ルースアル復活を目指す[64]。デリパスカ氏は保有しているルースアル株を売却しなければならなくなった。

　グレンコアのイワン・グラセンベルグCEOもルースアル経営陣に加わっていたが，米国政府による追加制裁リストの公表直後に取締役会から身を引くと表明，リスク回避姿勢を強めていた[65]。

　非鉄金属の産業用途は幅広い。景気の先行きに敏感に反応する。景気後退局

面では素材価格は軟調に推移するが，過度な供給不安が発生すれば，事情が変わってくる。非鉄金属の値上がりは関連産業の経営を圧迫する要因となる。ただ，制裁対象外のロシア素材企業にとっては，国際価格の上昇は生産拡大の刺激となる。

米国による追加制裁の対象はルースアルやデリパスカ氏だけではない。

ロシア国営天然ガス独占体ガスプロムを率いるアレクセイ・ミレル CEO や VTB トップのアンドレイ・コスチン，石油大手スルグートネフチェガスのウラジーミル・ボグダノフも制裁の対象に追加された。VTB のコスチン CEO はかつて，NATO とロシア双方による軍事衝突の危険性について警告を発していた人物として知られる[66]。

ガスプロムは欧州ガス市場の 3 分の 1 を占有する。ミレル CEO はプーチン大統領に近い人物として米国の追加制裁の対象となった。

ポスト・プーチンを検討した際に紹介した，マキシム・オレシキン経済発展相やアレクセイ・ジュミン・トゥーラ州知事も制裁対象リストに挙げられている[67]。原油価格が高値圏を舞うとは言え，追加制裁がロシア経済のリスクを高めることは疑いがない。

通貨急落局面では政策金利を引き下げることはできない。景気刺激策としての財政出動余力は乏しい。ロシア当局が打つ手段は限られている。ロシア経済の見通しは決して明るくはない。世界銀行（WB）はロシアの経済成長率を2018 年 1.7％増，2019 年 1.8％増と予測するけれども[68]，この低成長率を達成することにも無理が生じてきた。

ガスプロムにとって欧州市場はまさにドル箱であるが，ロシアの軍事的脅威に警戒感を強める欧州諸国はエネルギー安全保障に鑑みて，ロシア依存度を引き下げたい。再生可能エネルギーの普及に力を入れるとともに，天然ガス調達先の多様化を推進してきている。

欧州諸国は揃って北アフリカ産の天然ガスを積極的に導入してきたほか，カスピ海から幹線パイプラインで天然ガスを輸入すべく，壮大なロシア迂回ルート建設計画を練る。アゼルバイジャン産の天然ガスをトルコ横断経由でギリシャやイタリアにまで届ける[69]。

また，液化天然ガス（LNG）の受け入れ基地を新増設して，世界の主要 LNG 生産国から調達している。今後，ここに米国産の LNG も本格輸入されると，近い将来，欧州市場を舞台として，ガスプロムと米国産 LNG が対決することになる。

LNG 受け入れ基地の分野では浮体式 LNG 貯蔵再ガス化設備（FSRU）が注目されてきた[70]。これは LNG 生産国から専用タンカーで運搬されてきた LNG を貯蔵したままで海上に係留，必要に応じて海上で気体に戻す設備である。もって陸上の受け入れ基地の機能を代替する。FSRU であれば，陸上の受け入れ基地よりも建設費（4～7 割程度安価），建造期間（1～3 年間）ともに圧縮できる。FSRU が今後，広く普及すれば，LNG を受け入れる消費国が飛躍的に増える可能性がある。

ガスプロムは欧州を主要な天然ガス輸出市場と位置付けるだけでなく，アジア地域にも市場を拡大すべく，国際マーケティングを展開してきた。サハリンを LNG 生産基地に仕立て上げ，日本などアジア諸国に LNG を輸出するようになった。

また，現在，550 億ドル規模の中国向けの天然ガスパイプライン建設計画を打ち出し，中国も主要輸出市場とする構想を練る[71]。2019 年には中国に天然ガスがロシアから供給されることになる。中国は中央アジアのトルクメニスタンからパイプラインで天然ガスを受け入れているが，2019 年からはここにロシア産天然ガスも加わる。ガスプロムは今後，ユーラシア大陸全体に天然ガス輸出網を構築できる。

飽和状態に近づく欧州の天然ガス市場であるが，ガスプロムが欧州市場の深掘りを断念したわけではない。何よりもロシア産の天然ガスは安価，外国市場では価格競争力が備わっている。ルーブル安が続いていることも天然ガス輸出には追い風となる。ガスプロムとしては欧州向けの天然ガス輸出パイプラインを増強，すなわち輸送能力を増強さえすれば，対欧州輸出を増やすことができる。

2011 年，ガスプロムはロシアとドイツを直結する新規天然ガスパイプライン「ノルドストリーム 1」をバルト海海底に敷設，ドイツ向けの直通輸出を稼

働させた。このルートであれば，陸上パイプラインと違って，ベラルーシやウクライナを通過しない。この両国を迂回するルートを確保した。

　そして現在，天然ガスの輸送能力を倍増するために，「ノルドストリーム２」の建設に取り掛かっている。この建設プロジェクトにはガスプロム単独ではなく，フランスのエンジー，オーストリアのOMV，英蘭系のロイヤル・ダッチ・シェル，ドイツのユニバーとウィンターシャル５社も参加する。総工費は110億ドルとされるが，このうちガスプロムが50％を負担，残余を５社が共同で拠出する。

　加えて，黒海海底には「ブルーストリーム」と命名された天然ガスパイプラインが敷設され，ガスプロムはトルコにも直接，天然ガスを供給する。あわせて，トルコ向けには「トルコストリーム」と呼ばれる天然ガスパイプラインの建設も計画されており，トルコ経由で南欧諸国にまで天然ガスを輸出する予定となっている[72]。

　ところが，ここにワシントンから横槍が入る。ガスプロムやミレルCEOが経済制裁発動の対象となったことから，ガスプロムに協力する外国企業にも制裁を科すと表明，ドイツに「ノルドストリーム２」計画からの撤退を迫っている。米国産LNGを駆使して，欧州の天然ガス市場からガスプロムを追い出そうとホワイトハウスは画策する。

　クリミア半島併合の懲罰としてロシアに制裁を発動した欧州連合（EU）加盟国がロシア主導のプロジェクトに参画することには本来なら筋が通らない。米財務省が発動するロシア経済制裁の影響も欧州地域にまで及ぶ。制裁の緩和，あるいは解除といった措置が現実的でない以上，ロシア経済の復活は当分の間，不可能となる。

4. 日本のロシア外交

　欧米諸国は程度の差こそあれ，ロシアに経済制裁を突き付けてきた。トランプ大統領が目先の国内政治（選挙）を優先することで米国の同盟国との間に亀裂が生じているけれども，ロシア包囲網を構築しようとする思惑では一致す

る。米国はロシアの核兵器と向き合い，欧州諸国はロシアの軍事的脅威に身構える。ロシアはその異質性が仇となって，国際社会から孤立しているのである。この意味では北朝鮮と同類である。

　にもかかわらず，東京のみがロシアに相も変わらず微笑外交に徹している。日本はロシア，北朝鮮，中国が保有する核兵器，大量破壊兵器に取り囲まれている。ロシアも北朝鮮も中国も日本の仮想敵国に他ならない。東京はなぜ，ロシアと北朝鮮，中国を切り離すのか。

　東京は合言葉のように，北方領土問題を解決して，ロシアと平和条約を締結すると繰り返す。だが，モスクワには北方領土を日本に返還するという選択肢はない。ウクライナから領土を奪ったロシアが日本に領土を返還するわけはない。北方領土は永遠に日本に返還されない。北方領土を舞台とする共同経済活動や対ロシア支援など言語道断だ。

　日本も欧米諸国と同様に厳しい制裁を発動すべきである。そして，北海道にも在日米軍を駐留させるべきである。現段階において，ロシアに協力するという選択肢はない。日本政府は制裁発動に対ロシア外交方針を大転換させねばならない。

---------------------------------- 註 ----------------------------------

（1）*Financial Times*, January 27, 28, 2018.

（2）*Financial Times* January 23, 2018.

（3）『日本経済新聞』2018 年 4 月 3 日号。

（4）『日本経済新聞』2018 年 5 月 15 日号。

（5）*Financial Times*, January 26, 2018.

（6）*Financial Times*, April 13, 2018.

（7）『日本経済新聞』2018 年 4 月 19 日号。

（8）『日本経済新聞』2017 年 12 月 8 日号。

（9）*Financial Times*, January 30, 2018.

（10）『日本経済新聞』2018 年 3 月 9 日号。

（11）『日本経済新聞』2018 年 5 月 2 日号。

（12）*Financial Times*, May 8, 2018.

（13）*Financial Times*, March 20, 2018.

(14) 『日本経済新聞』2018 年 5 月 16 日号。

(15) *Financial Times,* May 16, 2018.

(16) 『日本経済新聞』2018 年 3 月 2 日号。

(17) 『日本経済新聞』2018 年 4 月 5 日号。

(18) *Financial Times,* March 3, 4, 2018.

(19) *Financial Times,* April 2, 2018.

(20) 『日本経済新聞』2018 年 5 月 19 日号。

(21) 『日本経済新聞』2018 年 4 月 19 日号。

(22) *Financial Times,* March 16, 2018.

(23) *Financial Times,* March 16, 2018.

(24) *Financial Times,* May 18, 2018.

(25) 『日本経済新聞』2018 年 4 月 18 日号。

(26) *Financial Times,* February 6, 2018.

(27) 『日本経済新聞』2018 年 2 月 13 日号。

(28) *Financial Times,* April 2, 2018.

(29) 『日本経済新聞』2018 年 2 月 7 日号。

(30) *Financial Times,* April 13, 2018.

(31) *Financial Times,* May 30, 2018.

(32) 『日本経済新聞』2018 年 4 月 12 日号。

(33) 『日本経済新聞』2018 年 5 月 25 日号。

(34) 『日本経済新聞』2018 年 5 月 23 日号。

(35) *Financial Times,* April 14, 15, 2018.

(36) *Financial Times,* April 11, 2018.

(37) 『日本経済新聞』2018 年 4 月 11 日号。

(38) 『日本経済新聞』2018 年 4 月 14 日号。

(39) *Financial Times,* April 14, 15, 2018.

(40) *Financial Times,* April 13, 2018.

(41) *Financial Times,* April 12, 2018.

(42) *Financial Times,* May 25, 2018.

(43) *Financial Times,* June 9, 10, 2018.

(44) *Financial Times,* April 11, 2018.

(45) *Financial Times,* April 14, 15, 2018.

(46) *Financial Times,* April 12, 2018.

(47) 『日本経済新聞』2018 年 5 月 23 日号。

(48) *Financial Times,* January 20, 21, 2018.

(49) *Financial Times,* May 28, 2018.

(50) *Financial Times,* April 10, 2018.

194

(51) 『日本経済新聞』2018 年 4 月 25 日号。

(52) *Financial Times*, June 1, 2018.

(53) 『日本経済新聞』2018 年 4 月 18 日号。*Financial Times*, April 20, 2018.

(54) 『日本経済新聞』2018 年 5 月 30 日号。

(55) *Financial Times*, April 20, 2018.

(56) *Financial Times*, May 30, 2018.

(57) *Financial Times*, April 9, 2018.

(58) *Financial Times*, April 11, 2018.

(59) 『日本経済新聞』2018 年 4 月 25 日号。

(60) *Financial Times*, May 21, 2018.

(61) *Financial Times*, May 22, 2018.

(62) 『選択』2018 年 6 月号，22 〜 23 ページ。『日本経済新聞』2018 年 3 月 17 日号。『日本経済新聞』2018 年 4 月 12 日号。

(63) *Financial Times*, March 27, 2018.

(64) *Financial Times*, May 25, 2018.

(65) *Financial Times*, April 11, 2018.

(66) *Financial Times*, January 24, 2018.

(67) *Financial Times*, April 7, 8, 2018.

(68) *Financial Times*, April 11, 2018.

(69) 『日本経済新聞』2018 年 6 月 14 日号。

(70) 『日本経済新聞』2018 年 6 月 3 日号。

(71) 『日本経済新聞』2018 年 5 月 30 日号。

(72) *Oil & Gas Journal*, April 2, 2018, pp.72-73.

（中津孝司）

Ⅷ ペルシャ湾岸地域内における天然ガス貿易

1. はじめに

　中東8カ国のペルシャ湾岸諸国[1]はサウジアラビアをはじめ原油埋蔵量の豊富な国として知られている国が多いが，他方で，天然ガス資源も世界最大規模にあるイラン，カタールを筆頭として豊富に存在している。その化石エネルギーは一部の国でパイプライン・ガスや液化天然ガス（LNG）としてアジア諸国や域内諸国向けに輸出されているのを除けば，主に国内エネルギーとして供給されてきた。

　この天然ガス資源は石炭や石油と同じ化石エネルギーであるが，他の2つのエネルギーに比べて燃焼時に二酸化炭素（CO_2）の排出量が少ないという長所がある。他方で，通常は気体のため輸送がしにくいという短所がある。こうした短所を克服するためにマイナス162度に冷却して輸送効率を高めたものが，LNGである。気体の天然ガスと液体のLNGの違いとして，前者は主にパイプラインで輸送するのに対して，後者はLNG船を利用して運ぶという点が挙げられる。このような相違点は輸送距離とも結びついており，前者は後者と比べて概して輸送距離が短い。言い換えれば，地理的な距離が短いほどパイプライン輸送が経済的に有利になり，それが長いほどLNGが経済面で有利になるのである。

　こうしたパイプライン・ガスとLNGの地理的特性は，湾岸諸国においては必ずしも当てはまっているわけではない。この地域での天然ガス貿易はカタール産ガスをアラブ首長国連邦（UAE）やオマーンに輸出する「ドルフィン・プロジェクト」など1990年代以降いくつかの貿易国の組み合わせが見られたが，他方において，域内国間で地理的距離が近いにもかかわらず，LNGが貿易される場合も見られる。

本章の目的は，こうしたガス動向のうちペルシャ湾岸諸国の域内諸国間における貿易に焦点を絞り，以下の2点について分析することである。第一に，これまでの歴史をふまえて輸出国と輸入国の組み合わせを取り上げ，天然ガスの湾岸域内貿易がどの程度行われているかを明らかにすることである。第二に，ガス域内貿易を行った当事国，あるいはこれまで貿易が行われてこなかったそれについて，国際政治的側面にも言及しながらこの地域の国際関係について分析することである。

　これらの2つのテーマに関する先行研究としては，筆者の知る限り数少ないが，Hashimoto, Elass and Eller (2006)，Dargin (2007)，Dargin (2008)，Dargin (2011) が挙げられるが，これらの論文は，カタール産天然ガスの域内輸出を分析対象としている[2]。これらは，カタールの動向に加えて，イランのイラクへのガス輸出や最近の新たな動向について言及している本章とは異なる。

　筆者はこれまでこの湾岸地域における諸国の天然ガス輸入をテーマにした論文を執筆してきたが[3]，その多くの論文は，湾岸域内における天然ガス貿易動向を経済的な視点をもとに一国レベルで取り上げてきたものであり，この地域全体としての視点や政治的側面を中心とした国際関係と関連付けて分析したことがほとんどなかった。これが，本章で湾岸域内のガス貿易と国際関係のテーマで分析を行う理由である。

　最後に，本章の第2節以降における各節の概要について言及しておく。まず第2節においては，湾岸諸国8カ国における石油と天然ガス需給動向の現状について議論し，第3節ではそれをベースに，湾岸地域の貿易パートナーの観点から石油と天然ガス貿易がどのように違うかについて議論するとともに，天然ガスの域内貿易を2つの主要手段であるパイプラインとLNGに分けて考察する。第4節では，第3節で取り上げたガスの域内貿易の組み合わせや，新しい域内貿易のそれをこの湾岸地域の国際政治と関連付けて考える。そして最後に第5節では結論をまとめるとともに，これまで言及できなかった内容について補足をする。

2. 湾岸諸国における石油・天然ガス動向の現状

　本節では，まず，湾岸地域における石油および天然ガス動向の現状について，国内動向および国際貿易動向の視点から言及しておく。

A. 石油需給動向

図表Ⅷ-1　湾岸諸国の石油の確認埋蔵量・生産量・消費量・輸出量

	石油					
	(a) 原油確認埋蔵量（2017年末，単位：10億バレル）[1]	(b) 原油確認埋蔵量の世界に占める比率（単位：%）	(c) 石油生産量（2017年，日量，単位：1,000バレル）[2]	(d) 石油消費量（2017年，日量，単位：1,000バレル）[3]	(e) 原油・NGL輸出量（2016年，単位：1,000トン）[4]	(f) 石油製品輸出量（2016年，単位：1,000トン）
イラン	157.2	9.3	4,982	1,816	120,938	20,251
イラク	148.8	8.8	4,520	791	187,360	330
クウェート	101.5	6.0	3,025	449	107,879	30,185
サウジアラビア	266.2	15.7	11,951	3,918	373,168	90,305
バーレーン	N/A	N/A	N/A	N/A	N/A	11,359
カタール	25.2	1.5	1,916	354	50,490	19,144
アラブ首長国連邦（UAE）	97.8	5.8	3,935	1,007	120,236	42,422
オマーン	5.4	0.3	971	189	43,266	1,400

（注）
(1)「埋蔵量には原油だけでなく，ガスコンデンセートと天然ガス液（NGL）を含む。」
(2)「原油，シェールオイル，オイルサンド，NGL（別々に回収される天然ガスの液体内容物）を含む。バイオマスと石炭・天然ガス派生物のようなその他源泉からの液体燃料を除く。」
(3)「内陸需要および，国際的な航空・船舶燃料・精製燃料と損失」「（エタノールのような）バイオガソリン，バイオディーゼル，石炭・天然ガス派生物の消費もまた含まれる。」
(4)「原油，NGL，精製所燃料，添加剤およびその他炭化水素を含む。」

出所：(a)～(d)：BP p.l.c., *BP Statistical Review of World Energy*, June, 2018, pp.12,14,15; (e),(f)：OECD/IEA, *Oil Information*, 2018 edition, pp. Ⅱ. 17, 19. 原出所：World Energy Statistics.

　8カ国から構成される湾岸地域には，化石エネルギー資源である石油および天然ガスが世界的に豊富に存在している国々が多く存在している。図表Ⅷ-1は湾岸諸国におけるこれらの化石燃料のうち，石油需給動向を示したものである。この表から，筆者は以下の3点を指摘することができる。

　第一に，2017年末時点の原油確認埋蔵量では，サウジアラビア（2,662億バレル），イラン（1,572億バレル），イラク（1,488億バレル），クウェート（1,015億バレル），UAE（978億バレル）の5カ国の多さが際立っており，それぞれ世界で見れば第

2位，第4位，第5位，第7位，第8位に位置付けられていることに加え，これら5カ国の原油確認埋蔵量の世界シェアは合計で45.6％となり，全世界の半分近くを占めている[4]。

　第二に，石油の生産量と消費量（2017年）の数字を見て気が付く点として，以下のことを指摘することが可能である。データがないバーレーンを除いて，各国の石油需給量において生産量が消費量を大きく上回っている点である。各国の石油生産量／石油消費量を計算すれば，最大のクウェート（約6.7倍）から最小のイラン（約2.7倍）となっている[5]。

　第三に，石油の輸出量を原油と石油製品に分けて見た場合，データが入手できなかったバーレーン以外のすべての7カ国での原油・天然ガス液（NGL），石油製品ともに世界規模の輸出を行っている[6]。

　このように各国の石油（原油や石油製品）の多くが輸出に向けられている背景には，各国の国内消費量に対する国内生産量の大きさがベースにあるのである。ただ，ここ数十年ほどの間，各国の石油消費量は増大傾向にあるので，こうした傾向が今後も続けば，石油輸出を減少させる可能性がある。

図表Ⅷ-2　湾岸諸国の天然ガスの確認埋蔵量・生産量・消費量・貿易量

	天然ガス					
	(a) 確認埋蔵量（2017年末，単位：兆立方メートル）	(b) 確認埋蔵量の世界に占める比率（2017年末，単位：%）	(c) 生産量（2017年，単位：10億立方メートル）[1]	(d) 消費量（2017年，単位：10億立方メートル）[2]	(e) 輸出量（2016年，単位：10億立方メートル）	(f) 輸入量（2016年，単位：10億立方メートル）
イラン	33.2	17.2	223.9	214.4	9.068	5.868
イラク	3.5	1.8	10.4	12.0	0.0	0.0
クウェート	1.7	0.9	17.4	22.2	0.0	4.960
サウジアラビア	8.0	4.2	111.4	111.4	0.0	0.0
バーレーン	0.2	0.1	15.1	N/A	0.0	0.0
カタール	24.9	12.9	175.7	47.4	121.747	0.0
アラブ首長国連邦（UAE）	5.9	3.1	60.4	72.2	7.570	21.004
オマーン	0.7	0.3	32.3	23.3	10.640	1.970

（注）
(1)「フレアガスないしリサイクルガスを除く。GTL変換のために産出される天然ガスを含む。」
(2)「液体燃料に転換される天然ガスを除くが，GTL変換において消費される天然ガスだけでなく石炭派生物を含む。」

出所：(a)〜(d)：BP p.l.c., *BP Statistical Review of World Energy*, June, 2018, pp.26,28,29, 34; (e),(f)：OECD/IEA, *Natural Gas Information*, 2018 edition, pⅡ.17, 20.

B. 天然ガス需給動向

次に，図表Ⅷ-2をふまえて，湾岸諸国の天然ガス動向の現状について考察をした場合に，以下の点が指摘できる。

第一に，天然ガスの確認埋蔵量（2017年末）については，イラン（33兆2,000億立方メートル），カタール（24兆9,000億立方メートル），サウジアラビア（8兆立方メートル），UAE（5兆9,000億立方メートル）と続いており，これら4カ国はそれぞれ世界で第2位，第3位，第6位，第8位となり，世界全体の37.4%を占めていることがわかる[7]。

第二に，天然ガスの需給量動向（2017年）に関しては，石油のように大きな超過供給が生じているのとは対照的に，各国ごとで状況が異なる。ガス消費量のデータがないバーレーンを除いた残りの7カ国で考察しよう。まず，カタールは大幅な供給超過になっている。天然ガスの生産量／消費量が約3.7倍であるので[8]，このことは同国が世界最大のLNG輸出国であることの背景を示している。イラン，オマーンでは，生産量が消費量を超過してはいてもその程度はカタールほど大きくないことがわかるが，それは両国における天然ガスの輸出余力が大きくないことを示している。イラク，クウェート，UAEではガス消費量がその生産量を上回っているので，各国の国内ではガス不足を生み出すベースとなっていることは明らかである。最後に，サウジアラビアについてはガスの需給量は等しい。これは同国がガスの貿易に手を染めていないことを示している。

第三に，第二の点と図表Ⅷ-2のガス輸出量・輸入量（2016年）を関連付ければ，ガスの輸出余力が大きいカタールがこの地域で唯一のガス輸出大国である一方，その資源の輸出余力があまり大きくないイラン，オマーンは両国とも輸出しているとはいえ，輸入もしている点が特徴と言える。ガスの国内需給が超過需要にある前述の3カ国のうち，クウェートは国内ガスの不足分をガス輸入で補っており，輸出・輸入の双方を実施しているUAEは大きな輸入超過の状態にあることが明らかとなる。最後に，2016年時点でサウジアラビア，バーレーン，イラクはともにガス貿易には携わっておらず，ガス需給のやり取りは国内市場で完結していることがわかる。

3. 湾岸諸国における石油・天然ガスの貿易パートナー

　第2節では，湾岸諸国の石油，天然ガスといったエネルギーの動向について説明したが，そこで議論したことをまとめておく。湾岸諸国のエネルギー資源として，特に石油・天然ガスの動向の現状について議論したが，そこで明らかとなった重要な点として，同諸国の石油貿易と天然ガス貿易の動向が大きく異なることが挙げられる。前者の貿易も後者の貿易もそれらの化石エネルギーの国内需給動向をベースにしている点は同じであるが，石油の貿易動向と天然ガスのそれは同じではない。前者では湾岸諸国すべてが輸出国であるのに対して[9]，後者では湾岸8カ国のうち半分（4カ国）が輸出国である一方で輸入国もある。ガスの輸出国かつ輸入国が3カ国（イラン，UAE，オマーン）であるので，輸入のみ行っている国はクウェートだけであるとはいえ，湾岸諸国のうち50％に当たる諸国が天然ガスを輸入しているのが実情である。また，輸出であれ，輸入であれ，ガスをまったく貿易していない国も3カ国（イラク，サウジアラビア，バーレーン）存在している。このように，石油輸出国としての湾岸諸国とは異なる側面が，天然ガスにおいては見られるのである。

　さて，このように，湾岸諸国における石油貿易と天然ガス貿易の動向の現状が大きく異なることは，石油，天然ガスの化石エネルギー資源の貿易相手国にも同様に存在するのであろうか。言い換えれば，石油輸出国としての湾岸諸国の貿易相手国は，天然ガス貿易（輸出・輸入）国としての湾岸諸国のそれと同様なのか，という視点から本節では分析を行う。

　その結論を先取りして言及するならば，石油の輸出相手国と天然ガス貿易相手国とは大きく異なる。この点について，BPや国際エネルギー機関（IEA）のデータをふまえて湾岸諸国の石油・ガスの貿易をそのパートナーとの関連に焦点を当てて，湾岸諸国と域内貿易について明らかにすることにしよう。

A. 原油の輸出相手国

　まず，湾岸諸国の石油輸出動向を原油に限定して見て行く。なお，データの

制約のために，ここでの湾岸諸国としてイラク，クウェート，サウジアラビア，UAE の 4 カ国を取り上げる。

図表Ⅷ-3　イラクの原油輸出相手国・地域別輸出量（2017 年，単位：100 万トン）

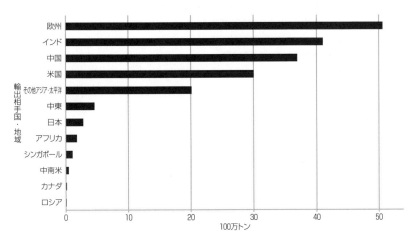

（注）
(1)「船舶燃料は輸出として含まれていない。域内移動（たとえば，ヨーロッパ諸国間）は除かれる。」
(2) ロシアは資料において「0.05 未満」となっているので，「0.05」として図示した。
出所：BP p.l.c, *BP Statistical Review of World Energy*, Jun. 2018, p.24 より筆者作成。

図表Ⅷ-4　クウェートの原油輸出相手国・地域別輸出量（2017 年，単位：100 万トン）

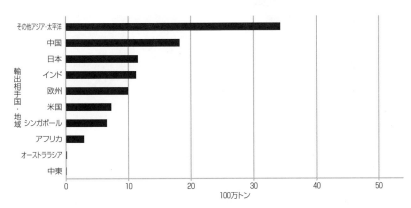

（注）
(1)「船舶燃料は輸出として含まれていない。域内移動（たとえば，ヨーロッパ諸国間）は除かれる。」
(2) 中東は資料において「0.05 未満」となっているので，「0.05」として図示した。
出所：BP p.l.c, *BP Statistical Review of World Energy*, Jun. 2018, p.24 より筆者作成。

図表Ⅷ-5　サウジアラビアの原油輸出相手国・地域別輸出量（2017年，単位：100万トン）

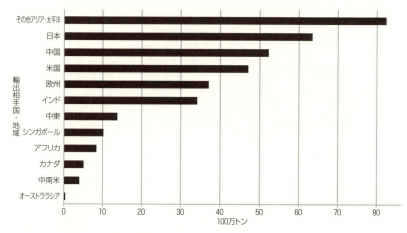

（注）
(1)「船舶燃料は輸出として含まれていない。域内移動（たとえば，ヨーロッパ諸国間）は除かれる。」
出所：BP p.l.c, *BP Statistical Review of World Energy*, Jun. 2018, p.24 より筆者作成。

図表Ⅷ-6　UAEの原油輸出相手国・地域別輸出量（2017年，単位：100万トン）

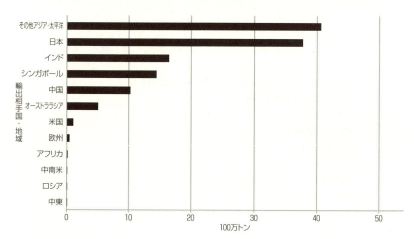

（注）
(1)「船舶燃料は輸出として含まれていない。域内移動（たとえば，ヨーロッパ諸国間）は除かれる。」
(2) 中南米，ロシア，中東は資料において「0.05未満」となっているので，「0.05」として図示した。
出所：BP p.l.c, *BP Statistical Review of World Energy*, Jun. 2018, p.24 より筆者作成。

Ⅷ ペルシャ湾岸地域内における天然ガス貿易　203

　図表Ⅷ-3〜図表Ⅷ-6の4つの図を見て欲しい。これらの図は，これら4カ国の原油の輸出相手国・地域とその数量を図示したものである。これらの図より筆者は以下の点を指摘しておく。

　第一に，これら4カ国の湾岸諸国の原油の輸出パートナーとして，イラクとそれ以外の3カ国で大きな違いがある。つまり，イラクの最大の輸出パートナーが欧州諸国であるのに対して（図表Ⅷ-3），残りのクウェート，サウジアラビア，UAEのそれは「その他アジア・太平洋」諸国である（図表Ⅷ-4〜6）。また，イラクの輸出パートナーとしての「その他アジア・太平洋」諸国は相対的にそれほど大きくはないこともわかる。イラクの欧州向け原油輸出量が多いのは，同国の原油輸出ルートが2つあるからであろう。つまり，イラクの北部に位置する油田での生産物は，パイプラインでトルコを経由して同国南部の地中海沿岸のジェイハンから船積みされるルートと，南部の油田で産出される原油がペルシャ湾から出荷されるルートの2つがある。クウェート，サウジアラビア，UAEの3カ国の原油輸出ルートについては，ペルシャ湾岸で船積みされてホルムズ海峡のものが多いと考えられるが，サウジアラビア，UAEの一部の原油輸出は，ホルムズ海峡を迂回して行うことが可能である。

　第二に，これらの4カ国と日本との貿易関係についてである。サウジアラビア，UAE，クウェートの原油の輸出相手国・地域としての日本の位置付けを見る時，サウジアラビア，UAEの輸出先としての日本向けが2番目に多く，クウェートも日本向けが上位にあるのに対して，欧州向けが多いイラクの場合には，日本への原油の輸出比率はわずかに過ぎない（図表Ⅷ-3〜6）。

　第三に，湾岸諸国の半分に相当するイラク，クウェート，サウジアラビア，UAEの4カ国のデータを見る限り，イラク，サウジアラビアが同じ中東地域の国向けに輸出している原油は少ないうえ[10]，クウェート，UAEに至ってはほとんどない（図表Ⅷ-3〜6）。なお，このBPのデータでは「中東」と分類されており「湾岸」ではないので，中東向けの原油の中にどの程度湾岸諸国向けが含まれているかは明らかではないが，非常に少ないか，あってもわずかであろうと考えられる。これらの4カ国で産出された原油の湾岸域内への輸出が非常に少ない背景として，その全ての国が原油の生産国であり，前掲図表Ⅷ-1で

示されているように,データがないバーレーン以外の7カ国において原油の生産量がその消費量を相当大きく上回っているので,サウジアラビアがバーレーンに輸出している原油を除けば,輸入する必要性がないことがあるのであろう[11]。

B. 天然ガスの輸出相手国

次に,湾岸諸国の天然ガス輸出動向を2016年時点でそれを輸出している4カ国（イラン,カタール,UAE,オマーン）について考える。図表Ⅷ-7～Ⅷ-10はこれらのガス輸出国の輸出相手パートナーを比率で図示したIEAのデータである。これらの図をふまえ,筆者が気づいた点を以下に言及しておく。

第一に,イランの輸出相手国のほとんどはトルコである。このペルシャ国家は同じ中東にあるトルコにパイプラインでガスを輸出しているのに加え,同様の手段でコーカサス（カフカス）地方の諸国（アルメニア,アゼルバイジャン）にも輸出している（図表Ⅷ-7）。イランの輸出相手国であるこれら3カ国に共通している点として,すべてイランの隣国である点が指摘できる。

第二に,カタールについては,輸出相手国として一番比率が高いのは,湾岸地域のUAEである（図表Ⅷ-8）。この輸出事業は「ドルフィン・プロジェクト」と呼ばれ,カタールは海底パイプラインを利用して,UAEおよびオマーンにガスを輸出している。図表Ⅷ-11はこのプロジェクトによってカタールがUAE,オマーンに輸出を開始した2000年代後半から2016年までの輸出量を図で示したものである。それによれば,カタールはUAE,オマーンにそれぞれ2007年,2008年に輸出を開始し,UAE向けは2009年以降に年間170億～

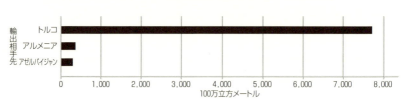

図表Ⅷ-7　イランの天然ガス輸出相手先（2016年,単位：100万立方メートル）

出所：IEA, *Natural Gas Information*, 2018 edition, p. Ⅱ. 27, 29 より筆者作成。

Ⅷ ペルシャ湾岸地域内における天然ガス貿易　205

図表Ⅷ-8　カタールの天然ガス輸出相手先（2016年，単位：100万立方メートル）

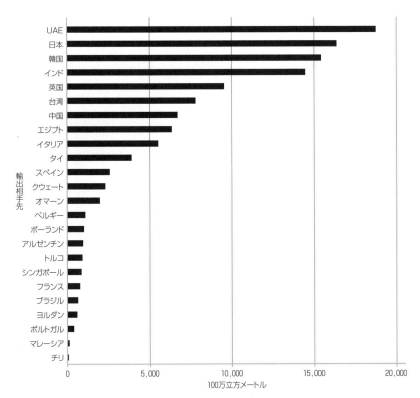

出所：IEA, *Natural Gas Information*, 2018 edition, p. Ⅱ. 27, 29 より筆者作成。

図表Ⅷ-9　アラブ首長国連邦（UAE）の天然ガス輸出相手先（2016年，単位：100万立方メートル）

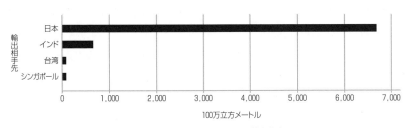

出所：IEA, *Natural Gas Information*, 2018 edition, p. Ⅱ. 27, 29 より筆者作成。

図表Ⅷ-10 オマーンの天然ガス輸出相手先（2016年，単位：100万立方メートル）

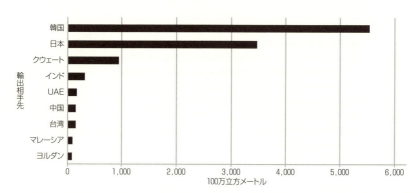

出所：IEA, *Natural Gas Information*, 2018 edition, p. Ⅱ. 27, 29 より筆者作成。

180億立方メートル程度，オマーン向けは2010年以降に1年間で20億～21億立方メートル程度の輸出を行っていることがわかる。

　このような地理的に近い国々への輸出を除けば，カタール産天然ガスの多くは日本，韓国，インドなどアジア諸国や欧米諸国にLNGとして輸出されている（図表Ⅷ-8）[12]。

　第三に，輸出相手国としての日本の立場であるが，カタール，オマーンでそれぞれ2番目に多く，UAEに至ってはその多くが日本向けである（図表Ⅷ-8～10）。BP統計によれば，我が国は世界最大のLNG輸入国として，2017年において多い順にオーストラリア，マレーシア，カタール，ロシア，インドネシア，UAEなどからLNGを輸入しているのであるが，我が国のLNG輸入の視点で見れば，湾岸諸国においては，カタール，UAE，オマーンが輸入相手国であるのが現状である[13]。

　第四に，本章のテーマである湾岸諸国の域内貿易という観点から見れば，前述したカタールとUAE，カタールとオマーンに加え，カタールとクウェート，オマーンとクウェート，オマーンとUAEの5つの組み合わせがあるが，それらの組み合わせの比率はそれぞれ15.7%，1.7%，1.9%，8.7%，1.6%と計算できるので，このような輸出動向は，湾岸地域の一部の国における天然ガスの

VIII ペルシャ湾岸地域内における天然ガス貿易　207

図表VIII-11　カタールの UAE, オマーン向けパイプライン経由の天然ガス輸出動向
(2016年, 単位：100万立方メートル)

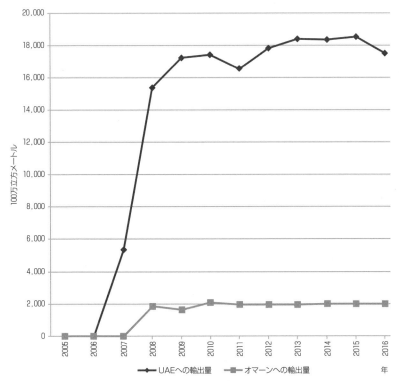

出所：OECD/IEA, *Natural Gas Information*, 2009 edition, p.II. 41, 43, 49; 2012 edition, p.II. 41, 45, 49; 2015 edition, pp.II.39, 43, 47; 2017 edition, p.II. 37; 2018 edition, pp.II. 37, 41 より筆者作成。

域内輸出比率が，石油のそれよりもかなり大きいことを意味しているといえる (図表VIII-8, 図表VIII-10) [14]。また，ガスの域内輸出という視点で見れば，イランがここに入ってこないことに注意すべきである (図表VIII-7参照)。

C. 天然ガスの輸入相手国

これまで湾岸諸国の天然ガスの輸出動向を取り上げてきたが，次に湾岸諸国の天然ガスの輸入動向について 2016 年時点で考える。湾岸地域のガス輸入国であるイラン，クウェート，UAE，オマーンの 4 カ国のガス輸入動向を図表

にしたのが図表Ⅷ-12，図表Ⅷ-13，図表Ⅷ-14，図表Ⅷ-15である。

これらの4つの図表から何が言えるであろうか。以下で4点について指摘しておく。

第一に，イランである。同国は天然ガスの輸出国であるとともに輸入国でもある（図表Ⅷ-2，図表Ⅷ-7，図表Ⅷ-12参照）。同国の輸入動向としては，輸入量のほとんどが北側で国境を接しているトルクメニスタン産のガスであることが指摘できる（図表Ⅷ-12）。また，アゼルバイジャンも含めたイランのガス輸入相手国が湾岸諸国ではないことが明らかとなる。ただ，第2節で言及したように，このペルシャの国は，天然ガスの開発やそれに伴う国内生産量と国内生産量との間の超過供給の程度が小さいとはいえ，確認埋蔵量の多さを背景として潜在的な輸出余力がある。この点は，天然ガス不足に直面している国が多い湾岸地域の各国にとって，イランが魅力的な輸入パートナーと映っているように考えられる。同国は，その核問題のために米国などの国際制裁下におかれ，それは同国のガス資源開発に対する投資や貿易に対して大きなマイナス点になっていると

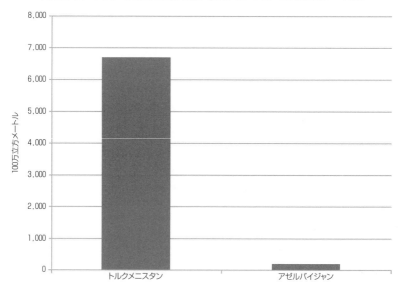

図表Ⅷ-12　イランの天然ガス輸入動向（2016年，単位：100万立方メートル）

出所：BP, p, l, c., *BP statistical Review of World Energy*, Jun.2017, p. 34から筆者作成。

Ⅷ ペルシャ湾岸地域内における天然ガス貿易　209

図表Ⅷ-13　クウェートの天然ガス輸入動向（2016年，単位：100万立方メートル）

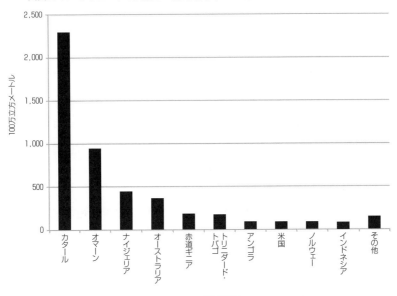

出所：OECD/IEA, *Natural Gas Information*, 2018 edition, pp.Ⅱ, 28, 29 より筆者作成

図表Ⅷ-14　アラブ首長国連邦（UAE）の天然ガス輸入動向
（2016年，単位：100万立方メートル）

輸入相手先	輸入量	輸入方法
カタール	17,512	パイプライン
カタール	1,225	LNG
ナイジェリア	980	LNG
オーストラリア	350	LNG
英国	181	LNG
赤道ギニア	170	LNG
オマーン	170	LNG
インドネシア	90	LNG
ノルウェー	86	LNG
米国	80	LNG
エジプト	80	LNG
トリニダード・トバゴ	80	LNG

出所：OECD/IEA, *Natural Gas Information*, 2018 edition, pp.Ⅱ, 41, 48, 49,

図表Ⅷ-15　オマーンの天然ガス輸入動向
（2016年，単位：100万立方メートル）

輸入相手先	輸入量	輸入方法
カタール	1,970	パイプライン

出所：OECD/IEA, *Natural Gas Information*, 2018 edition, pp.Ⅱ, 41.

はいえ，今後，イラン以外の湾岸諸国がイラン産ガスの輸入を行えば，それ
は，イランにおけるガスの湾岸域内比率を現状のゼロ％から高めていくことを
意味している。ただし，この視点には，第4節で後述するように，近年イラン
からの輸入を始めたイラクのように，イランに圧力を加えている米国との国際
関係を考慮する必要がある。

第二に，クウェートである。同国は湾岸地域でLNGを外国から輸入した最
初の国として，同国のエネルギーミックスのなかでLNGはガス不足に直面す
る同国で大きな役割を果たしている[15]。図表Ⅷ-13によれば，2016年におけ
るこのアラブ国家のLNGの半分近くは同じ湾岸地域のカタールから輸入され
ており，オマーンも含めるとクウェートの湾岸域内輸入はおよそ3分の2を占
めている。このことは別の角度から見れば，なぜこのアラブ国家が地理的に近
い距離にあるカタールやオマーンから遠距離輸送に適したLNGを輸入してい
るのか，という疑問を筆者には生じさせる。この点については，第4節におい
て，この地域の国際関係との関連で議論する。

第三にUAEである。同国は1977年に湾岸地域で初めてLNGを輸出した国
として知られている。その輸出相手国は長期契約を結んだ日本であるが，他方
で「ドルフィン・プロジェクト」のもとでパイプライン・ガスの輸入を開始し
た。国内需要の増大を背景にガスの輸入はその後も続けられ，カタールからは
パイプライン・ガスのみならずLNGでも輸入を行っている（図表Ⅷ-14）。図表
Ⅷ-8で示したように，カタール側にとってUAEはガスの最大の輸出相手国で
ある一方で，UAE側にとってもカタールはUAE経済のエネルギー源を支え
ている重要なガス輸入国であると言える。

第四に，オマーンである。同国にとって天然ガス産業は重要な外貨獲得源
としてLNG輸出を行っているが，他方で，同国はガス輸入も同時に行ってい
る天然ガス輸出国・輸入国でもある。この点は，イラン，UAEと同様である
（図表Ⅷ-2参照）。オマーンのガス輸入相手国は図表Ⅷ-15によれば，カタールだ
けである。これはすでに言及したように，「ドルフィン・プロジェクト」であ
り，パイプラインを使った輸入である。なお，そのガスはカタールからの海底
パイプラインおよびUAEとオマーンを結ぶ陸上パイプラインを経由して，輸

入されている。

D. パイプライン・ガスと LNG の湾岸地域の域内貿易比率

　本節の最後に，これまで議論を行ってきたことをふまえて，次の第 4 節において湾岸諸国の天然ガス貿易と国際関係を取り上げる前に，もう 1 点重要な点を指摘しておく。これまで湾岸諸国の域内貿易を石油と天然ガスで考察した時に，後者の比率が前者の比率よりもかなり大きいことを指摘した。一方，天然ガスを輸出・輸入している湾岸各国の貿易動向には各国ごとで特徴があるが，さらにこれにこの化石エネルギーの輸送方法という視点を整理して付け加えることによって，より細かな視点での議論が可能となる。パイプライン・ガスとLNG の貿易はこれまでの本章において適宜言及してきたが，これらの輸送方法の違いは重要であるので，パイプラインと LNG に分けた湾岸地域における域内貿易を取り上げることによってここで整理し，第 4 節以降の議論と結びつけていきたい。

　図表Ⅷ-16 は，前述した域内の天然ガス貿易の 5 つのパターンについて，その輸出国・輸入国，貿易量，輸送方法の動向を 2016 年時点で整理したものである。それによれば，パイプラインと LNG に分けた場合，5 つの貿易当事国の組み合わせは 6 つのそれに拡大することができる。1 つの組み合わせが増える理由は，カタールの UAE へのガス輸出が，パイプラインと LNG の両方で行われているからである。

　さて，以下では図表Ⅷ-16 に登場する湾岸諸国について，以下の 4 種類に分類する。第一に，パイプライン経由での天然ガス輸出である。第二に，LNGでの天然ガス輸出である。第三に，パイプライン経由での天然ガス輸入である。第四に，LNG での天然ガス輸入である。これら 4 種類の内容のそれぞれについて，データを入手できた 1993 年以降 2016 年までの 20 年以上の間において，上記の 4 種類の貿易相手国への貿易量において湾岸地域の域内貿易が占める割合を図示したものが，図表Ⅷ-17，図表Ⅷ-18，図表Ⅷ-19，図表Ⅷ-20 の4 つの図である。なお，これらの図では，比率はすべて % で表示され，イランのように，この期間中にガス貿易をしていても湾岸諸国以外の域外国とのガ

図表Ⅷ-16　湾岸諸国間の天然ガス貿易動向（2016年，単位：100万立方メートル）

天然ガス輸出国	天然ガス輸入国	両国間の貿易量	輸送方法
カタール	UAE	17,512	パイプライン
カタール	クウェート	2,300	LNG
カタール	オマーン	1,970	パイプライン
カタール	UAE	1,225	LNG
オマーン	クウェート	950	LNG
オマーン	UAE	170	LNG

出所：OECD/IEA, *Natural Gas Information*, 2018 edition, pp. Ⅱ 41, 49.

ス貿易をしている場合はこれらの図に掲載していない。また，同期間中に前述した4つの種類のガス貿易をまったく行っていない場合には，その該当国は図表Ⅷ-17 ～ 20のそれぞれで掲載されていない[16]。

　これらの4つの図をふまえて，ガス貿易の域内輸出・輸入に携わって来た諸国について，以下の点を指摘しておく。

　第一に，イランについてである。同国については，天然ガス貿易に携わってきた他の湾岸諸国とは大きく異なる。なぜならば，この国家がこの化石エネルギーの輸出や輸入を行ってきた貿易相手国は後述するイラクを除いて，湾岸地域の域内国ではなく，その域外国だからである。本項の以下では，ガスの域内貿易を行っている諸国について分析することになるが，その前に湾岸地域におけるイランのガス貿易の動向のこのような特徴について言及しておく。このことは図表Ⅷ-17 ～ 20のどの図にも，イランが登場していないことを意味している。

　第二に，カタールについてである。同国は輸出国として2007年からパイプラインによるガスの域内貿易を開始し，2016年の現在までその輸出相手国は100％湾岸域内国であるのに対して（図表Ⅷ-17），LNG輸出においてはその相手国が湾岸地域に位置する国の比率は1 ～ 3％程度に過ぎない（図表Ⅷ-18）。つまり，この国にとって天然ガスの域内貿易とは，主に，LNGではなく，パイプラインでのガス輸出，つまり「ドルフィン・プロジェクト」を意味しているのである。

　第三に，UAEについてである。図表Ⅷ-2で示したように，同国はイラン，

図表Ⅷ-17　湾岸諸国のパイプライン経由天然ガス輸出に占める湾岸域内国の比率（単位：%）

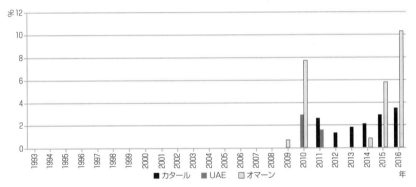

出所：IEA, *Natural Gas Information*, 1997 edition,; pp. Ⅰ.27,29,31,; 2000 edition, pp. Ⅱ.29,; 31, 33; 2003 edition. pp. Ⅱ.31,33,35,; 2006 edition, pp. Ⅱ.31,33,35,; 2009 edition, pp. Ⅱ.41,45,49,; 2012 edition, pp. Ⅱ.39,41,43,45,47,48,49,; 2015 edition, pp. Ⅱ.37,39,41,43,45,47; 2017 edition, pp. Ⅱ.35,37,39,41; 2018 edition, pp. Ⅱ.39,41. より筆者作成。

図表Ⅷ-18　湾岸諸国のLNG輸出に占める湾岸域内国の比率（単位：%）

出所：IEA, *Natural Gas Information*, 1997 edition, p. Ⅰ.32,; 2000 edition, p. Ⅱ.34,; 2003 edition. pp. Ⅱ.38, 39,; 2006 edition, pp. Ⅱ.38, 39,; 2009 edition, pp. Ⅱ.54,55,; 2012 edition, pp. Ⅱ.55,57,; 2015 edition, pp. Ⅱ.53, 55, 57,; 2017 edition, p. Ⅱ.47,49. 2018 edition, p Ⅱ.49. より筆者作成。

オマーンと同様に天然ガスの輸出国かつ輸入国である。ただこれらの両国と異なる点があり，それはLNGを輸出する一方で，パイプライン・ガスおよびLNGを輸入している点である。湾岸地域の域内国へのガス輸出に関して言えば，2010～11年にLNGの一部を域内国に輸出した（図表Ⅷ-18）。なお，その輸出相手国はクウェートである[17]。同国への輸出がこの2年間で終わった背景にあるのは，UAEのLNG輸出余力が減少傾向にあることであろう[18]。

図表Ⅷ-19　湾岸諸国のパイプライン経由での湾岸域内国からの天然ガス輸入比率（単位：％）

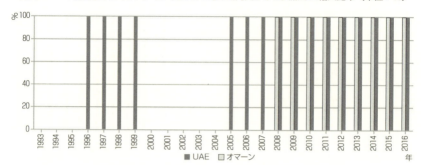

出所：IEA, *Natural Gas Information*, 1997 edition, pp. Ⅰ. 26, 27,28, 29,30,31,; 2000 edition, pp. Ⅱ. 28, 29, 30, 31, 32, 33,; 2003 edition. pp. Ⅱ. 30, 31,32, 33,34, 35,; 2006 edition, pp. Ⅱ. 30, 31,32, 33,34, 35,; 2009 edition, pp. Ⅱ. 40, 41, 44, 45, 48, 49; 2012 edition, pp. Ⅱ. 40,41,44,45,48,49,; 2015 edition, pp. Ⅱ. 38, 39, 42, 43,46,47,; 2017 edition, pp. Ⅱ. 36,37, 40, 41.; 2018 edition, pp. Ⅱ. 40,41. より筆者作成。

図表Ⅷ-20　湾岸諸国の域内国からのLNG輸入比率（単位：％）

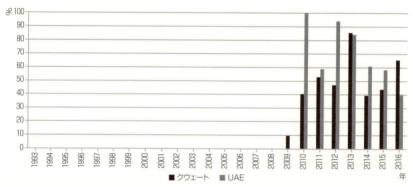

出所：IEA, *Natural Gas Information*, 1997 edition, p. Ⅰ. 32; 2000 edition, pp. Ⅱ. 34,; 2003 edition.pp. Ⅱ. 38, 39,; 2006 edition, pp. Ⅱ. 38, 39,; 2009 edition, p. Ⅱ. 54,55,; 2012 edition, p. Ⅱ. 54, 55,.56, 57,; 2013 edition, p. Ⅱ. 55; 2014 edition, p. Ⅱ. 57; 2015 edition, p. Ⅱ. 52, 53,54, 55; 2017 edition, p. Ⅱ. 46, 47, 48, 49; 2018 edition, p. Ⅱ. 48, 49. より筆者作成。

　他方において，域内国からのガス輸入については，パイプラインで1996～99年の4年間および2005～16年の12年間にその輸入のすべてを行っていることがわかる（図表Ⅷ-19）。そしてLNG輸入に関しては2010～16年の7年間において40％程度～100％のLNGを湾岸域内諸国から輸入している（図表Ⅷ-20）。輸入相手国については，パイプライン・ガスの方は，すでに説明したカタールを除いてオマーン（1996～99年，2005～2007年）である[19]。LNG輸入の相

手国は主にカタール（2010 ～ 16 年）であるが[20]，オマーンからも 2016 年に輸入を行っている[21]。

第四に，オマーンについてである。同国は「ドルフィン・プロジェクト」でカタールからパイプライン・ガスを輸入し，他方で LNG を輸出してきたように，図表Ⅷ-2 で示されるように，天然ガスの輸出国かつ輸入国であることは前述した通りであるが，カタールからパイプラインでガス輸入を始める 10 年以上前の 1990 年代後半（1996 ～ 99 年）にパイプラインでガスのすべてを域内国に輸出し，また 2005 ～ 07 年にもガスの 100% を域内国に輸出していた（図表Ⅷ-17）。ガスを輸出していた域内国はそれらのすべての年において，UAE である[22]。

第五に，クウェートについてである[23]。2009 年に湾岸の域内諸国から LNG を輸入したこのアラブ国家は，輸入開始当初にその輸入量全体の占める域内国の比率はそれほど大きくなかったとはいえ，2010 年以降に急激に上昇し，40% 程度から 80% 台なかばの間でその後推移している（図表Ⅷ-20）。LNG の輸入相手国で湾岸域内に位置する国は 2009 年こそオマーンであったが，2010 年には UAE とオマーンの 2 カ国に増大し，2011 年には UAE とカタールからの輸入となった[24]。その後，2012 ～ 13 年にはカタールだけになった[25]。しかし，2014 年以降はカタールとオマーンが輸入相手国の組み合わせとなった[26]。

4. 湾岸地域における域内天然ガス貿易と国際政治

これまで本章では天然ガス資源の湾岸地域における貿易関係について議論してきた。本節では，第 3 節の内容をふまえて，そのような貿易動向の背景を国際関係，とりわけ国際政治の観点から考察していきたい。つまり，本節ではこうした湾岸諸国内での域内貿易と国際政治を関連付けることによって，この地域における天然ガス貿易を再度分析する。なお，その域内貿易のパターンには第 3 節で議論したようなものとそこで議論していないそれ，つまりこれまで行われてこなかった域内貿易の組み合わせの 2 種類があることに注意してほしい。

216

　このような考察を行う際に，一部を除いて輸出国の立場としてのカタール，イランを軸に据える。前者はこの地域における，天然ガスの主要な域内輸出国である。他方で後者は，前述したように，その資源の域内貿易の経験がないとはいえ，世界規模のガス確認理蔵量を背景にして潜在的な域内輸出国である[27]。さらに，これらの両国以外にも，域内貿易どころか，その他国も含めてガス貿易にまったく従事していない国がいくつかあるので，それらの諸国と国際政治との関連付けについても議論する。

A. ドルフィン・プロジェクト

　カタールの北東部の海底に世界最大の非随伴ガス田であるノース・フィールド・ガス田があり，カタールはこのガス田から産出される天然ガスを LNG に変換して世界各国に輸出するとともに，「ドルフィン・プロジェクト」のもとで海底パイプラインを使って，UAE やオマーンといった域内の湾岸諸国に輸出を行ってきた。この巨大なガス田が発見されたのは 1971 年であるが，その後 20 年以上経過した 1990 年代後半に日本向けに LNG 輸出が開始され，また前述したように，さらにその 10 年ほど後に，「ドルフィン・プロジェクト」でのパイプライン・ガスの域内諸国向け輸出が始まったのである。

　こうしたカタール産ガスの UAE やオマーンへのガス輸出価格について，Dargin (2011) は「政治的価格」[28] と表現し，「それは市場の現実の代わりに政治的考慮を反映する価格であることを意味する」[29] と指摘している。このような価格は，市場価格よりもより低い価格で天然ガスを供給することを意味していると考えられるが，Rogers (2017) は 2017 年における「ドルフィン・プロジェクト」のもとで，カタールが UAE に輸出する平均価格 (推定) が 100 万 BTU (英国熱量単位) 当たり 1.61 ドルと指摘している[30]。この価格水準を米国・ニューヨーク市場での天然ガス先物価格 (期近) と比較すれば，どの程度低いかがわかるが，その米国価格は 2017 年末時点 (2017 年 12 月 27 日) で 100 万 BTU 当たり 2.738 ドルである[31]。したがって，相当安い水準であることがわかる。

　このような国際価格よりも低い価格でガスの輸出をカタールが行うことは経済的には理解できないが，Dargin (2011) によって指摘されているように考え

れば納得がいく。

B. カタールとクウェート

　前述したように，クウェートは天然ガスの輸入国であり，そのエネルギーを
LNG として最初に輸入したのは 2009 年であった。このような輸入のうち湾岸
域内国が占める比率はクウェートにとって大きな比率を占めており，特にカ
タールは重要な輸入パートナーである（図表Ⅷ-13，図表Ⅷ-20 参照）。

　この国とカタールは同じ湾岸地域に位置し地理的に距離が近いにもかかわら
ず，なぜ長距離輸送に有利な LNG が両国間で貿易されているのであろうか。
本来であれば，両国間にパイプラインを建設して気体のガスを輸送した方が良
いと考えられるにもかかわらず，なぜパイプライン・ガスが貿易されなかった
のであろうか。カタールは UAE との間で「ドルフィン・プロジェクト」にお
いてパイプラインを建設し，ガスを UAE やオマーンに実際に輸出した経験が
あるので，クウェートとの間でも同様のことが可能であったはずである。

　『ザ・ナショナル』は，そもそもカタールとクウェートの間には「ドルフィ
ン・プロジェクト」をクウェートまで延伸する構想があったが，サウジアラビ
アの反対で 2005 年に断念したことを報じている[32]。また，サウジアラビアが
反対した理由として，同国がクウェートまでのパイプラインが自国の領海内
を通過することに同意しなかったことが指摘されている[33]。このように，ク
ウェートがカタールからのパイプライン・ガスの輸入を断念した後に，前述
したように，2009 年にようやく LNG 輸入を開始したのである。それまでのク
ウェートの動向について，Dargin (2011) は同国がカタールとの間で，2009 年
第 3・四半期にカタールが LNG 供給を開始することで交渉したが，その価格
条件で合意に達することなく，その代替手段として 2009 年 6 月に国際石油資
本（メジャー）のロイヤル・ダッチ・シェルとの間で合意したことを指摘してい
る[34]。

C. カタールと湾岸協力会議（GCC）諸国

　「ドルフィン・プロジェクト」におけるカタール産天然ガスの域内諸国

（UAE, オマーン）への輸出に政治的背景があるという視点は，Dargin (2011) のみならず，Dargin (2007) においても指摘されており，それによれば，カタールはこのプロジェクトをそれら 2 カ国のガス輸出相手国との政治的な関係を深める仕組みと考えているという[35]。

このように，天然ガス貿易という経済的な国際関係に政治的なそれを関連付けて，そのような視点を UAE やオマーンといったカタールの実際の貿易相手から GCC6 カ国（クウェート，サウジアラビア，バーレーン，カタール，UAE，オマーン）に拡大した資料に，Fadhil (2014) がある。それによれば，サウジアラビアの生産者に近い筋の情報として，GCC 諸国をカタールと天然ガス貿易をしている国（クウェート，UAE，オマーン）と残りの国（サウジアラビア，バーレーン）に分類し，カタールは前者の諸国と友好的であり，後者の諸国は政治学の観点からカタールから財を輸入することに抵抗感があるという[36]。

この指摘は非常に興味深く，天然ガス貿易をめぐって GCC 諸国が一枚岩ではないことを示唆しているように思われる。また，それは，前項で説明したカタールとクウェートとのパイプライン・ガスをめぐる国際関係やこの後の項で議論するカタールとの国交断絶，ガスのパイプライン構想と結び付いていると考えられる。

なお，バーレーンの天然ガス動向については，最近新たなニュースが報じられたので，ここで補足しておく[37]。同国のノガ・ホールディング（Nogaholding）とガスプロム（ロシア）によって，LNG 事業における協力関係を構築することで MOU（覚書）が締結されたことが報じられた[38]。また，このアラブ国家が LNG を輸入するための受け入れターミナルに関して，この設備の稼動が，予定されていた 2019 年 5 月から同年第 3・四半期に延期されたことが報じられた[39]。

このような最新動向が示しているのは，天然ガス不足に直面しているバーレーンがガスの自給自足国から輸入国になろうと見込まれているなか，その輸入相手国として隣国のカタールを選ばなかったという点である。こうした動向から判断する限り，バーレーンとカタールの国際関係が良好でないことが，こうした輸入パターンに結び付くことが見込まれると考えられるだろう。

D. カタールと湾岸諸国などとの国交断絶

『アル・ジャジィーラ』が報じるところによれば，2017 年 6 月 5 日に，バーレーンがカタールとの間の外交関係を断絶したのをはじめとして，サウジアラビア，UAE のような湾岸諸国およびエジプトがカタールとの外交関係を断絶した。また，これらのアラブ 4 カ国はカタールに対して 13 の政治的要求などを主張したが，カタールは拒否した[40]。

このような強硬手段に出た諸国のうち，UAE については前述したように，「ドルフィン・プロジェクト」のもとでパイプライン・ガスを輸出してきた貿易パートナーであったためにカタールの対応が注目されてきたが，カタール石油の CEO（最高経営責任者）であるカービ氏（Saad Sherida al-Kaabi）は「我々がこんにち抱えている包囲攻撃は不可抗力であり，我々は UAE へのガス・パイプラインを閉めることができた」「しかし，もし我々がガスを切断すれば，そのことは，同胞のように考えられる UAE や UAE の人々に大きな損害を与える。（中略）我々は今ガスを切断しないことを決めた」[41]と指摘し，「ドルフィン・プロジェクト」によるガスの輸出を続ける意向を表明した[42]。また，この CEO の発言内容は，図表Ⅷ-11 の 2008 年以降の動向と大きく乖離しているわけではないことを示している[43]。

さらに，同 CEO はその後，「UAE にカタールのガスを供給する契約は，2032 年に延ばす」[44]ことを表明した。このように，UAE がカタールに対して外交関係を断絶した国であるにもかかわらず，カタールはガスの輸出事業を重視することを表明したのである。カタールにとって UAE やオマーンへのパイプライン・ガスの輸出価格は，前述したように，国際価格よりも相当低い価格で行われているので経済的には割に合わない。にもかかわらず，自国に対して封鎖を行っている国である UAE に対してガス輸出を継続しているのである。

E. 湾岸諸国間の天然ガス・パイプライン構想

Asoomi (2019) は『ガルフ・ニュース』において，2019 年 1 月に，湾岸地域を広範に結ぶ天然ガスのパイプライン構想について言及し，アラブ 3 カ国（サウジアラビア，UAE，オマーン）がガス・パイプラインの構築ですでに合意に至って

おり，それは将来的にはクウェート，バーレーンのような他の湾岸諸国のみならず，その周辺に位置するイラク，ヨルダン，エジプトなどにも延伸されるであろうと指摘した[45]。このような構想の背景にあるのは，湾岸諸国における天然ガス不足であろう。前述したように，UAE，クウェート，オマーンといった天然ガスを実際に輸入している国々だけでなく，サウジアラビア，バーレーンといった今後天然ガスを輸入する可能性がある諸国にとって，お互いにガスを融通することが可能なシステムのもとで，「ドルフィン・プロジェクト」のようなガスの国際的な輸送インフラを建設することは魅力的に映っているであろう。

　この構想の最大の特徴は，そのガス・パイプラインのネットワークにイランやカタールを組み込んでいない点にあると考えられる。両国，特にカタールはこの地域におけるガスの大きな輸出余力を有する数少ない国であるが，サウジアラビアなどのアラブ湾岸諸国と関係が良好でないイランはともかく，カタールを排除し，残りのガス不足に直面する諸国だけでガスインフラを接続することは，経済的に理に適っているとは言えない。MEES（ミドル・イースト・エコノミック・サーベイ）誌は，このプロジェクトを突き動かす要因について，経済的側面よりも政治的側面があるように見える，と指摘している[46]。カタール以外の湾岸諸国およびその周辺諸国にもガスのパイプラインを接続して輸入源を多様化することによって，カタールを排除することの経済的なマイナス点をカバーし，エネルギー安全保障を確保していくということなのであろう。GCC諸国ではすでにすべての6カ国との間で電力グリッド，つまり電線の国際的なリンクが実現し稼働しているが，天然ガス分野ではカタール以外の国際協力関係を構築することで，電力分野とは異なる路線を歩んでいくことになりそうである。

F. イランとイラク

　次に，イラン産天然ガスのイラクへの輸出について議論する。前述したように，イランにおける過去数十年の間に行われたパイプライン経由での天然ガスの輸出や輸入の相手国には湾岸諸国はまったく含まれていない（図表Ⅷ-17，図表

Ⅷ -19 参照）。しかしながら，最近，イラク，クウェート，オマーンなどいくつ
かの湾岸諸国との間でガスの貿易が協議されてきた。イランからの天然ガス輸
入を検討してきたこれらの湾岸諸国のなかで，最近の国際政治動向の影響を大
きく受けている国としてイラクが挙げられる。

　前述したように，イラクの国内の天然ガス需給は超過需要の状態にある（図
表Ⅷ -2 参照）。こうしたガス不足に対応するために，このアラブ国家が行ったこ
とは隣国のイランから天然ガスや電力を輸入することであった[47][48]。これら
両国は，2013 年にイランがイラクのバグダッド周辺にある発電所へのガス輸
出事業に関して締結するとともに，イラクの南部にあるバスラにもその資源を
供給することでも調印していたが，ようやく 2017 年 6 月になって日量約 700
万立方メートルの天然ガスをパイプライン経由でバグダッドに輸出開始したこ
とをイラン国営ガス会社（NIGC）が公表した[49]。

　しかしながら，イラクがこの隣国から，この化石エネルギーの輸入を続行さ
せるために大きな障害が生じた。2018 年 5 月に，イランとの間で行った核問
題に関する合意について，離脱することが米国によって公表されたのであ
る[50]。これをふまえ，2018 年 11 月に，米国はイラクに制裁措置を適用しな
い期間として 45 日間を設定し，イランからの輸入代金を米ドルでイランに支
払わないことを条件に，その間イランからの天然ガスや電力の輸入を続けるこ
とを認めた[51]。その後，2018 年 12 月には，米国がイラクとの間で，その適
用対象外期間をさらに 90 日間延期することで合意したことが報じられた[52]。
その後，さらに 2019 年 3 月には，米国はその適用対象外期間をさらに再度 90
日間延期することを公表し，米国務省の当局者は「この免除はイラクがエネル
ギー不足を軽減させるのに役立つように意図されたものである一方で，我々は
イラクにおける我々のパートナーとともに我々のイラン関連の制裁を議論し続
ける」と指摘した[53]。また，本章の脱稿直前である同年 6 月には，制裁措置
を適用しない期間を天然ガス輸入については 3 カ月，電力輸入については 120
日延期することが報じられ，それらの期間中はイランからのガスや電力の輸入
が可能となった[54]。

　このような制裁措置の適用を対象としない期間の数度の延長は，米国務省関

係者が発言したように，同国と関係が良好なイラクの内情に配慮したものであろう。ただ，他方でイラン以外のガス輸入相手国の新たな開拓およびイラク国内のガス開発・増産を進めて行くのに時間的な余裕があるとは考えにくい。前者については，イラク電力省のスポークスマンであるムダリス氏 (Musab al-Mudaris) は「今まで，我々にはイラン・ガスの輸入の代わりになる選択肢はない」[55]と指摘している。また，後者についてイラク国営サウス・ガスカンパニー (SGC) のリーダーであるガニ (Hayan Abdul Ghani) 氏は，「イラクの現在のガス生産は，我々の発電所での需要を満たすのに十分ではない。そしてそれゆえ，我々は依然としてイランからガスを輸入しているのである。新しいガス・プロジェクトを操業し，生産を開始するために，我々は少なくとも 24 ヶ月を必要とする」[56]と指摘している。

　このような状況のもとで，イラクが何も対策を講じていないわけではなく，前述のムダリス氏によれば，同国は最近，サウジアラビアとの間をリンクさせる電線の建設事業で MOU を締結したが，同事業の実現には実現可能性調査の終了後およそ 1 年必要であろうという[57]。

　2019 年 6 月に出されたウエーバー (免除) の期限が切れた後に，米国が今後さらに延期するかどうかは本章執筆時点 (2019 年 6 月中旬) で不明である。ただ，今後，中・長期的には，国内のガス資源の探査・開発やその生産量の拡大および天然ガスの輸入相手国の多様化を進めることが必要であろう。湾岸地域の多くの国は天然ガス不足に直面している国が多いので，ガスの輸入相手国の拡大をするために，域内国ではカタールがその候補となるであろうし，域外国では多くの選択肢がある。そして，もしカタールから輸入する場合は，パイプライン・ガスではなく LNG になるだろう。なぜならば，すでに言及したように，カタールとクウェートを結ぶガス・パイプラインの建設計画が失敗したからである。また輸入国を拡大させる際には，LNG 輸入の歴史がある隣国のクウェートは，そのモデルケースとなるはずである。

5. 結 論

　われわれは本章においてこれまで，湾岸地域におけるガス貿易動向について議論を行ってきたが，最後に，その内容についてまとめておく。多くの湾岸諸国は世界有数の原油資源だけでなく天然ガス資源も保有しているが，前者と後者の貿易動向を考察した際に大きな違いが見られる。本章では主に，天然ガス貿易の湾岸地域におけるこれまでの域内貿易動向を中心として，2つの目的のために執筆されたが，それはそれぞれ第3節と第4節で分析された。以下において，それらの両節において明らかとなった点をまとめる。

　第3節では，湾岸地域の域内ガス貿易を中心として，そのこれまでの貿易動向についてデータを用いて整理し，どのくらいの域内貿易があったのかについて議論し，本章の第一の目的について考察した。その内容に関連して，以下の3点をまとめておく。

　第一に，湾岸諸国の主要な輸出財である石油（原油，石油製品）と天然ガスの輸出相手国を取り上げた時に，前者と後者での動向は明らかに異なる。前者では，データが入手できた4カ国についてはアジア諸国や欧米諸国が中心であるのに対して，後者ではアジア諸国に加えて，湾岸諸国との貿易（輸出，輸入）が石油と比べて相対的に多い。

　第二に，1993年以降2016年までの天然ガス貿易の湾岸域内貿易という観点からは，ガス貿易を行っている国々（5カ国）のうちイランがまったくそれと無関係なのとは対照的に，残りの4カ国については湾岸地域の一部の国と域内貿易を行ってきた歴史がある。

　第三に，第二の点をパイプライン・ガス貿易とLNG貿易に分けてさらに細かく分析していくと，その4カ国ごとの特徴が明らかとなる。1993年〜2016年の間の一部の年における天然ガスの域内貿易動向に関して言えば，カタールはパイプライン・ガスの輸出国およびLNGの輸出国，UAEはパイプライン・ガスの輸入国およびLNGの輸出入国，オマーンはパイプライン・ガスの輸出入国およびLNGの輸出国，クウェートはLNGの輸入国である。

224

このような動向を図表Ⅷ-17 〜 20 をふまえてもう一度考察すると，次のこと が言えるであろう。1993 年から 2016 年までの間に域内国との間であれ，域外 国との間であれ，天然ガス貿易に従事してきた湾岸 5 カ国 (イラン，クウェート， カタール，UAE，オマーン) のうちイラン以外の 4 カ国が湾岸域内国との間で貿易 (輸出，輸入) を行ってきた域内貿易比率について言及すると，パイプラインと LNG では大きな違いがある。つまり，パイプラインの場合は，それら各国で ゼロ % か 100% のいずれかである (図表Ⅷ -17，図表Ⅷ -19 参照)。他方で，LNG の 場合は，パイプラインの場合ほど極端でなくゼロ % 〜 100% の間にあり，国や 年によってさまざまである (図表Ⅷ -18，図表Ⅷ -20 参照)。このことは，一部の例外 があるとはいえ，パイプラインが地理的に近い距離の場合に適しているのに対 して，LNG は長距離に適している輸送方法であるのに対応していると言える。

　第 4 節では，本章の第二の目的を考察するために，第 3 節で取り上げたガス の貿易パターンの一部やそうでないパターンでイラン—イラクのように，2016 年以降に貿易が開始されたものを対象にして，それらを国際政治的な関係に着 目して，湾岸諸国のガス域内貿易について議論した。

　第一に，「ドルフィン・プロジェクト」について分析した。これは，カター ルで産出された天然ガスをパイプラインで UAE とオマーンに輸出するもので あるが，そのガス価格は政治的側面を持つことが Dargin (2011) によって指摘 された[58]。

　第二に，この「ドルフィン・プロジェクト」を UAE とは反対方向の北側に 延伸するクウェートまでのパイプライン建設計画が構想されたが，失敗したこ とについて言及した。その後，クウェートは LNG を輸入した。

　第三に，Dargin (2007) や Fadhil (2014) の論文をもとに[59]，カタールとその 他 5 カ国の GCC 諸国との天然ガス貿易を通じた国際関係について議論した。 このような指摘をふまえれば，カタールとの関係はガスの輸出余力を有するカ タールを軸にした GCC 諸国の一部の諸国との天然ガス貿易を難しくしている と言える。

　第四に，2017 年時点での湾岸地域数カ国などとの国交の断絶を経験したカ タールは，「ドルフィン・プロジェクト」を通じた UAE へのガス供給に大き

な影響を与えていないことを議論した。

　第五に，湾岸諸国間を国際的に横断し，将来的にその周辺の中東諸国にも延伸するガス・パイプライン構想について取り上げたが，この計画の最大の特徴にカタールが含まれていないことが挙げられ，サウジアラビアなどの湾岸諸国がカタールのガスを必要とすることなく，その化石エネルギーを各国間で融通しあうシステムを構築しようとしている現状について説明した。

　第六に，そして最後に，イラン産天然ガスの隣国イラクへの輸出とイランへの米国による制裁問題について議論した。イランからイラクへのガスの輸出は近年開始されたばかりであるが，トランプ米政権のイラン核合意の破棄，イラン産エネルギー輸入とウエーバーとの関連付けは，このガス貿易に大きな影響を与えた。米国はイラクに対して数度の制裁措置を適用しない期間を設定し，その間にイランからのガスや電力の輸入を認めた。イラクは今後，時間をかけてこうした天然ガスの輸入相手国を多様化していくことや国内の天然ガス上流部門（探査・開発・生産）の強化が求められるであろう[60]。

-------------------------------┤註├-------------------------------

（1）イラン，イラク，クウェート，サウジアラビア，バーレーン，カタール，アラブ首長国連邦（UAE），オマーンから構成される。以下，湾岸諸国とする。

（2）Kohei Hashimoto, Jareer Elass, and Stacy L. Eller (2006), "Liquefied natural gas from Qatar: the Qatargas project", Chap.8, pp.234-267, in David G. Victor, Amy M. Jaffe, and Mark H. Hayes, ed., *Natural Gas and Geopolitics: From 1970 to 2040*, Cambridge University Press, New York ; Justin, Dargin (2007), "Qatar's Natural Gas: The Foreign-Policy Driver", *Middle East Policy*, Fall 2007, Vol. 14, No.3, pp.136-142; Justin, Dargin (2008), "The Dolphin Project: The Development of a Gulf Gas Initiative", *Oxford Institute for Energy Studies*, NG22, Jan.2008,pp.1-55, https://www.oxfordenergy.org/wpcms/wp-content/uploads/2010/11/NG22-TheDolphinProjectTheDevelopmentOfAGulfGasInitiative-JustinDargin-2008.pdf, 2015 年 12 月 18 日アクセス ; Justin, Dargin (2011), "Qatar's gas revolution", pp. 306-342, Chap. 9, in Bassam Fattouh, Jonathan P. Stern, eds., *Natural Gas Markets in the Middle East and North Africa*, 2011, Oxford University Press for the Oxford Institute for Energy Studies.

（3）（a）河村朗（2009）「なぜペルシャ湾岸諸国は天然ガスを輸入するのか―ドルフィン・プロジェクトを中心として―」『関西国際大学研究紀要』第10号，2009年3月，151～162ページ。

（b）河村朗（2010a）「天然ガスを輸入するUAE―サウジアラビアとの比較―」『ペトロテック』vol.33，No.2，2010年2月，74～80ページ。

（c）河村朗（2010b）「クウェートの天然ガス輸入とその背景」『西南学院大学経済学論集』第44巻第4号，2010年3月，159～176ページ。

（d）河村朗（2011）「バーレーンの天然ガス動向と発電」『西南学院大学経済学論集』第45巻第4号，2011年3月，27～47ページ。

（e）河村朗（2013）「イラクにおける天然ガスの役割とフレアガス」『西南学院大学経済学論集』第48巻第1・2合併号，2013年9月，67～87ページ。

（f）河村朗（2014a）「中東産油国における石油・天然ガス動向の新地平」中津孝司編『中東社会のダイナミズム』創成社，第Ⅷ章，123～148ページ。

（g）河村朗（2014b）「オマーンにおける天然ガス動向の分析―原油の回収事情との関連において―」『西南学院大学経済学論集』第49巻第2・3合併号，2014年12月，73～101ページ。

（h）河村朗（2015）「UAEにおける天然ガス不足とサワーガス開発」『西南学院大学経済学論集』第50巻第1号，2015年6月，25～54ページ。

（i）河村朗（2016）「クウェートにおける非随伴ガス田・LNG輸入動向と発電」『西南学院大学経済学論集』第51巻第3号，2017年1月，23～58ページ。

（j）河村朗（2017）「カタールにおける天然ガス需給動向と発電」『西南学院大学経済学論集』第52巻第1号，2017年7月，35～76ページ。

（k）河村朗（2018）「バーレーンの天然ガス不足とその対策」『西南学院大学経済学論集』第53巻第1・2合併号，2018年8月，61～89ページ。

（l）河村朗（2019）「イランにおける天然ガス需給動向の分析―天然ガス貿易動向を中心に―」『西南学院大学経済学論集』第53巻第3・4合併号，2019年3月，1～36ページ。

（4）BP p.l.c. (2018), *BP Statistical Review of World Energy*, June, 2018, p.12.,https://www.bp.com/content/dam/bp/en/corporate/pdf/energy-economics/statistical-review/bp-stats-review-2018-full-report.pdf, 2018年6月16日アクセス．

（5）*ibid.* pp.14-15.

（6）OECD (Organisation for Economic Co-operation and Development)/IEA (International Energy Agency), *Oil Information*, *2018 with 2017 data*, 2018, IEA, Paris, pp. Ⅱ. 16-19（原出所：*World Energy Statistics*）によれば，2016年におけるサウジアラビア，イラク，イラン，UAEの原油・NGL（「原油，NGL，精製所燃料，添加剤およびその他炭化水素を含む」）の輸出量はそれぞれ世界第1位，第3位，第5位，第6位であり，また，石油製品輸出量では，サウジアラビアは世界で第5位に位置付けられる。

（7）BP p.l.c. (2018), *op.cit.*, p.26.

Ⅷ　ペルシャ湾岸地域内における天然ガス貿易　227

（ 8 ）*ibid*., pp.28-29.

（ 9 ）バーレーンは原油・NGL のデータがないため，石油製品の輸出国と見なした。

（10）イラク，サウジアラビアの中東向け原油の比率はそれぞれ約 2.4%，約 3.8% と計算できる（BP p.l.c (2018)，*op.cit*., p.24）。

（11）イラク，クウェート，サウジアラビア，UAE の 4 カ国で生産された石油製品の輸出相手国という視点で見ても，パートナーが湾岸諸国である比率は数%に過ぎない。それら 4 カ国の産油国で産出された石油製品の輸出パートナーとしての湾岸諸国を含む「中東」の比率（2017年）は，3.9%（イラク），0.4%（クウェート），2.8%（サウジアラビア），3.2%（UAE）である（BP p.l.c. (2018)，*op.cit*., p.24 より筆者が計算した）。

（12）2019 年にカタールは石油輸出国機構（OPEC）から脱退をしたが，この点について 2018年 12 月に，カタールのカービ石油相（Saad Al-Kaabi）は「この決定は，以下の 2 点のためのカタール国の要望を反映するものである。つまり，まず天然ガス産業の開発に関する努力を集約し，そして次に LNG の同国の生産量を年間 7,700 万トンから 1 億 1,000 万トンに引き上げるために最近公表された計画を実行していくことである。」(Kelsey Warner (2018), "Qatar will withdraw from Opec on January 1", *The National*, Dec.3, 2018 (https://www.thenational.ae/business/energy/qatar-will-withdraw-from-opec-on-january-1-1.798518, 2018 年 12 月 4 日アクセス．) と述べ，同国の LNG 供給を増強する政策を表明した。

（13）BP p.l.c. (2018)，*op.cit*. p.34.

（14）BP p.l.c. (2018)，*op.cit*. p.24；IEA (2018)，*Natural Gas Information*, 2018 with 2017 data, 2018, IEA, Paris, p.Ⅱ.27, 29.

（15）OECD/IEA, *Electricity Information*, 2018 with 2017 data, 2018, IEA, Paris, PP.Ⅱ.12, 16によれば，クウェートの発電は石油と天然ガスの 2 つのみで行われており，2016 年の両者の発電比率はそれぞれ約 63.9%，約 36.1% であり，石油による発電が多い。

（16）図表Ⅷ -17 および図表Ⅷ -19 において，一部の年の UAE について注意が必要なので，ここで言及しておく。前者の図の 1994 年および 1995 年に UAE から UAE へのパイプラインでの天然ガス輸出があり，また後者の図の 1994 年および 1995 年に UAE から UAE へのパイプラインでの天然ガス輸入があった（OECD/IEA (1997)，*Natural Gas Information 1996*, IEA, Paris, pp.Ⅰ. 29, 31）。こうした動向は連邦国家である UAE のある首長国から別のある首長国への輸出や輸入を示していると考えられるので，それらの両方の図において UAE から別の国への国際的な貿易として見た場合は，その輸出も輸入もゼロ % であるので，国際貿易に従事していないと考えられる。したがって，図表Ⅷ -17 と図表Ⅷ -19 では，このような動向を掲載していない。

（17）OECD/IEA (2012), *Natural Gas Information*, 2012 with 2011 data, IEA, Paris, p.Ⅱ. 57, ; 2015 Edition, p.Ⅱ 53.

（18）IEA によれば UAE の LNG 輸出量は 2011 年に 82 億 8,300 万立方メートルであったが（OECD/IEA, *Natural Gas Information*, 2012 with 2011 data, 2012, IEA, Paris, p.Ⅱ .57），2016

228

年のそれは 74 億 9,400 万立方メートルとなった（OECD/IEA, *Natural Gas Information*, 2018 with 2017 data, 2018, IEA, Paris, p. Ⅱ. 49)。

(19) OECD/IEA (2000), *Natural Gas Information*, 2000 with 1999 data, IEA, Paris, pp. Ⅱ. 29, 31, 33 ; 2003 with 2002 data, IEA, Paris, p. Ⅱ. 31; 2009 with 2008 data, IEA, Paris, pp. Ⅱ 41, 45, 49.

(20) OECD/IEA, *Natural Gas Information*, 2013 with 2012 data, 2013, IEA, Paris, pp. Ⅱ. 55, 57; 2014 with 2013 data, 2014, IEA, Paris, p. Ⅱ. 57; 2015 with 2014 data, 2015, IEA, Paris, pp. Ⅱ. 53, 55; 2017 with 2016 data, 2017, IEA, Paris, pp. Ⅱ. 47, 49 ; 2018 with 2017 data, 2018, IEA, Paris, p. Ⅱ. 49.

(21) OECD/IEA (2018), *Natural Gas Information*, 2018 with 2017 data, IEA, Paris, p. Ⅱ. 49.

(22) OECD/IEA, *Natural Gas Information*, 2000 with 1999 data, 2000, IEA, Paris, pp. Ⅱ. 29, 31, 33; 2003 with 2002 data, 2003, IEA, Paris, p. Ⅱ. 31; 2009 with 2008 data, 2009, IEA, Paris, pp. Ⅱ. 41, 45, 49.

(23) クウェートは 1986 年から 1990 年に天然ガスを輸入したことがあるが，その輸入相手国は示されていない（OPEC (1990), *Annual Statistical Bulletin 1989*, OPEC, Vienna, p.99; OPEC (1992), *Annual Statistical Bulletin 1991*, OPEC, Vienna, p.99; 河村朗（2010b)，前掲論文，162 ～ 163 ページ)。そのため，本章ではこうした輸入動向は取り上げない。

(24) OECD/IEA (2012), *Natural Gas Information*, 2012 with 2011 data, IEA, Paris, pp. Ⅱ. 55, 57.

(25) OECD/IEA (2015), *Natural Gas Information*, 2015 with 2014 data, IEA, Paris, p. Ⅱ. 55.

(26) OECD/IEA, *Natural Gas Information*, 2015 with 2014 data, 2015, IEA, Paris, pp. Ⅱ. 55; 2017 with 2016 data, IEA, Paris p. Ⅱ. 49; 2018 with 2017 data, IEA, Paris p. Ⅱ. 49.

(27) 後述するように，各種の報道機関によって，ガス輸出国としてのイランがパイプライン経由で域内国に輸出を実際に行っていることが報じられている。ただ，それはここ最近数年間の動向であり，第 2 節および第 3 節で取り上げたガス貿易に関するデータが発行された後の新たな動向である。

(28) Justin Dargin (2011), *op. cit.,* p.319.

(29) *ibid*, pp.319-320.

(30) Howard Rogers (2017), "Qatar LNG: New trading patterns but no cause for alarm", Oxford Energy Comment, Oxford Institute for Energy Studies, Jun. 2017, p.3, https://www.oxfordenergy.org/wpcms/wp-content/uploads/2017/06/Qatar-LNG-New-trading-patterns-but-no-cause-for-alarm.pdf, 2019 年 5 月 9 日アクセス。

(31) 『日本経済新聞』2017 年 12 月 28 日付け夕刊。

(32) The National (2008), "Saudi and Qatar to fix borders," *The National*, Jul.6, 2008, http://www.thenational.ae/business/banking/saudi-and-qatar-to-fix-borders, 2016 年 2 月 21 日アクセス。

(33) Jyotsna Ravishankar (2006), "Saudi Arabia refuses to budge on Qatar-Kuwait

pipeline deal", *ArabianBusiness.com*, Mar.2, 2006, http://www.arabianbusiness.com/saudi-arabia-refuses-budge-on-qatar-kuwait-pipeline-deal-63485.html#.V4R5CxGQvSk, 2016 年 7 月 12 日アクセス；河村朗（2010b）前掲論文，163 ページ；河村朗（2016）前掲論文，40 ～ 41 ページ。

(34) Justin Dargin (2011), *op. cit.*, pp.320-321.

(35) Justin Dargin (2007), *op. cit.*, p.140；河村朗（2017）前掲論文，50 ～ 51 ページ。

(36) Muhamad Fadhil (2014),"GCC expansions at risk on Qatar gas", *ICIS Chemical Business*, Jun. 2, 2014, Vol.285, Issue 21, p.3；河村朗（2017），前掲論文，62 ページ。

(37) 筆者は 2 本の論文において，バーレーンの天然ガス輸入に向けた動向について分析したことがある（河村朗（2011），前掲論文，32 ～ 40 ページ；河村朗（2018），前掲論文，73 ～ 79 ページ）。

(38) Huseyin Erdogan, (2016), "Russian Gazprom, Bahrain's Nogaholding sign LNG MoU", *Anadolu Agency*, Sep. 11, 2016, https://www.aa.com.tr/en/energyterminal/natural-gas/russian-gazprom-bahrains-nogaholding-sign-lng-mou/5436, 2019 年 6 月 24 日アクセス。

(39) Trade Arabia (2019), "Bahrain LNG terminal likely to start operations in Q3", *Trade Arabia*, May 27, 2019, http://www.tradearabia.com/news/OGN_354971.html, 2019 年 5 月 27 日アクセス。

(40) Alia Chughtai (2018), "Understanding the blockade against Qatar", *Al Jazeera*, Jun.5, 2018, https://www.aljazeera.com/indepth/interactive/2018/05/understanding-blockade-qatar-180530122209237.html, 2019 年 6 月 16 日アクセス。

(41) Al Jazeera (2017), "Qatar will not shut gas pipeline to UAE: QP CEO", *Al Jazeera*, Jun.19, 2017, http://www.aljazeera.com/news/2017/06/qatar-shut-gas-pipeline-uae-qp-ceo-170618171841461.html, 2017 年 6 月 22 日アクセス。

(42) *ibid*.

(43) 図表Ⅷ-11 は最新年である 2016 年までのカタールから UAE・オマーンへのパイプライン経由でのガス輸出量を図示しているが，こうした IEA のデータとは別のデータで 2017 年の動向をフォローしておく。BP の統計によれば，同年のカタールの UAE，「その他中東」へのパイプライン・ガスの輸出量はそれぞれ 164 億立方メートル，20 億立方メートルである（BP p.l.c. (2018), *op.cit.*, p.34）。なお，この資料では後者の輸出先は「その他中東」と記載されているが，「オマーン」であると考えられる。

(44) Middle East Monitor (2018), "Despite blockade, Qatar to supply UAE with natural gas until 2032", *Middle East Monitor*, Sep.27, 2018, https://www.middleeastmonitor.com/20180927-despite-blockade-qatar-to-supply-uae-with-natural-gas-until-2032, 2019 年 5 月 8 日アクセス。

(45) Mohammad Al Asoomi (2019), "Gulf's gas pipeline aspirations finally see an endgame", *Gulf News*, Jan.23, 2019, https://gulfnews.com/business/energy/

gulfs-gas-pipeline-aspirations-finally-see-an-endgame-1.61617342, 2019 年 2 月 23 日アクセス。

(46) Middle East Economic Survey (MEES) (2019), "GCC gas integration: More than just a pipe dream?," *Middle East Economic Survey*, Vol. 62, No.4, Jan.25, 2019, p. 2.

(47) 2016 年における同国での発電は，わずかな水力発電を除けば石油と天然ガスによって行われており，前者，後者はそれぞれ約 70.3%，約 25.5% である（OECD/IEA, *Electricity Information*, 2018 with 2017 data, IEA, Paris, pp. II. 12, 16）。

(48) イラクの電力相であるカッティーブ（Luay al-Khatteeb）氏によれば，イランからの直接的な電力輸入またはそこから輸入された天然ガスによるイラク国内での発電による間接的な方法で，イラクの電力需要のおよそ 3 分の 1 がイランから輸入されているという（Financial Tribune (2019), "Washington Exempts Iraq From Iran Sanctions", *Financial Tribune*, May 24, 2019, https://financialtribune.com/articles/energy/98140/washington-exempts-iraq-from-iran-sanctions, 2019 年 6 月 24 日アクセス）。

(49) Press TV (2017), "Iran starts much-awaited gas exports to Iraq", *Press TV*, Jun.22, 2017, http://www.presstv.com/Detail/2017/06/22/526189/Iran-starts-muchawaited-gas-exports-to-Iraq, 2018 年 4 月 29 日アクセス。

(50) 『日本経済新聞』2018 年 5 月 10 日付け朝刊。

(51) Reuters (2018a), "US grants Iraq 45-day waiver over Iran sanctions to import gas, electricity: US Embassy", *Arab News*, Nov. 10, 2018, http://www.arabnews.com/node/1402491/business-economy, 2018 年 11 月 11 日アクセス。

(52) Reuters (2018b), "US set to extend sanctions waiver for Iraq to import Iranian gas", *Arab News*, Dec.21, 2018, http://www.arabnews.com/node/1423956/business-economy, 2018 年 12 月 12 日アクセス。

(53) Press TV (2019), "US renews waiver for Iraq to continue Iran trade", *Press TV*, Mar.20, 2019,https://www.presstv.com/DetailFr/2019/03/20/591541/Iran-Iraq-US-waiver-electricity-gas-Rouhani-sanctions-, 2019 年 6 月 9 日アクセス。

(54) Reuters (2019b), "US grants Iraq sanctions waiver for Iranian electricity imports", *Arab News*, Jun.15, 2019, http://www.arabnews.com/node/1511161/business-economy, 2019 年 6 月 17 日アクセス。

(55) Reuters (2019a), "UPDATE 1-Gas imports to Iraq from Iran will rise in June - electricity ministry", *Reuters*, Apr.22, 2019, (Reporting by Ahmed Rasheed; Writing by Raya Jalabi; Editing by Louise Heavens), https://www.reuters.com/article/iraq-gas/update-1-gas-imports-to-iraq-from-iran-will-rise-in-june-electricity-ministry-idUSL5N22415V, 2019 年 6 月 10 日アクセス。

(56) Reuters (2018c), "Iraq needs 2 years to stop Iranian gas imports: energy official", *Tehran Times*, Dec.7, 2018, https://www.tehrantimes.com/news/430364/Iraq-needs-2-years-to-stop-Iranian-gas-imports-energy-official, 2019 年 3 月 5 日アクセス。

(57) Reuters (2019a), *op. cit.;* Mina Aldroubi (2019), "Iraq 'will be deprived of power' if it cuts Iran gas imports", *The National*, Apr.22, 2019, https://www.thenational.ae/world/mena/iraq-will-be-deprived-of-power-if-it-cuts-iran-gas-imports-1.852279, 2019年6月9日アクセス。

(58) Justin Dargin (2011), *op. cit.* pp. 319-320.

(59) Justin Dargin (2007), *op.cit.*, p.140; Muhamad Fadhil (2014), *op. cit.*, p.3; 河村朗 (2017), 前掲論文, 50～51, 62ページ。

(60) 筆者は, イラクにおける天然ガス開発の現状や外資を導入したフレアガスの回収プロジェクトについて分析した (河村朗 (2013) 前掲論文, 67～87ページ)。

参考文献 (URL)

Al Jazeera (2017), "Qatar will not shut gas pipeline to UAE: QP CEO", *Al Jazeera*, Jun.19, 2017, http://www.aljazeera.com/news/2017/06/qatar-shut-gas-pipeline-uae-qp-ceo-170618171841461.html, 2017年6月22日アクセス。

Al Asoomi, Mohammad (2019), "Gulf's gas pipeline aspirations finally see an endgame", *Gulf News*, Jan.23, 2019, https://gulfnews.com/business/energy/gulfs-gas-pipeline-aspirations-finally-see-an-endgame-1.61617342, 2019年2月23日アクセス。

Aldroubi, Mina (2019), "Iraq 'will be deprived of power' if it cuts Iran gas imports", *The National*, Apr.22, 2019, https://www.thenational.ae/world/mena/iraq-will-be-deprived-of-power-if-it-cuts-iran-gas-imports-1.852279, 2019年6月9日アクセス。

BP p.l.c. (2017), *BP Statistical Review of World Energy*, June 2017, https://www.bp.com/content/dam/bp/en/corporate/pdf/energy-economics/statistical-review-2017, 2017年6月21日アクセス。

BP p.l.c. (2018), *BP Statistical Review of World Energy*, June 2018, https://www.bp.com/content/dam/bp/en/corporate/pdf/energy-economics/statistical-review/bp-stats-review-2018-full-report.pdf , 2018年6月16日アクセス。

Chughtai, Alia (2018), "Understanding the blockade against Qatar", *Al Jazeera*, Jun.5, 2018, https://www.aljazeera.com/indepth/interactive/2018/05/understanding-blockade-qatar-180530122209237.html, 2019年6月16日アクセス。

Dargin, Justin (2007), "Qatar's Natural Gas: The Foreign-Policy Driver", *Middle East Policy*, Fall 2007, Vol. 14, No.3, pp.136-142.

Dargin, Justin (2008), "The Dolphin Project: The Development of a Gulf Gas Initiative", Oxford Institute for Energy Studies, NG22, Jan.2008, pp.1-55, https://www.oxfordenergy.org/wpcms/wp-content/uploads/2010/11/NG22-TheDolphinProjectTheDevelopmentOfAGulfGasInitiative-JustinDargin-2008.pdf, 2015年12月18日アクセス。

Dargin, Justin (2011), "Qatar's gas revolution", pp. 306-342, Chap. 9, in Bassam Fattouh, Jonathan P.Stern,ed., *Natural Gas Markets in the Middle East and North Africa*, 2011, Oxford University Press for the Oxford Institute for Energy Studies.

Erdogan, Huseyin (2016), "Russian Gazprom, Bahrain's Nogaholding sign LNG MoU", *Anadolu Agency*, Sep. 11, 2016, https://www.aa.com.tr/en/energyterminal/natural-gas/russian-gazprom-bahrains-nogaholding-sign-lng-mou/5436, 2019 年 6 月 24 日 アクセス。

Fadhil, Muhamad (2014), "GCC expansions at risk on Qatar gas", *ICIS Chemical Business*, Jun. 2, 2014, Vol.285, Issue 21.

Fattouh Bassam, and Jonathan Stern, ed. (2011), *Natural Gas Markets in the Middle East and North Africa*, Oxford University Press for the Oxford Institute for Energy Studies.

Financial Tribune (2019), "Washington Exempts Iraq From Iran Sanctions", *Financial Tribune*, May 24, 2019, https://financialtribune.com/articles/energy/98140/washington-exempts-iraq-from-iran-sanctions, 2019 年 6 月 24 日アクセス。

Hashimoto, Kohei, Jareer, Elass, and Stacy, L. Eller (2006), "Liquefied natural gas from Qatar: the Qatargas project", Chap.8, pp.234-267, in, David G. Victor, Amy M. Jaffe, and Mark H. Hayes, ed., *Natural Gas and Geopolitics: From 1970 to 2040*, Cambridge University Press, New York.

Middle East Economic Survey (MEES) (2019), "GCC gas integration: More than just a pipe dream?", *Middle East Economic Survey*, Vol. 62, No.4, Jan.25, 2019.

Middle East Monitor (2018), "Despite blockade, Qatar to supply UAE with natural gas until 2032", *Middle East Monitor*, Sep.27, 2018, https://www.middleeastmonitor.com/20180927-despite-blockade-qatar-to-supply-uae-with-natural-gas-until-2032, 2019 年 5 月 8 日アクセス。

OECD (Organisation for Economic Co-operation and Development) /IEA (International Energy Agency) (1997), *Natural Gas Information 1996*, IEA, Paris.

OECD/IEA (2000), *Natural Gas Information*, 2000 with 1999 data, IEA, Paris.

OECD/IEA (2002), *Natural Gas Information*, 2002 with 2001 data, IEA, Paris.

OECD/IEA (2003), *Natural Gas Information*, 2003 with 2002 data, IEA, Paris.

OECD/IEA (2006), *Natural Gas Information*, 2006 with 2005 data, IEA, Paris.

OECD/IEA (2008), *Natural Gas Information*, 2008 with 2007 data, IEA, Paris.

OECD/IEA (2009), *Natural Gas Information*, 2009 with 2008 data, IEA, Paris.

OECD/IEA (2010), *Natural Gas Information*, 2010 with 2009 data, IEA, Paris.

OECD/IEA (2012), *Natural Gas Information*, 2012 with 2011 data, IEA, Paris.

OECD/IEA (2013), *Natural Gas Information*, 2013 with 2012 data, IEA, Paris.

OECD/IEA (2014), *Natural Gas Information*, 2014 with 2013 data, IEA, Paris.

OECD/IEA (2015), *Natural Gas Information*, 2015 with 2014 data, IEA, Paris.

OECD/IEA (2016), *Natural Gas Information*, 2016 with 2015 data, IEA, Paris.

OECD/IEA (2017), *Natural Gas Information*, 2017 with 2016 data, IEA, Paris.

OECD/IEA (2018a), *Oil Information*, 2018 with 2017 data, IEA, Paris.

OECD/IEA (2018b), *Natural Gas Information*, 2018 with 2017 data, IEA, Paris.

OECD/IEA (2018c), *Electricity Information*, 2018 with 2017 data, 2018, IEA, Paris.

OECD/IEA (2019), Gas 2019-Analysis and forecast to 2024, IEA, Paris.

OPEC (Organization of the Petroleum Exporting Countries) (1990), *Annual Statistical Bulletin 1989*, OPEC, Vienna.

OPEC (1992), *Annual Statistical Bulletin 1991*, OPEC, Vienna.

Press TV (2017), "Iran starts much-awaited gas exports to Iraq", *Press TV*, Jun.22, 2017, http://www.presstv.com/Detail/2017/06/22/526189/Iran-starts-muchawaited-gas-exports-to-Iraq, 2018 年 4 月 29 日アクセス。

Press TV (2019), "US renews waiver for Iraq to continue Iran trade" *Press TV*, Mar.20, 2019,https://www.presstv.com/DetailFr/2019/03/20/591541/Iran-Iraq-US-waiver-electricity-gas-Rouhani-sanctions-, 2019 年 6 月 9 日アクセス。

Ravishankar, Jyotsna (2006), "Saudi Arabia refuses to budge on Qatar-Kuwait pipeline deal", *ArabianBusiness.com*, Mar.2, 2006, http://www.arabianbusiness.com/saudi-arabia-refuses-budge-on-qatar-kuwait-pipeline-deal-63485.html#.V4R5CxGQvSk, 2016 年 7 月 12 日アクセス。

Reuters (2018a), "US grants Iraq 45-day waiver over Iran sanctions to import gas, electricity: US Embassy", *Arab News*, Nov. 10, 2018, http://www.arabnews.com/node/1402491/business-economy, 2018 年 11 月 11 日アクセス。

Reuters (2018b), "US set to extend sanctions waiver for Iraq to import Iranian gas", *Arab News*, Dec.21, 2018, http://www.arabnews.com/node/1423956/business-economy, 2018 年 12 月 12 日アクセス。

Reuters (2018c), "Iraq needs 2 years to stop Iranian gas imports: energy official", *Tehran Times*, Dec.7, 2018, https://www.tehrantimes.com/news/430364/Iraq-needs-2-years-to-stop-Iranian-gas-imports-energy-official, 2019 年 3 月 5 日アクセス。

Reuters (2019a), "UPDATE 1-Gas imports to Iraq from Iran will rise in June - electricity ministry", *Reuters*, Apr.22, 2019, (Reporting by Ahmed Rasheed; Writing by Raya Jalabi.; Editing by Louise Heavens), https://www.reuters.com/article/iraq-gas/update-1-gas-imports-to-iraq-from-iran-will-rise-in-june-electricity-ministry-idUSL5N22415V, 2019 年 6 月 10 日アクセス。

Reuters (2019b), "US grants Iraq sanctions waiver for Iranian electricity imports", *Arab News*, Jun.15, 2019, http://www.arabnews.com/node/1511161/business-economy, 2019 年 6 月 17 日アクセス。

Rogers, Howard (2017), "Qatar LNG: New trading patterns but no cause for alarm",Oxford Energy Comment, Oxford Institute for Energy Studies, Jun.2017, https://www.oxfordenergy.org/wpcms/wp-content/uploads/2017/06/Qatar-LNG-New-trading-patterns-but-no-cause-for-alarm.pdf, 2019 年 5 月 9 日アクセス。

The National (2008), "Saudi and Qatar to fix borders", *The National*, Jul.6, 2008, http://www.thenational.ae/business/banking/saudi-and-qatar-to-fix-borders, 2016 年 2 月 21 日アクセス。

Trade Arabia (2019), "Bahrain LNG terminal likely to start operations in Q3", *Trade Arabia*, May 27, 2019, http://www.tradearabia.com/news/OGN_354971.html,2019 年 5 月 27 日アクセス。

Victor, David G., Amy M. Jaffe, and Mark H. Hayes, ed. (2006), *Natural Gas and Geopolitics: From 1970 to 2040*, Cambridge University Press, New York.

Warner, Kelsey (2018), "Qatar will withdraw from Opec on January 1," *The National*, Dec.3, 2018,https://www.thenational.ae/business/energy/qatar-will-withdraw-from-opec-on-january-1-1.798518, 2018 年 12 月 4 日アクセス。

河村朗 (2009)「なぜペルシャ湾岸諸国は天然ガスを輸入するのか―ドルフィン・プロジェクトを中心として―」『関西国際大学研究紀要』, 第 10 号, 2009 年 3 月, 151 ～ 162 ページ。

河村朗 (2010a)「天然ガスを輸入する UAE―サウジアラビアとの比較―」『ペトロテック』vol.33, No.2, 2010 年 2 月, 74 ～ 80 ページ。

河村朗 (2010b)「クウェートの天然ガス輸入とその背景」『西南学院大学経済学論集』第 44 巻第 4 号, 2010 年 3 月, 159 ～ 176 ページ。

河村朗 (2011)「バーレーンの天然ガス動向と発電」『西南学院大学経済学論集』第 45 第 4 号, 2011 年 3 月, 27 ～ 47 ページ。

河村朗 (2013)「イラクにおける天然ガスの役割とフレアガス」『西南学院大学経済学論集』第 48 巻第 1・2 合併号, 2013 年 9 月, 67 ～ 87 ページ。

河村朗 (2014a)「中東産油国における石油・天然ガス動向の新地平」, 中津孝司編『中東社会のダイナミズム』創成社, 第Ⅷ章, 123 ～ 148 ページ。

河村朗 (2014b)「オマーンにおける天然ガス動向の分析―原油の回収事情との関連において―」『西南学院大学経済学論集』第 49 巻第 2・3 合併号, 2014 年 12 月, 73 ～ 101 ページ。

河村朗 (2015)「UAE における天然ガス不足とサワーガス開発」『西南学院大学経済学論集』第 50 巻第 1 号, 2015 年 6 月, 25 ～ 54 ページ。

河村朗 (2016)「クウェートにおける非随伴ガス田・LNG 輸入動向と発電」『西南学院大学経済学論集』第 51 巻第 3 号, 2017 年 1 月, 23 ～ 58 ページ。

河村朗 (2017)「カタールにおける天然ガス需給動向と発電」『西南学院大学経済学論集』第 52 巻第 1 号, 2017 年 7 月, 35 ～ 76 ページ。

河村朗 (2018)「バーレーンの天然ガス不足とその対策」『西南学院大学経済学論集』第 53 巻第 1・

2 合併号，2018 年 8 月，61 〜 89 ページ。

河村朗（2019）「イランにおける天然ガス需給動向の分析ー天然ガス貿易動向を中心にー『西南学院大学経済学論集』第 53 巻第 3・4 合併号，2019 年 3 月，1 〜 36 ページ。

『日本経済新聞』2017 年 12 月 28 日付け夕刊。

『日本経済新聞』2018 年 5 月 10 日付け朝刊。

（河村　朗）

Ⅸ　米国の対外政策：国際政治と国内政治の連関
― トランプ流外交の問題と限界

1. はじめに

　本章の大きなテーマは，国際政治と国内政治との関係から米国の対外政策を論ずることである。この内外2つの政治の関係は古くから意識されてきており，特に目新しい視点ではない。また，この関係はその影響が双方向であるとみなされている点で共通している。

　しかしながら，これらの影響力が同等というわけではない。本章で論じる米国は国内政治が米国の対外政策に与える影響が相対的に強く，宮廷外交の時代以来，外交エリートの影響力が強い欧州諸国とは異なるのである。このため米国の外交は，米国内の複雑な政治事情を国際政治に持ち込んでしまうために外交上の問題も複雑化させてしまうという批判を欧州人からしばしば受けてきた。

　とはいえ，その米国が20世紀中盤以降の国際関係を規定してきた事実も無視できない。本章では，米国政治史・外交史の議論も踏まえつつ，トランプ外交の特徴と問題を検討する。

2. トランプ政権誕生の背景としての米国内事情
　　― その歴史的経緯

　国内政治と国際政治が関連することは多くの研究者によっても指摘されてきた。たとえば，国際政治における「力」を重要視する現実主義の立場の英国のカー（Carr, E.H.）は古典的名著『危機の20年』（1939年）のなかで，国際政治の代表的な力の1つとして「意見を支配する力」を採り上げ，この力を大衆の意見とみなし，「経済的社会的条件」によって大衆の意見が最も重要なものと

なったと指摘した[1]。カーは大衆の意見をことさら米国との関係で論じたわけではないが，これは米国外交に特に当てはまる。

米国の外交政策を歴史的に論じたミード（Mead, W.R.）は，米国外交の特色を4つのモデル，①ジェファーソニアン（米国の国益を基準として米国の国際的な関与を規定する考え方），②ハミルトニアン（積極的な外交に米国の国益があるとする潮流），③ジャクソニアン（国威国益のために軍事力行使もあり得るとする姿勢），④ウィルソニアン（民主主義の拡大や人権擁護に米国の使命があるとする考え方）に類型化したが，このモデルには米国内の価値観が反映されている[2]。その価値観は理念の場合もあれば，特定の利益を指す場合もある。歴代政権の外交の特色を把握する際の分析モデルとして活用されているこのモデルは，各政権の外交政策の特徴を4つのモデルのいずれかに当てはめるのではなく，複数のモデルの特色を併せ持っていると指摘する形で，つまり理念型として他の研究者にも利用されている。

2016年11月の米大統領選挙で，本命視された民主党のクリントン（Clinton, H.R.）候補を破って共和党のトランプ（Trump, D.）候補の当選が確定した。その過激な言動を批判されてきたトランプの当選は国内外に大きな衝撃を与えた。

トランプ当選の背景を有権者の投票行動から分析した研究も早々に発表されている。トランプ支持者の特徴として低所得の白人労働者層の存在が指摘されたが，この層はこれまで政治的に顧みられなかった[3]。政治的に疎外されていると感じていた白人労働者たちは，自分たちの利益を擁護してくれることを期待して，トランプに投票したのである。これは単なる偶然ではない。白人労働者たちの置かれた状況を看取したトランプ陣営の選挙責任者であったバノン（Banonn, S.K.）は，これら白人労働者層を取り込む戦略を採用したのである。

以上のあらましでもトランプ外交を把握する上で，複雑な米国の政治状況の整理が必要不可欠であることは容易に理解できよう。本章では紙数の関係もあるので，21世紀の米国政治の状況を素描していくことにするが，その前に現在の共和党の政策体系に大きな影響を与えた，レーガン政権について簡潔に説明する。

レーガン大統領（Reagan, R.W.）時代は，共和党を保守主義に再編した意味で「革命」（「レーガン革命」と呼ぶ）となった。民主党リベラル派を批判し，それに対

抗する総合的な政策体系が完成されたのである。その体系は3つの柱に整理できる。①小さな政府論（大きな政府を批判と規制の緩和推進，大型減税による経済成長路線），②道徳的保守主義，③ソ連邦に対抗する強い米国の復活，である。

このうち①は，戦後の主流政策であった大きな政府路線と真っ向から対立するものであり，②の道徳的保守主義とは，1960年代に登場した既存の価値や文化を否定する「対抗文化」（カウンター・カルチャー）を批判する考えである。対抗文化の過激化は，道徳的保守主義者をますます刺激することになった。ことに妊娠中絶問題は，これを支持するフェミニズムと徹底して批判するキリスト教右派等との激しい対立を引き起こした。妊娠中絶を批判する勢力（プロライフ派）と共和党は結びついた。ここで注意しなければならないのは，本来，小さな政府論，道徳的保守主義，強い米国は自然的に結びつくものではないことである。これらの価値を共和党という政党が政治的に集約させたのである。これは，対外政策が内政要因と強固に結びつけられることを意味するのである。

これに対して，60年代に隆盛を極めたリベラル派は再編を余儀なくされた。80年代にはかれらは民主党内で主流派の地位でなくなり，民主党自体もリベラリズムに代わりうる政策体系を確立する必要に迫られた。それはこの時期，共和党にホワイトハウスを明け渡していたことでも明らかである。

その後，新たに形成された民主党の政策の特色を整理すると，共和党ほど体系化されていないが，①大きな政府のある程度の修正，②対抗文化的価値の尊重，③ウィルソン的な国際協調主義ということになろう。こうした系譜は，共和党から政権を奪還したクリントン大統領（Clinton, W.J.）やその後の民主党政権に受け継がれていると言えよう。

国内の思想と対外政策が結びついた典型的な政権は，2001年に発足した共和党のブッシュ政権（Bush, G.W.）である。その1期目のイラク戦争の戦後処理の失敗により批判にさらされたが，この戦争の主導的役割を果たしたとされるのが，新保守主義（ネオ・コンサーバティブ，通称ネオコン）に連なる政府高官たちである。ネオコンは，従来リベラル派と目された人たちが，保守に転向した者によって形成されてきた思想である。古くからの米国の価値を評価するこの立場は，その価値を世界に広めることも主張した。この独善的ともいえる姿勢が，

対外政策として実行されると大きな反発も買ったのである。

　ブッシュ後政権を担ったのが，民主党のオバマ（Obama, B.H.）である。大統領選でオバマは「Change !」を合言葉に米国を大きく変える必要性を訴え，当選した。史上初の黒人大統領の誕生である。

　国民皆保険を目指す社会保障法案（オバマケア）は，議会多数派を民主党が占めていたので，2010 年に可決された。しかしながら，1 期目の中間選挙で民主党は下院で過半数を失い，オバマ政権は多数派となった共和党が制する下院との対決を余儀なくされた。

　政治的・社会的な問題ではオバマは，リベラル派の立場を示した。たとえば，閣僚にヒスパニック系，アジア系などマイノリティを任命したほか，妊娠中絶問題では支持派（プロチョイス）の立場をとり，2012 年に同性婚を支持すると発言した。

　2016 年の大統領選挙でオバマ政権を徹底的に批判した共和党のトランプ候補は，当選後オバマ政権の路線を大きく変えようとした。人権侵害ともとられかねない政策の一部は裁判所や州政府の抵抗にあい，挫折するものもあった。また，白人優位主義者の言動に対して，トランプ大統領が理解を示すようなツイッター上の発言も見られるなど，米国内の政治的・社会的分裂状況は深刻さを増している。こうしたなか，2018 年の中間選挙で民主党は議会下院の多数派を奪還することに成功した。上下両院で多数派が異なるが，ふたたび分割政府となった。

　この影響は予算問題に表れた。メキシコ国境に建設する予定のフェンス予算をめぐって下院と大統領との間で激しい対立が起きたのである。フェンスの建設はトランプ大統領が大統領選挙戦で掲げた公約の 1 つであった。予算先議権を持つ下院の賛成を得られない限り，予算の成立は覚束ない。2019 年 1 月にトランプ大統領は非常事態宣言を出して，国防予算の一部をフェンス建設予算に充当させようとしている。

　元来，宗教的・社会的価値の相違は妥協が成立しにくい性質を持つ。たとえば，白人優位主義者の見解と多文化主義の対立，先述した妊娠中絶賛成派（プロチョイス）と反対派（プロライフ）などは，いずれも原理的な対立であるだけに，

相互に譲歩する余地が乏しいのである。原理的な対立は，放置したままでおくと，何かのきっかけで暴発しないとも限らない。しかし，トランプ大統領はツイッターを駆使して，過激な発言を繰り返している状況である。

本章のテーマに即していえば，こうした国内の妥協しにくいイデオロギー対立が妥協を必要とする対外政策へ影響を及ぼしかねない点を強調しなければならない。それは前任者の対外政策を批判するだけにとどまらず，対外政策自体も大きく変更される可能性を高めるのである。

3. 米国外交政策・安全保障政策と国内政治

A. 米国外交の特徴

米国外交政策の特徴については，多くの研究で指摘されているので，ここでは代表的なものを確認しておく。

第一に，米国は世界最強の軍事力を持つ国である。核兵器だけではなく，航空機や航空母艦など強力で最先端の兵器を多数そろえており，それらは他国を圧倒している。しかも，それらの兵器類の輸出やライセンス生産の許可自体が米国の外交上の武器にすらなっている状況である。

第二に，こうした軍事力を維持する経済力も世界一である。また高い技術力と生産性を誇り，新しい産業を創出する力も兼ね備えている。

またこうした経済力が新たな価値や文化，あるいは娯楽を提供する基盤にもなっており，こうしたコンテンツが世界に影響を及ぼし，米国の印象を高める効果をもたらしている。

付言するとこうしたさまざまな力は米国をして他国を従えさせる源（ハードパワー）となり，他国が米国に見習う原動力（ソフトパワー）にも転化しうる。

第三に，米国外交には道徳的名分が重要となることも多い。米国に本格的侵略を仕掛ける国が皆無なだけに，特に軍事力の行使に際して，大義名分を必要とするのである。第一次世界大戦へ参戦を決意した，ウィルソン大統領（Wilson, T.W.）も，第二次世界大戦に参戦を余儀なくされたローズベルト大統領（Roosevelt, F.D.）も戦争の必要性を広く国民に訴えかけねばならなかったのである。

第四に，外交政策の決定過程にかかわるアクターの数やそれらの関係がかなり複雑なことである。行政府内部では大統領府（国家安全保障問題担当大統領補佐官など）や国務省・国防総省などが，また条約の承認など議会上院にも権限が付与されている。さらに民間シンクタンクや大学などの研究機関が政策発信をすることも多い。

第五の特色は，国内政治の分裂状況が米国外交にも反映されることである。冷戦期には「冷戦コンセンサス」と呼ばれる超党派的な外交方針があったが，これは政党間の政権交代にかかわらず対ソ政策の基本では，つまりソ連邦との対決姿勢を堅持することでは，一致していたことを意味する。しかし冷戦終結後，このコンセンサスは消失してしまい，超党派的な外交方針は確立していない。このことは国内政治の対立が外交へ転嫁される可能性を高めるかもしれないのである。

B. 21世紀の米国外交概観

2001年3月，ブッシュ大統領（Bush, G.W.）は就任早々，地球温暖化対策の京都議定書からの離脱を表明した。京都議定書は，クリントン政権の時に署名されたものであったが，議会での承認の見込みがないことから，議会への提出は見送られていた。議会が反対した理由は，温室効果ガス削減を先進国に義務付けた同議定書の内容が，民間企業に負担を負わせることになるからである。

国内事情を優先させたこの離脱表明は国際的な批判を浴びた。特に問題となったのは，離脱により議定書の発効が危ぶまれたことである。同議定書発効条件の1つに，締結した先進国の二酸化炭素排出量の総計が規定を下回った場合には効力を持たないことが明記されており，米国の離脱はこの条件を満たさない可能性を高めたからである。その後，米国のこうした対外行動は単独主義的（ユニラテラリズム）であると批判されることになる。

同年9月11日の米国同時多発テロ事件は，米国だけではなく世界に大きな衝撃を与えた。イスラム系テロ組織アルカイダの犯行と断定した，ブッシュ政権は，容疑者の引き渡しをアルカイダの根拠地であるアフガニスタン政府（タリバン政権）に求めたものの拒否されたため，10月，アフガニスタンに対する攻

撃に踏み切った。しかしながら，12 月，タリバン政権は崩壊し，暫定政権が発足したものの，テロ組織自体は壊滅に至らず戦争は長期化することになった。

　ブッシュ政権の安全保障政策の象徴とみなされたのが，2002 年 9 月に公表された国家安全保障戦略（The National Security Strategy of the United States of America Sep. 2002, 以下 NSS2002 と略す）である[4]。この文書自体はブッシュ大統領の演説集にすぎず，本来であれば演説を政策・戦略と同一視することはできないにもかかわらず，世界から注目を集めたのは，大量破壊兵器を使用する危険のある「ならず者国家」やテロ組織に対して先制攻撃も辞さないという先制攻撃論，いわゆるブッシュ・ドクトリンを打ち出していたからである。しかも単独行動主義も辞さない主張と併せて，米国の国家主権の極大化を図るものとみなされたのである。

　こうした姿勢はイラク戦争に至るプロセスで随所に見られた。イラクが大量破壊兵器を隠し持っていると断定し，これが国連安保理決議第 1411 号に違反していると主張し，イラクに対する新たな安保理決議採択を図ろうとしたのである。フランスなどが拒否権行使も辞さない態度をとったために，決議案を取り下げた米国は，米国に賛同する国と有志連合を結成し，米軍を中核とする連合軍（英国，オーストラリア，ポーランドなど）を編成して，イラクに対する攻撃に踏み切った。3 月 20 日に始まった戦闘行動自体は 5 月上旬には大統領自らが終結宣言を発した。それにもかかわらず，肝心の大量破壊兵器が存在しなかったばかりか，初期占領政策の不手際により，イラク国内では米軍や英軍に対するテロ行為が頻発するなど政情不安に陥ってしまった。

　戦争の長期化はベトナム戦争のトラウマを再現させかねず，また世論の批判を招きやすくなる。このイラクとアフガニスタンの対応の不手際はブッシュ政権を苦しめることになる。

　2 期目に入ると，ブッシュ政権は修正路線へ舵を切ったと言えよう。それは人事の刷新にも表れている。パウエル国務長官（Powell, C.L.）とアーミテージ国務副長官（Armitage, R.L.）が退任したほか，イラク戦争を主導したネオコンのウォルフォウィッツ国防副長官（Wolfowitz, P.D.）とボルトン国務次官（Bolton,

J.）がそれぞれ世界銀行総裁と国連大使に転出した。また2005年の中間選挙敗北後，かねてから批判にさらされていたラムズフェルド国防長官（Rumsfeld, D.H.）も辞任を余儀なくされた。さらに政策の変換は，2006年に公表されたNSS2006で，先制攻撃への言及がかなり少なくなっていることにも示されている[5]。しかし，イラク情勢では，イラクの治安が悪化したことにより，2007年1月，3万人の米兵を派遣することを公表した。またアフガニスタンからの撤兵も実現できず，1期目の外交上の問題を解決する道筋を立てられなかったのである。

　結果としてイラクとアフガニスタンの問題によって，米国は余力を奪われてしまい，東アジアでは中国と北朝鮮に対して強硬な姿勢を取れなくなったのである。

　2009年に発足したオバマ政権は，単独行動主義的なブッシュ外交を否定して，国際協調路線へと舵を切った。オバマのこうした対外政策の正当性はオバマ自身がイラク戦争に反対していたことによっても補強された。

　特に環境問題や核兵器問題では国際的な合意に参加する姿勢が顕著に表れたのである。地球温暖化防止のためのパリ協定については，中国を説得して2016年の米中首脳会談に合わせて同協定を締結したことはその象徴の1つであろう。しかし，これはたんにオバマの理念に発しているだけではない。米国単独では国際上の問題を解決することは困難であるという判断に立脚したものでもあった。

　こうした現実とのバランスは，ブッシュ政権の残した大きな課題であるアフガニスタンとイラク問題でも発揮された。2011年12月，米軍がイラクから撤退し，イラクにおける米軍の作戦行動は終了した。また，アフガニスタンでの米軍の活動も，2011年5月にアフガニスタンに根拠地を置くアルカイダの指導者ウサマ・ビン・ラディンの殺害に成功した。9.11テロ事件の首謀者殺害はアフガニスタンにおける作戦の結節でもあった。2014年12月，アフガニスタンでの米軍の戦闘行動終結が宣言された。しかし，その後も米軍の事実上の戦闘行動は続いている。

　米国がイラクやアフガニスタンの活動を終了させる動機は，米国の世界戦略

ともかかわっていた。オバマ政権はアジアへの軸足を移動させること（「ピヴォット」あるいは「リバランス」(Pivot to Asia or Rebalance to Asia)）を狙っていた。台頭する中国に対応する必要があったのである。一方で，米中は経済面では相互依存を深め，他方，軍事面では中国軍の増強および周辺地域での活動が近隣諸国との間に軋轢を生じており，米中間は緊張していた。中国の南シナ海や東シナ海での活動を牽制するために「航行の自由作戦」を始めたが，オバマ政権の中国への対応は慎重であった。

　こうしたオバマ外交の慎重さはほかの問題でも見られた。しかしそれが批判を招くことにもなった。たとえば，2013年9月，シリア内戦に関する国内向けの演説のなかで「米国は世界の警察官ではない」と発言したことが，アサド政権の化学兵器の使用を食い止められなかった要因の1つとみなされた。さらに2014年3月，ロシアによるクリミア半島併合に際して，オバマ政権は軍事介入を控え，代わって北大西洋条約機構（NATO）の強化に乗り出したが，軍事力を伴う問題で米国にとって好ましくない状況を放置していると，とりわけ保守強硬派から批判を招く結果となったのである。

　オバマの国際協調主義路線は，国際問題の解決に際して，多くの国の合意を経ていくものであり，時間を要する性質を持つ。言い換えれば，成果が表れにくい，あるいは見えにくい性質を持ち合わせているのである。

4. トランプ外交

A. トランプ政権初期の外交担当者人事の迷走

　2017年に就任したトランプ大統領は，その就任演説で，ワシントンにいる一部の人々（エスタブリッシュメント）と米市民を対置させ，これまでの米国政治がエスタブリッシュメントの利益のためであって国民のための政治ではなかったと批判し，さらに，「貿易，移民，税金，外交についてのあらゆる決定は，米国の労働者と家族の利益になるようになされる」と述べた[6]。もとよりトランプ大統領自身は国内問題に主たる関心を寄せているとみられていたが，就任演説もそうした文脈で外交や貿易問題をとらえる内容となっている。その後，

IX 米国の対外政策：国際政治と国内政治の連関─トランプ流外交の問題と限界 245

その対外政策の骨幹を形成しつつある。その特色を確認しておこう。

まず，大統領選の最中，オバマ外交を激しく批判してきたようにウィルソン的な国際協調主義を掲げた民主党外交と異なっていることが挙げられる。これはオバマ外交を修正するというメッセージである。

とはいえ，同時に従来の共和党外交とも一線を画する特徴を持つと指摘されてきた。特に懸念されたのが「孤立主義」である。米国の戦略的関心を縮小させてしまい，西半球以外の地域から「関与後退 (retrenchment)」するのではないかと問題視されたのである。この視点は「米国第一主義 (America First)」とも関連する。米国の利益・関心次第では，国際問題への関与を縮小させることも可能になるからである。言うまでもなく，共和党の外交は，米国の国益を追求する点ではトランプ大統領と同じであるが，国際問題への関与についてはトランプ大統領と大きく異なる。しかし，大統領選の途中で，トランプ候補は共和党の外交の主柱の１つとみなされる国際関与主義的な「力による平和 (peace through strength)」路線も打ち出し，この結果，共和党外交に歩み寄りを見せたと評されることになる。しかし，これらのスローガンや方針の整合性が十分にされなかった。すなわち，共和党外交とトランプ大統領の外交戦略との異同が不明瞭であることが特色の１つであったのである。

これに加えて，政権発足直後のその外交政策には一貫性や思慮深さはみられなかった。トランプ大統領のリーダーシップとも関係する外交政策の決定過程がかなり不安定だと思われたのである。また，現在でもそうした傾向は続いているとみなされている。無論，このような状況は過去の政権でも見られたことではある。しかし，極端なレトリックを用いて物議を醸すなど，安定した性格とは思えないトランプ大統領自身のパーソナリティの特異性を考慮に入れるとその不安定性は一層助長されると言えよう[7]。以下その要因を指摘しておこう。

第一に，先述したようにトランプ大統領自身の外交構想が不明確であったことが挙げられる。そもそも，トランプ大統領は上院議員や州知事などの公職経歴のないまま，大統領に就任したのであり，その関心も国内問題が主たるものであった。国際問題についての大統領選挙期間中の発言なども，貿易赤字が米国の雇用を奪っている，同盟国の米軍駐留経費負担が少ないなど，事実として

も適当かどうか疑わしいものも多く，発言の内容は理念や理想を語るよりも，形而下の問題が話題の中心であった。

　第二に，外交関係の政権中枢部の人事が流動的であることが挙げられる。共和党主流派の外交とも異なる発言をしてきたトランプ大統領は，共和党人脈への依存が限られてしまい，さらに政治経歴の無さから政権担当の人材を集めるのが困難であった。その人材は実業界や軍から集められたほか，大統領選挙スタッフそして身内が任命されることになった。多種多様な人材を集結させるためには統率力のあるスタッフか，あるいは大統領自身がそれを行う必要があるが，政権発足当初はかなり混乱していた。結局，大統領選挙功労者であった，プリーバス大統領首席補佐官（Priebus, R.）やバノン大統領首席戦略官らは早々に政権を離れることになった。バノン氏の辞任は，氏がかねてより「孤立主義」論者であったことから，孤立主義路線の後退とみなされた。

　以下の図表IX-1に整理してあるように，国務長官や国家安全保障問題担当大統領補佐官が政権発足以来，頻繁に交代している。発足当初の政策の不安定性が大統領と担当者との意思疎通不全を増長させたと考えられる。さらに，その後も政権発足からおよそ２年間，国防長官を務めたマティス（Mattis, J.N.）が，シリアからの米軍撤退を独断で決めたトランプ大統領に抗議して辞任するなど，大統領と政策担当者との係争が解消されたわけではない。

図表IX-1　トランプの安全保障にかかわる政権人事（2019年5月現在）

職名（番号は就任の順番）	氏名	在任期間
①国務長官	レックス・ティラーソン	2017.1 ～ 2018.10
②国務長官	マイク・ポンペオ	2018.10 ～現在
国防長官	ジェームス・マティス	2017.1 ～ 2019.1
国防長官代行	パトリック・シャナハン	2019.1 ～現在
①国土安全保障省長官	ジョン・フランシス・ケリー	2017.1 ～ 2017.12
②国土安全保障省長官	キルステン・ニールセン	2017.12 ～ 2019.4
国土安全保障省長官代理	ケビン・マカリーナン	2019.4 ～現在
①国家安全保障問題担当大統領補佐官	マイケル・フリン	2017.1 ～ 2017.2
②国家安全保障問題担当大統領補佐官	ハーバート・マクマスター	2017.2 ～ 2018.4
③国家安全保障問題担当大統領補佐官	ジョン・ボルトン	2018.4 ～現在

第三に，しかも，トランプ外交には政策手段の安定性も見られない。オバマ外交の成果を否定して，その修正を図る事例が見られるが，ツイッターを使って外交方針を表明するなどその手法が極端なことも多く，相手国の反発を買う，あるいはトランプの意図を図りかねて戸惑いを招くことも多い。

第四に，外交構想の不明瞭さと極端な政治手法は，個別具体的に外交問題を処理する政策スタイルとなり得ることが挙げられる。個々の外交案件の相互関連性を把握しきれないために，その外交手法の影響に対する関心領域が狭まるのである。そのため相手国の反応を正確にとらえきれず，外交問題の係争化に拍車をかける危険性もある。

B.「米国第一主義」と「道義的現実主義」

政権発足後間もない 2017 年 6 月にトランプ大統領は，気候変動枠組条約第 21 回締約国会議 (COP21) で採択されたパリ協定からの離脱を表明した。トランプ大統領は離脱の理由として，同協定が「米国の労働者に不利益」であり，「非常に不公平である」ことなどを挙げたが，ここに「米国第一主義」の原則を確認できる。この離脱表明は内外から強い批判を浴びたことは言うまでもない。

2017 年 12 月，トランプ政権は，「国家安全保障戦略 2017 (National Security Strategy 2017)」を発表した[8]。NSS2017 は，トランプ政権の対外政策を体系的にまとめたものだけに注目を集めた。ただし，NSS2017 が今後のトランプ政権の外交戦略にどこまで反映されるかは不明である。ここでは NSS2017 について本章で必要とされる点についてのみ言及しておく[9]。

まず，米国の死活的利益を①米国本土，国民，その生活様式を守ること，②米国の繁栄を促進すること，③力による平和を維持すること，④米国の影響力を向上させること，と定め，これを実現するための基盤となる外交・安全保障思想を「道義的な現実主義 (principled realism)」と表現した。その「現実主義」とは，国際情勢において力が果たす中心的役割を認識し，主権国家が世界平和のための最良の希望であるとする。また，「道義的」とは米国的価値観が世界に平和と繁栄をもたらすという見解を示している。

次にその対外認識は，一方で，国際政治を大国間の競争とみなす点で「現実主義的」であり，他方，協調の余地を残している点で「道義的」となり得る。また，この認識は主権国家を国際政治の中心的アクターとみなしていることになる。事実オバマ政権で 2015 年に公表された NSS2015 では国連の役割に言及しているのに対して[10]，NSS2017 では，国連への言及はほとんどなく，現行の国連の改革の必要性で触れているに過ぎない。

第三に，2 つの矛盾しかねない要素を内包させている「道義的な現実主義」は，「力による平和」「強い立場」，あるいは「米国第一主義」という表現で現実主義を優先させている。そして理想主義が理想の実現のために時間を要し，プロセスを重視するのに対し，現実主義は「結果」を重視するという特徴がある。

第四に，以上の戦略からその主たる関心地域が対中国を意識したインド太平洋地域に向けられる点を指摘できる。この点は在任中にアジアへのシフトを明らかにしたオバマ政権と異ならない。そして実際にも貿易問題でトランプ政権は，制裁関税を実施し，さらに追加の関税率引き上げを示唆しつつ中国に譲歩を迫っている。またオバマ政権によって始められた「航行の自由作戦」も継続中である。

以上のような NSS2017 の内容は，トランプ政権の外交の方向性を示すものであるが，その後の経緯についても触れておく必要がある。結論を先に述べれば中国との対決姿勢が強まっていると言えよう。

2018 年の一般教書演説で，トランプ大統領は中国を名指しすることを避けながらも，貿易問題への対応で批判を加えた。2018 年 10 月 4 日にはハドソン研究所でペンス副大統領 (Pence, M.R.) が中国批判の演説を行った[11]。中国の貿易問題だけではなく，中国の軍事力の増強問題，さらに米国的民主主義に対する脅威と指摘したことは，貿易問題以外の分野でも中国との対決が強まると解釈できる内容であった。しかもペンスは，わざわざ NSS2017 にも言及しており，政権の意思であることを確認しているのである。一部の報道では，この演説を米中関係の「冷戦（化）」と評するものもあった。

さらに 2019 年の一般教書演説でトランプ大統領自身が中国との貿易問題に

言及し，さらに軍事問題でも中国に触れており，中国の問題を前年一般教書演説よりも強調する内容となっている[12]。

C. トランプ外交の手法－米朝首脳会談を事例にして

　現在進行形のトランプ政権の対外政策自体を評価するのは時期尚早である。しかしその外交手法については，その特色と問題を確認することはある程度可能である。以下この点を検討していこう。

　トランプ外交のスタイルは多国間の交渉を重視するのではなく，二国間の交渉を重視する。ビジネス界に身を置いていたトランプ大統領にとって，相手との「取引（deal）」が外交交渉の基本となっていると指摘される。この交渉アプローチのメリットは，トランプが重視する「結果」「成果」がわかりやすいこと，例外はあるかもしれないが超大国である米国の交渉上の立場が当初から有利であり，米国主導で進めやすいことが挙げられる。

　しかしながら，このアプローチには問題もある。細部は後述するので，ここでは簡潔に述べておく。第一に，二国間交渉の諸議題がリンクしかねない可能性が挙げられる。たとえば，貿易問題での譲歩と引き換えに安全保障問題で有利な条件をのんでもらうということも起こり得るのである。無論，外交問題でこの種の取引は珍しいことではないかもしれない。しかし，「結果」を求めるあまり，安易な取引に走る危険性が高まる点は強調しておいてもよい。

　第二に，このような取引の影響が二国間にとどまらず，第三国に波及する可能性を指摘できる。

　第三に，多国間で取り組まねばならない問題の場合，この交渉アプローチは不適当となる。

　このような二国間交渉アプローチの極大化が2回にわたって開催された米朝首脳会談である（なお，本章では2019年6月の第3回会談には触れない）。この会談の情報が当事国双方から公開されているわけではなく，全容を把握しきれない部分もあるが，トランプ流の二国間外交を検討する上で格好のサンプルになるので，検討する価値はある。

　2018年3月，金正恩委員長の親書を託された韓国の特使と会談したトラン

プ大統領は，首脳会談の開催に同意した。確かに大統領当選前から会談する意思があることを表明していたが[13]，トランプ大統領が会談に同意したねらいは彼の説明ではよくわからない。しかし少なくとも金正恩委員長には開催する価値はあった。下記図表IX-2に整理されているように，国連安保理決議による制裁が深刻な状況を引き起こし，それを打開するために首脳会談に持ち込もうとしたと考えられるからである。制裁内容について詳述しないが，制裁措置が発動されたことによって国民経済に深刻な打撃を与えていると指摘されているのである。

図表IX-2　金正恩体制後の国連安保理による対北朝鮮制裁一覧表

決議番号	決議に至る原因
決議第 2087 号	2012 年 12 月弾道ミサイル発射
同 2094 号	2013 年 2 月の核実験
同 2270 号	2016 年 1 月の核実験と 2 月の弾道ミサイル発射
同 2321 号	2016 年 9 月の核実験
同 2356 号	2017 年度重なる弾道ミサイル発射
同 2371 号	2017 年 7 月（4 日と 28 日）の大陸間弾道ミサイル発射
同 2375 号	2017 年 9 月の核実験
同 2397 号	2017 年 11 月の大陸間弾道ミサイル発射

　その後，2018 年 5 月，北朝鮮がペンス副大統領を批判したとしてトランプ大統領が会談中止を発表して，一時は開催が危ぶまれたが，2018 年 6 月にシンガポールで両首脳は歴史上初めての米朝首脳会談に臨んだ。

　会談の成果は文書としてまとめ上げられ，両国が朝鮮半島の「非核化」へ向けて努力する点で一致を見た。しかし，そのための具体的な手順については何も触れられなかった。

　特に核心部分である「非核化」の定義が不明瞭だったことが問題として指摘された。「非核化」とはどのような状態を指すのか，あるいは「非核化」の進め方はどのようにするのかなどの問題のほか，米国の従来の立場との関係もはっきりしていなかった。言い換えれば，米国は従来の立場を修正して北朝鮮

に譲歩するのかと懸念されたのである。こうした状況では「非核化」の内容を詰める必要がある。2019年2月に第2回米朝首脳会談がベトナムのハノイで開催された。開催前に融和ムードが漂い，合意への期待が高まったが，結局交渉は決裂した。交渉内容がすべて公開されることもなく，第3回会談の可能性に含みを持たせているにとどまり，合意という形での成果には結びつかなかった。

　首脳同士の話し合いで，大きな問題が解決することもあるが，ほとんどの首脳会談の場合，事前に事務交渉で合意内容を詰めるのが一般的である。言い換えれば，合意できない案件がある場合はそれを首脳会談の議題にしない，あるいは首脳会談自体の開催を見送るのが一般的である。冷戦期，米ソの首脳会談の数が少ないのは，双方が譲歩できない解消不能な問題が多かったからでもある。

　この一連の米朝首脳会談にはさまざまな問題が発生した。以下，いくつかの点を指摘しておこう。

5. トランプ流二国間交渉アプローチの問題点

　まず，トランプ大統領の外交に関する手腕である。第一に，米朝首脳会談の開催そのものが唐突であったが，これはトランプ大統領自身の関心に左右された点を指摘できる。この場合，米国外交の整序を乱しかねない危険性もある。

　第二に，こうした会談の結果が第三国に及びかねないだけに国家間の関係を動揺させかねない危険性を指摘できる。これが米国に対する信用を損ないかねないのである。日本政府は情報収集に努めたと報道されているが，会談の結果によっては日本の対北朝鮮政策にも重大な影響を及ぼしかねなかった。ブッシュ政権で国家安全保障会議日本・朝鮮担当部長を務めたグリーン (Green, M.J.) は，第1回会談前に，北朝鮮問題が米朝二国間のゲームであるばかりでなく，多国間のゲームであると述べ，たとえば，北朝鮮への見返りが日本に影響を及ぼす点を指摘する[14]。

　第三に，トランプ大統領のパーソナリティを相手国に利用される危険性があ

る。今回の会談開催の提案を最初にしたのは金正恩委員長だが，彼が制裁解除を意図してその方法としてトランプ大統領の性格を利用しようとしていたのは間違いなかろう。事務レベルの交渉でもほとんど進展がなかったのは，北朝鮮側がトランプ大統領との直接交渉で問題ないと考えたからという指摘もある。北朝鮮だけではなく，ほかの国もこのようなアプローチを採用していることも考えられるのである。

第四に，首脳会談で成果がなかったことは，北朝鮮の核問題の進展が当分の間にせよ見込めないことが挙げられる。首脳同士で譲歩できなかった問題を閣僚などの事務レベルの交渉で覆すことは至難の業である。つまり両当事国ともに大幅な修正をできない状況が続くことになるのである。会談前からトランプ大統領は北朝鮮非核化問題で「慌てる必要はない」と発言しているが，それでは何のために首脳会談を開催したのかという批判を受けることになった。たとえば，ペロシ米下院議長 (Pelosi, N.) は北朝鮮に譲歩をしなかった点を評価しながらも，首脳会談の意義を問題視した[15]。

第五に，こうなるとトランプ大統領の会談開催の動機に北朝鮮問題以外のものがあったのではないかという疑問が生じてくる。議会で追及されているトランプ大統領が首脳会談の成果を盾に追及の矛先をかわすためというような国内問題とリンクさせている可能性も否定できなくなる。第2回会談の後，成果がなかったために「最大の敗者はトランプ」という指摘がされたのはこのためである。しかも，3月3日になって，トランプ大統領自身がツイッターで，米朝首脳会談で席を立ったのは自身の元顧問弁護士コーエン被告 (Cohen, M.D.) の下院公聴会が原因であると述べた[16]。

任期の後半に差し掛かったトランプ大統領が再選を意識して外交上の成果を求めようと何らかの奇抜な着想に捕らわれる可能性は排除できないのである。

次に，二国間交渉の問題点を指摘する。確かに二国間交渉は外交の基本であり，これを全面放棄することはできない。しかし，このアプローチの特質を把握することも必要である。言い換えれば，二国間交渉の利点と欠点を理解しなければならないのである。

第一の問題は，二国間の問題を解決するためであっても，その問題が他国へ

影響を及ぼす可能性を考慮に入れなければならないことである。両国にとって最適な解決法であっても，第三国にとってそうとは限らないのである。この場合，第三国との交渉の必要が生まれる。第三国の数が多ければ多国間の交渉とならざるを得ないのである。言い換えれば，二国間交渉と多国間の交渉は相互排他的ではなく，相互依存的になり得る場合もあることが指摘できる。

　第二に，二国間交渉は個別的具体的な解決法に適していても，包括的一般的な問題を議論するには適さない点を指摘できる。多くの国の協力が必要な問題には二国間交渉は適用しにくいのである。無論これも相互排他的というわけではない。包括的な多国間交渉の枠組みのなかで二国間の交渉の余地は残されているからである。

　第三に，あらゆる問題で二国間交渉による問題解決可能性が高くなるとは限らないことが挙げられる。国内事情から交渉すらできない問題も数多くある。その場合，二国間交渉開催の可能性すら危ぶまれるのである。

　最後にトランプ流の交渉の問題点とはどのようなものになるだろうか。以上のトランプの外交手腕と二国間交渉の問題点をふまえながら論じていこう。

　第一に，米国との二国間交渉は相手国にとってすでに不利な立場に立たされている場合が多い点を指摘できる。超大国米国の要求は相手国にとって深刻な問題となり得る。トランプ大統領の言動ではなおのことこうした傾向を助長しかねないのである[17]。たとえば，二国間交渉ではないが，3カ国が参加している北米自由貿易協定（NAFTA）についてトランプ大統領はカナダ，メキシコとの間で協定の見直しをするとしているが，応じない場合は協定から離脱することを表明している。

　第二に，二国間交渉を重視して，多国間交渉を軽視する外交アプローチは，多国間協議の問題で米国が排除される可能性がある点を指摘できる。米国の参画がないまま計画が進展していく可能性もあり得る。この場合，米国の国益を損ねるかもしれない。事実，イランの核開発疑惑問題で，2015年7月にイランと国連常任理事国5カ国・ドイツとの間で，経済制裁一部緩和と引き換えにイランが核開発の制限を受け入れることで合意を見たイラン核合意から，米国が一方的に離脱を表明した（2018年5月）が，ほかの国は離脱をせず，米国に

よって批判にさらされている当事国のイランだけではなく，フランスやドイツも米国を批判する状況となっている。

この離脱の理由にはオバマ政権への反動だけではなく，イスラエルとの関係を重視していることなどがあるという指摘もある[18]。事実，2017年12月にトランプ大統領はエルサレムをイスラエルの首都と認定し[19]，さらに翌年5月に米国大使館をテルアビブからエルサレムに移転させている。また2019年3月にゴラン高原をイスラエルの主権下にあることを正式に認める宣言に署名した。この場合，米国－イスラエルの二国間関係が多国間協定に優先していると解せるのである。

第三に，米国の国益に資する問題で多くの国の協力も得なければならないとき，二国間交渉では対応できない可能性があることを指摘できる。この場合，包括的一般的な原則を示して，多くの国の賛同を得ることが肝要である。そこで形成された枠組みのなかで，個別的具体的な問題を協議していくのが一般的な手順である。この場合，討議に時間を要し，トランプ政権が重視する「結果」をただちに得ることは困難であろう。

第四に，このように考えた場合，トランプ政権の求める「結果」とは，本来必要とされる課題解決よりも，成果を得やすい問題を重視するということにもつながりかねない。

第五に，「結果」そのものの定義のむずかしさがあることを指摘できる。たとえば，貿易問題で米国の貿易赤字解消のための二国間交渉で合意が成立しても，それで貿易赤字が解消できるとは限らない。政府で管理することが困難なほかの要因が影響する可能性も排除できず，その場合，相手国政府との再交渉だけでは貿易赤字解消という「結果」を得ることは困難になろう。

第六に，こうしたトランプ流二国間交渉に見切りをつけて，まともに交渉しない国が出てくる可能性も指摘できる。その場合，交渉失敗に対する制裁を加えるかもしれないが，外交交渉をますます困難にしてしまう可能性が高まろう。このようなケースが同時多発的に発生すれば，対応が困難になりかねないのである。

6. おわりに

　米中の対立が激しさを増す状況を「冷戦」と評する論者もいることは本文中で指摘したとおりである。武力衝突の無い超大国間の対立を冷戦と呼ぶのであれば，現在の米中対立はそれにふさわしくなりつつある。その意味で冷戦の再来になるかもしれない。しかしながら，それがかつてのような冷戦政策の再来になるとは限らない。冷戦政策の土台となった米国の職業外交官ケナン（Kennan, G.F.）の封じ込め政策は，米国単独による対ソ政策ではなく，米国を中心とする多国間の対ソ政策であったからである。ロシア問題の専門家であったケナンの封じ込め政策は，ソ連邦に対する深い洞察によって裏打ちされており，米国に「長期で，忍耐強い，しかし確固とした」姿勢を求めていたことを付け加えておこう。

　仮に米国が冷戦的な対中政策を本格的に採用するならば，二国間交渉と多国間交渉の相互排他的な関係を再検討することが必要になろう。貿易問題をはじめとするさまざまな分野での中国との対立が深まるなかで，トランプ流二国間交渉は，多くの問題を抱えているのである。

-------------------------------- 註 --------------------------------

（1）カー，E.H./ 井上茂訳『危機の二十年』（岩波文庫，1996 年）244 ページ。
（2）Mead, W.R., *Special Providence: American Foreign Policy and How It Changed The World*, Routlegde, 2002.
（3）そうした白人たちの実情を描いたのが，ヴァンス，J.D./ 関根光宏・山田文訳『ヒルビリー・エレジー―アメリカの繁栄から取り残された白人たち』（光文社，2017 年）である。本書は日本の研究者によって広く紹介されている。また，日本人によるトランプ支持者の実情に迫ったものとして，朝日新聞社アメリカ大統領選取材班『トランプのアメリカ―漂流する大国の行方』（朝日新聞社，2017 年）を挙げておく。
（4）National security strategy, Sep.2002（http://nssarchive.us/national-security-strategy-2002/）2019 年 3 月 9 日最終アクセス。
（5）National security strategy, Mar.2006（http://nssarchive.us/national-security-strategy-2006/）2019 年 3 月 15 日最終アクセス。

（ 6 ） The Inaugural Speech, Jan.20 2017 (https://www.whitehouse.gov/briefings-statements/the-inaugural-address/) 2019 年 4 月 29 日最終アクセス。

（ 7 ） トランプ政権初期の内情を描いたのが，ウッドワード，ボブ / 伏見威蕃訳『恐怖の男－トランプ政権の真実』（日本経済新聞出版社，2018 年）である。なお，ウッドワードには，ブッシュ政権を描いた『ブッシュの戦争』（2003 年），『攻撃計画』（2004 年），オバマ政権を描いた『オバマの戦争』（2011 年）などがある（いずれも日本経済新聞出版社刊行）。

（ 8 ） National Security Strategy of the United States of America, Dec.2017 (https://www.whitehouse.gov/wp-content/uploads/2017/12/NSS-Final-12-18-2017-0905.pdf).

（ 9 ） 森聡「第 3 章　2017 年国家安全保障戦略にみるトランプ政権の世界観」日本国際問題研究所『トランプ政権の対外政策と日米関係』2018 年 3 月も参照。
(http://www2.jiia.or.jp/pdf/research/H29_US/JIIA_US_Research_2018_fulltext.pdf) 2019 年 5 月 10 日最終アクセス。

（10） National Security Strategy of the United States of America, Feb.2015. (https://obamawhitehouse.archives.gov/sites/default/files/docs/2015_national_security_strategy_2.pdf) 2019 年 4 月 9 日最終アクセス。

（11） Remarks by Vice President Pence on the Administration's Policy Toward China (https://www.whitehouse.gov/briefings-statements/remarks-vice-president-pence-administrations-policy-toward-china/) 2019 年 4 月 21 日最終アクセス。

（12） (https://www.whitehouse.gov/briefings-statements/remarks-president-trump-state-union-address-2/) 2019 年 4 月 29 日最終アクセス。

（13） (https://www.cnn.co.jp/usa/35084386.html) 2019 年 4 月 28 日最終アクセス。

（14） グリーン，マイケル「北東アジアの地政学と北朝鮮問題－米朝二国間ゲームと多国間ゲーム」『フォーリン・アフェアーズ・リポート』（2018, No.6）44 ～ 45 ページ。

（15） (https://edition.cnn.com/2019/02/28/politics/pelosi-trump-north-korea-kim-jong-un-vietnam-summit/index.html) 2019 年 3 月 10 日最終アクセス。

（16） (https://www.bloomberg.co.jp/news/articles/2019-03-04/PNTO2R6JTSEB01) 2019 年 4 月 16 日最終アクセス。

IX 米国の対外政策：国際政治と国内政治の連関―トランプ流外交の問題と限界　257

(17) 米国民の間でもトランプよりも外国の首脳の外交手腕を評価しているという意見もある。たとえば，以下を参照。

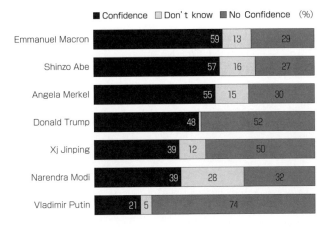

(https://www.pewresearch.org/fact-tank/2018/11/05/on-global-affairs-americans-have-more-confidence-in-other-world-leaders-than-in-trump/)

(18) (https://www.bbc.com/news/world-us-canada-43902372) 2019年5月15日最終アクセス。
(19) エルサレムに関するトランプ政権のブリーフィング (https://www.whitehouse.gov/briefings-statements/statement-president-trump-jerusalem/) 2019年5月11日最終アクセス。

主要参考文献・引用文献

朝日新聞社米国大統領選取材班『トランプの米国―漂流する大国の行方』朝日新聞社，2017年。
有賀夏紀・油井大三郎編『米国の歴史』有斐閣アルマ，2003年。
ヴァンス，J.D./ 関根光宏・山田文訳『ヒルビリー・エレジー―米国の繁栄から取り残された白人たち』光文社，2017年。
ウッドワード，ボブ / 伏見威蕃訳『恐怖の男―トランプ政権の真実』日本経済新聞出版社，2018年。
カー，E.H./ 井上茂訳『危機の二十年』岩波文庫，1996年。

久保文明編『米国外交史の潮流』財団法人　日本国際問題研究所，2007年。

久保文明・砂田一郎・松岡泰・森脇俊雅『米国政治』第3版，有斐閣アルマ，2017年。

久保文明『米国政治史』有斐閣，2018年。

東京財団研究所監修，久保文明・阿川尚之・梅川健編『米国大統領の権限と限界－トランプ大統領はどこまでできるか』日本評論社，2018年。

斎藤眞・古矢旬『米国政治外交史』第2版，東京大学出版会，2012年。

佐々木毅編『民主政とポピュリズム－欧州・米国・日本の比較政治学』筑摩選書，2018年。

佐々木卓也編『戦後米国外交史』第3版，有斐閣アルマ，2017年。

日本国際問題研究所『トランプ政権の対外政策と日米関係』2018年3月。

『フォーリン・アフェアーズ・リポート』(2018, No.6)

渡辺啓貴『米国と欧州』中公新書，2018年。

Blackwill, Robert D.,*Trump's Foreign Policies Are Better Than They Seem*, Council Special Report, No.84, April 2019.

Blands, Hal, *American Grand Strategy in the Agee of Trump*, Brookings Institution Press, 2018.

Jervis, Robert Gavin, Francis J. Rovner, Joshua, and Labrosse, Diane N. Edited, *Chaos in the Liberal Order: The Trump Presidency and International politics in the Twenty-First Century*, Columbia University Press, 2018.

Mead,W.R., *Special Providence: American Foreign Policy and How It Changed The World*, Routlegde, 2002.

その他，ホワイトハウスHP，CNNニュース，ピューリサーチセンターなど

（小出輝章）

X　産業変革と国際関係

1.「環境」と「持続可能性」の追求

　幼少のころ，実家の前で雪だるまを作った記憶がある。雪が降るくらいだから寒かったのだろう。しかし今，大阪で雪だるまを作る子供の姿は見かけない。一個人の思い出だけで地球温暖化が確実に進んでいると結論付けることには無理がある。一部の識者が指摘するように，地球温暖化現象は妄想，あるいは幻想なのかもしれない。

　だが，地球上の貴重な資源を食いつぶし，環境を破壊することに賛同するものはきわめて少数派だろう。美しい地球の環境を人類全体で保全する重要性については異論がないだろう。環境保全という課題に取り組むのは政府，自治体だけに限定されたものではない。そこに個人も法人も協力して初めて完遂できる。まさに「世のため人のため」。地球社会の一員として総力戦で取り組むべきグローバルな課題なのである。

　残念なことに，世界は今，保護主義の台頭に身をすくめている。トランプ米大統領は自らの大統領再選を実現すべく，支持層に媚びへつらう対外政策を連発する。対中国，対メキシコに制裁関税を突きつけ，グローバル・サプライチェーン（供給網）を寸断する。制裁関税を負担するのは米国の消費者や企業であるにもかかわらず，トランプ大統領は中国やメキシコが負担するものと嘘をつく。経済の論理をまったく理解していない無能な大統領である。トランプ大統領はまた，地球温暖化懐疑派でもある。エネルギー産業界に擦り寄るための詭弁に過ぎない。

　環境と開発，すなわち環境保全と持続可能性の二兎を追わなければならない。衣食足りて礼節を知る時代に突入した。後戻りはできない。遅ればせながら，ミレニアム開発目標（MDGs）に引き続いて，2015 年には国連で「持続可

能な開発目標（Sustainable Development Goals：SDGs）」が採択されている。貧困，気候変動，不平等といった問題の解決に加えて，資源の維持・保護，クリーンエネルギーの実現など，地球全体で取り組むべき目標が掲げられている。

　企業は売上高・利益至上主義，株主至上主義から脱却し，地球社会の持続可能性に貢献するビジネスモデルへの転換を果敢に推進するようになってきた。グローバル企業もローカル企業も事業計画・活動に持続可能性の視点を盛り込み，実践に移している。

　ここに金融機関や投資家も共振する。融資先や投資先を判断する基準として，環境・社会・企業統治（ESG）という３つの視点を重視するようになった。個人投資家，ことにデイトレーダーは相も変わらず，値動きの軽い中小型株の値幅取りに熱心だが，機関投資家はバリュー株（割安銘柄）やグロース株（成長銘柄）への投資に加えて，ESG投資（地球温暖化などの環境問題や社会的課題への対策に熱心で，企業統治に優れた企業へ優先的に投融資すること）へと力点を置き換えつつある。ESG投資の残高は2016年時点で23兆ドルと対2014年比で25％増加している[1]。

　通例，格付け会社が債券や株式の格付けを実施しているが，企業が「SBT（サイエンス・ベースド・ターゲット）イニシアティブ」へ提出した地球温暖化ガスの削減目標に対して，国際的な環境保護団体，専門家が審査，認定する「SBT認定」も徐々に普及するようになっている。SBT認定を受けた企業は地球温暖化を投資リスクと位置付ける機関投資家から優先的に投融資を受けられることになる。日本勢ではソニーや第一三共，川崎汽船，リコーなど14社が，米国のコカ・コーラ，デル，ファイザーなど世界の86社がSBT認定を取得している。

　日本では年金積立金管理運用独立行政法人（GPIF）がESG投資を開始した。現在，世界で2,600兆円がESG投資に充当されているという。世界株式投資残高の３割に達する規模にまで膨れ上がっている。企業側は投資家にESG関連情報を積極的に開示する姿勢に転じている。この企業姿勢が技術革新，新技術，新商品の開発を促進していく[2]。

　一方，欧米の金融機関は油田・天然ガス田開発への融資に慎重になっている。米国政府は化石燃料開発に対する環境規制を緩和しているけれども，欧州

諸国政府は全体として環境保全に敏感，神経質である。世界最大の政府系ファンド（SWF），ノルウェー政府年金基金は石炭火力発電の比率が高い企業を投資対象から外している。

さらに，2020年以降の地球温暖化対策の国際枠組み「パリ協定」もまた環境保全や持続可能性の指針となっている。パリ協定には日本，欧州，中国，インドなど170カ国が参加，各国が個別に温暖化ガスの削減目標を掲げている。これはパリ協定に署名した国が守るべき約束であり，国際公約である[3]。

日本は温暖化ガスの排出量を2030年に対2013年比で26％減らす目標を掲げた。小売りなど業務部門で二酸化炭素（CO_2）排出量（温暖化ガスの9割を占有）を40％削減，エネルギー部門で28％，産業部門で7％をそれぞれ減らす。これを受けて，経済産業省が小売業者を対象に省エネルギーの数値目標を設定する。「エネルギー使用合理化法（省エネ法）」の告示を改正して，2018年度から適用されている。小売企業でも省エネ効率の高い設備に更新しなければならない。

当然のことながら，ここから新たな需要が創出される。新たなビジネスチャンスも生まれる。具体的には発光ダイオード（LED），熱電併給（コージェネレーション，天然ガスで電力と熱を同時に供給）など，エネルギー効率化を推進する設備の導入が喫緊の課題となる。

東京ガスはコージェネ事業に3年で最大600億円を投融資する。宇都宮市にある工業団地でキヤノン，カルビーなど計7工場・施設に電気と熱を供給する小型プラントを稼動させる。東京・日本橋では三井不動産とスマートシティ（環境配慮型都市）を開発。小型プラントを設置して，オフィスビルや地域にエネルギーを供給する。石油資源開発もこの事業に新規参入，福島県で熱電併給設備を稼動させるという。新設する液化天然ガス（LNG）基地を稼動させて，ガスを導管で供給する。

熱電併給によってCO_2排出量を2割ほど削減可能で，導入件数も伸びている。合計出力は2015年度末時点で1,034万キロワットだが，2030年を迎えると，総発電量の15％に達するとする予測もある[4]。

産業革命以降，世界経済は石炭，石油，天然ガスといった化石燃料に支えら

れてきた。特に，石油が経済成長を牽引した。20世紀が「石油の時代」と呼ばれたゆえんである。石油の時代が終焉を迎えるには相当程度の時間がかかるだろう。その一方で，石油の次を模索し始めていることもまた事実である。

　ここにきて，いわゆる石油ピーク論が勢いを増してきた。かつてのオイルピーク論は原油資源が枯渇するというオイル供給ピーク論であるのに対して，足元のオイルピーク論は需要面にスポットを照射するものである。

　確かに再生可能エネルギーが火力発電所に取って代わると判断するには時期尚早である。また，ガソリン車が即座に姿を消して，電気自動車（EV）が自動車市場を席巻するとは考えられない。EVの世界販売台数は2017年でわずか61万台，2021年になっても152万台に増えるに過ぎない[5]。化石燃料の時代は時間をかけて終幕を迎えるだろうし，EVの時代が到来するのもまだまだ先のことである。

　しかしながら，再生可能エネルギーやEVへのシフトは確実に進み，後戻りすることはない。国際エネルギー機関（IEA）が公表した「2017年版・世界エネルギー見通し」によると，再生可能エネルギーが世界発電量に占める比率は2016年の24％から2040年には40％に高まるとしている。この期間に再生可能エネルギーによる発電量が2.6倍に増加するとIEAは予測する。他方，化石燃料の発電量シェアは65％から50％，原子力が11％から10％にそれぞれ低下すると予想している[6]。

　いつまでも頑なに石油やガソリン車に執着していると，新しい時代の到来に気付かず，本質的な構造転換の潮流を見失ってしまう。今のところ，世界の石油需要は伸び続けているけれども，結果的にオイルピーク論の懐疑論者が時代の変化に取り残されてしまう恐れもある。

　経済協力開発機構（OECD）加盟国を先進国，OECD非加盟国を開発途上国とするならば，石油需要はすでに開発途上国が先進国を逆転している。石油需要に関しては，開発途上国が先進国を追い抜いたのである。そして今，やがては2040年を前に世界石油需要が峠を越え，減少に転じる可能性が指摘されるようになった。

　国際原油価格を自由自在に操ろうと産油国が結束した，価格カルテルの石油

輸出国機構（OPEC）。OPECが描くシナリオによると，2030年代後半に世界の石油需要が日量1億900万バレルで頂点に達するとした。先進国の需要は減る一方，中国やインドなど開発途上国の需要は人口増が原因で増加すると読む。他方，IEAは「パリ協定」の目標達成を前提として，2020年ごろに天井を打つとの未来図を提示している[7]。

　また，英調査会社のウッドマッケンジーは2035年直後にピークが訪れるとする。さらに，英蘭系国際石油資本（メジャー）のロイヤル・ダッチ・シェルは2020年代後半から2030年代前半に，世界の石油需要が下降し始めると見る。

　ただ，OPECでも短中期的見通しでは世界の石油需要は増え続けるとする。2022年の世界石油需要が対2016年（日量9,540万バレル）比で日量690万バレル増の同1億230万バレルに達すると強気の予想を示している。特に，高品質の石油製品が需要を押し上げるとしている[8]。日量1億230万バレルの世界石油需要のうち，非OPEC産油国が日量6,200万バレル分を供給できるという。後で触れる米国産原油が供給量増加分の3分の2に応答するとしている[9]。

　いずれの仮説も欧州ではフランスや英国，開発途上国では中国やインドが内燃機関車からEVへの転換を打ち出したことを根拠とする。2015年の統計数値だが，世界石油需要の56％を運輸部門が占める。EVの普及により，ガソリンやディーゼル燃料の消費量は自ずと減っていく。EVを含めたゼロエミッション車（ZEV，プラグインハイブリッド車，燃料電池車）が主流となれば，石油需要の天井が見えてくる。「パリ協定」締結国はいずれも環境規制を徹底し，エコカーや排ガス規制を本格始動している。

　具体的な予測数値を示してみよう。

　IEAはEVの世界保有台数が2016年の200万台から2040年には2億8,000万台まで膨らむと想定する。ガソリンが不要なEVの爆発的普及によって，原油需要は2016年から2040年の間に日量250万バレル減少するとIEAは見通している[10]。

　原油需要がやがては頂点に達し，しばらくは横ばい状態が続いた後，下降に転じれば，国際原油価格も下落トレンドに入っていくだろう。いわゆる中東の地政学リスクを吸収できれば，石油消費国である日本にとっては朗報となる。

産油国がオイルマネーに依存できないときが徐々に近づいてきている。

とは言え，石油需要が消滅する日は到来しない。IEA は 2040 年の世界石油需要を日量 1 億 500 万バレルと推計している。大型トラックや航空機，そしてタンカーなどがモーターと電池で作動する時代は遠いだろう。セキュリティー面を考慮すると，内燃機関車が一定の存在感を保持するとも考えられる。化学品の代替製品を打ち出すのも難しい。

だが，主役の座は明らかに移り変わっていく。旧来型のビジネスモデルに固執するのではなく，石油の次という時代の変遷が新たなニーズを創出するといった，前向きの姿勢がより健全であろう。産業変革，産業のパラダイムシフトが一国の経済の足腰を鍛えていくことは間違いがない。

変革の波がスタートアップ企業の新規参入を促し，既存企業も事業ポートフォリオを見直すと同時に，コスト競争力や技術力の強化を通じて体質改善を図っていく。全体として，産業や企業の新陳代謝が推進され，次世代ビジネスが開花する。地球温暖化防止の動きを積極的に捉えて前進する時代に突入している。

鉄鋼会社が粗鋼生産量で勝負する時代にピリオドが打たれつつある。鉄がアルミや炭素繊維に代替される今，粗鋼生産量で競う意味はない。

鉄鋼業界は金融機関と同様に，M&A（合併・買収）を繰り返して，体力強化を目指してきたが，その経済効果も限界を迎えている。日本製鉄と JFE ホールディングスは EV のモーター部分に使用する電磁鋼板や，自動車の軽量化に役立つ高性能鋼板「超ハイテン」（高張力鋼板）など先端素材の生産能力を増強する。人工知能（AI）によるビッグデータ解析など最新の IT（情報技術）を組み合わせて，生産性を高め，競争力を強化する方針でいる[11]。

リチウムイオン電池の主要部材，セパレーター（絶縁材）で世界首位に立つ旭化成。世界第 2 位は東レである。旭化成はセパレーターの増産用投資を上積みし，EV 用電池の世界的な市場拡大，需要拡大に対応する。価格競争ではなく，安全性や耐久性に優れる高付加価値素材で勝負，競合他社を突き放す。EV 向け 2 次電池の世界市場規模は 2025 年に対 2017 年比で 5 倍の 3 兆 9,300 億円に膨らむ[12]。

2. 国によって異なるアプローチ

日本政府は2030年度を視野に入れたエネルギーミックス（電源構成）を原子力20～22％，再生可能エネルギー22～24％，火力56％程度と設定する[13]。電力の小売り自由化によって，電力の商品化，発電事業への新規参入が実現している。従来の電力会社による地域独占が崩れ，企業間競争が電力料金の下押し圧力として作用する。

後押ししたのが再生可能エネルギーの固定価格買い取り制度（FIT）。発電した電気を国が決めた固定価格で電力会社が買い取る仕組みが再生可能エネルギー事業への参入を促進する。太陽光，中小水力，風力，地熱，バイオマス発電といった事業機会が広がった。

A. 環境先進地域・欧州諸国の対応

もちろん課題は山積状態。日本は今もって再生可能エネルギー後進国。欧州が先頭を走る。ドイツでは太陽光発電が発電量の3割を超え，再生可能エネルギーの比率を2050年に8割とする野心的な計画を掲げる[14]。ドイツはいち早く脱原発を宣言した先進国として知られる。2022年までの脱原発を目指す。

しかし，再生可能エネルギーの導入に熱心なドイツですら試行錯誤を重ねている。ドイツ政府は2020年までに炭素排出量を1990年比で40％削減すると宣言したものの，実際には8％の削減水準にとどまる[15]。しかも総発電量に占める石炭・亜炭火力発電は40％に及ぶ。

電力の供給超過を理由に，石炭・亜炭火力発電所を閉鎖すべきだと主張する専門家はいるものの，石炭業界が猛反発。国内の石炭業界を擁護する反論には，雇用の観点から一定の説得力がある。さらにメルケル首相のレームダック化（死に体）がこの政治問題を複雑化していく。つまりドイツでは近視眼的な石炭業界と中長期的視野を重視する世論とが正面衝突しているのである。

エネルギー政策は国によって異なる。国土面積，人口，産業構造，経済規模・水準などさまざまな要素を勘案して，その国にふさわしいエネルギー政策の姿

を模索しなくてはならない。

　小国デンマークでは再生可能エネルギーが発電量の6割を占有する[16]。デンマーク最大の電力会社も石炭と比べて格段にクリーンとされる天然ガスと決別する経営判断を下している。デンマーク国民は紆余曲折を繰り返しながらも，再生可能エネルギーを選択する意思決定を行い，大規模洋上風力発電事業に力点を置いて，コスト削減に注力。再生可能エネルギーは割高とする常識を覆した。

　石油危機を契機に日本企業は省エネルギーの技術力を磨いた。その技術力は外国の追随を許さない。環境先進国を自負してきた。だがその一方で，再生可能エネルギーのコスト低減に失敗，普及は遅れている。海に囲まれる日本列島は本来であれば，洋上風力発電に適しているはずだ。関連企業の潜在力も備わっている。洋上風力が定着しない現状は残念ですらある。

　1キロワット時当たりのCO_2排出量というデータを見ると，日本の立ち遅れは明確だ[17]。IEAが示すデータによると，1990年段階で日本の数値は452グラムであったのが，2014年には556グラムと跳ね上がっている。米国，英国，ドイツは逆に600グラムから400グラム台へと大幅に改善している。

　国内総生産（GDP）当たりのCO_2排出量を見ても，OECD加盟国における日本のランクは1995年の第2位から2014年には第18位に転落している。

　総発電量に占める再生可能エネルギーの比率は2014年で6.5%（統計数値によっては12.2%，水力を除くと3.2%[18]）と，ドイツの24.5%，英国の18.5%と比べると，大きく見劣りする。原発の稼動停止を火力発電で補っていることが原因だろう。日本の風力と太陽光の発電コストは主要22カ国のなかで最も高い。日本はもはや環境後進国に成り下がってしまったのだろうか。

　なぜ，日本に風力発電が根付かなかったのか。それは発電事業者の支払う送電線費用負担が重く，コストを押し上げて，採算性を悪化させているからである。日本の場合，送電網は大手電力会社が保有する。欧州では発送電分離が進み，送電会社が生まれている。送電線投資分は電力料金に反映されるので，利用者も負担することになる。

　日本の場合，風力発電所事業者の送電線関連費用は1キロワット当たり293

ユーロ（4万円）でドイツの3倍に達する。2万〜3万キロワットの発電所で8億〜12億円もかかる。既存の送電網が有効利用されていない弊害もある[19]。

　大手電力会社の地域独占状態が長期にわたって放置されてきたことも問題だが，発送電分離や送配電分離（送配電事業は送電線や配電線などのネットワークを管理，電力のバランスを調整して停電を防ぎ，消費者に届ける事業[20]）が徹底せず，電力市場改革が遅れていることに根本原因がある。

　送配電事業については，送電と配電を分離できていないことに加えて，大手電力会社が独占していることが問題の核心である。高コスト体質が是正できなければ，再生可能エネルギーが日本で普及しないだけでなく，日本の有力な電力事業者が外国に流出してしまう。

　一方，デンマークは石油危機を機に，再生可能エネルギーに舵を切った。経験の積み重ねがコスト削減実現に導いた。タービンの大型化が進展，タービンの本数削減が可能となった。風車設置に要する期間についても，1週間から1日と大幅に短縮。デンマークは環境先進国として世界から認知されるようになっている。

　日本でも遅ればせながら，大型風力発電の着工が芽生え始めている。2016年度末時点で風力発電の合計出力は337万キロワットと原発3基分にとどまっている[21]。この風力発電市場に外資系メーカーが進出，米ゼネラル・エレクトリック（GE）は出力3,800キロワットの日本向け製品（風車）を開発，投入する。ドイツのシーメンスは出力4,000キロワット級の風車を開発，日本市場に参入する。風力発電の先輩国，デンマークのヴェスタスも日本に上陸する。日立製作所は5,200キロワットの風車を洋上風力向けに開発，本格稼動させる。

　日本の風力発電最大手といえば，ユーラスエナジーホールディングス。同社は北海道北部で合計60万キロワットの発電所建設を進める。エコ・パワー，Jパワーも大型風力発電事業を進める。本来，日本の気候風土には太陽光発電よりもむしろ大型の風力発電がふさわしい。法整備などの矛盾点を洗い出し，日本列島に適した再生可能エネルギーのあり方を模索すべきである。本格的に大規模風力発電が日本で定着するのはこれから先である。

　内燃機関で駆動する自動車の販売を禁じたフランスは，石炭火力発電所を

2021年までに全面閉鎖する[22]。ただ，石炭火力発電の発電量に占めるシェアは1.4％に過ぎない。他方，原子力発電の依存度を現行水準の7割から2025年までに5割へと引き下げるという目標は先送りされる。フランス国内では現在，58基の原子炉が稼動する。このうち17基程度を廃炉とする計画だったが，温暖化ガス排出量の削減を優先する格好だ。

脱石炭発電は英国やフィンランドも進めている。IEAによると，欧州連合（EU）の石炭需要は2040年までに60％減少するという。一方で，インドや中国の石炭需要は依然として旺盛だ。

やはり再生可能エネルギーを積極的に導入しているのは欧州である。EUでは最終エネルギー消費に占める再生可能エネルギーの比率を2030年までに最低27％へと引き上げることが義務付けられる。IEAは2030年以降の早期に，EU域内では風力が主要電源になると指摘している[23]。

欧州各社が新設を公表した再生可能エネルギー関連施設の発電能力は合計で5,000万キロワットを突破。出力ベースで原子力発電所に換算すると50基分以上に相当する規模となる。技術革新がコスト低減を実現している。フランスのEDF社，イタリアのエネル，スウェーデンのバッテンファルなど欧州電力大手が再生可能エネルギー設備の増強策を打ち出した[24]。

B. シェールオイルに沸く米国

当然，地球温暖化現象に無関心な国は存在する。米国は「パリ協定」からの離脱を宣言，脱化石燃料に後ろ向きの姿勢を鮮明にする。勢い，石炭業界や石油・天然ガス業界が息を吹き返し，この世の春を謳歌する。

2017年12月22日現在の米リグ（石油掘削装置）稼動数は747基と対前年比で4割増加し，原油生産量は日量975万バレルと対前年比1割増だった[25]。米エネルギー情報局（EIA）はシェールオイルの増産で2018年の米産油量が日量1,000万バレルを超す（日量1,040万バレル）と報告している。2017年の米産油量が平均で日量920万バレルであったから同120万バレル増となる[26]。

米国は名実ともに世界屈指の大産油国，産油量ではサウジアラビアやロシアと肩を並べる。米産油量のうち，6割を占めるのがシェールオイル。まさに

「シェール革命」が米国を大産油国へと押し上げた。

シェールオイルの増産が寄与して，米国の原油生産量が爆発的に拡大，2018年にサウジアラビアやロシアを追い抜くとIEAは予測。OPEC加盟産油国による協調減産効果を60%程度，相殺すると見通している。原油価格の安定を追い風に，コスト削減や効率化というシェール生産企業の自助努力も奏功して，米産油量が積み上がっている[27]。

国際原油価格の回復が追い風となって，米系石油企業が増産体制へと舵を切る。米系メジャーのシェブロンは2018年に183億ドルの投資計画を発表しているが，このうち43億ドルがシェール生産向けとなっている。総投資額は対2017年比で4%減だが，シェール生産向けの計画投資額は70%増となる[28]。

一方，米エクソンモービルは今後5年間で米国に500億ドルを投じ，シェール開発・生産を強化することを決定している[29]。ロイヤル・ダッチ・シェルもまた向こう10年の成長が，北米でのシェールオイル・ガスの開発・生産にかかっていると吐露する[30]。

シェールオイルの生産は在来型油田と比べると割高だが，技術革新と生産コストの削減，それに原油価格の回復がハンディを克服している。米石油産業の比較優位は生産調整能力が高い点にある。ロシアや中東産油国が原油の生産調整が不得手なのに対して，米国ではリグ稼動数の調整能力が高い。

投資効率を重要視する米石油産業はロシアや中東産油国よりも優位に立つ。それゆえ，米石油産業が国際原油価格の形成に大きな影響力を発揮するに至っている。国際原油市場は米産油量の動向に左右されるようになっている。

産油量が伸びれば，比例して原油輸出量も増えていく。米国では2015年12月に原油の輸出が解禁されている。EIAが公表した2017年12月の米原油輸出量は日量121万バレルと，対前年同月比で2倍を記録[31]。また，2017年10〜12月期の輸出量は日量150万バレルと対前年同期比で3倍に達する。

米国産原油の輸出先首位はカナダで日量30万バレル超（2017年1〜9月期平均）が輸出された。第2位は中国で同様に日量18万バレルが輸出されている。中国の対米貿易赤字は積み上がる一方だが，貿易赤字を抑制する手段として，中国側が意図的に米国産原油の輸入を増やしていたのであろう。2017年1〜11

月の統計数値では中国の米国産原油輸入量は対前年同期比で14倍，天然ガスについては同様に21倍，石炭の場合は実に3,600倍と急増していた[32]。

米国産原油の主な輸出国は以下，英国，オランダ，韓国，シンガポール，イタリア，日本と続く。IEAは米国のシェールオイル生産量が増え，2020年代後半にも原油の純輸出国に転じると分析する[33]。

周知のとおり，日本は依然として，中東産原油に依存する。2016年度の原油輸入量は日量327万5,000バレルであったが，このうちサウジアラビアが37.1％を占め，日本の輸入先首位だった。以下，アラブ首長国連邦（UAE）24.0％，カタール8.9％，イラン7.0％，クウェート6.6％，ロシア5.7％，メキシコ2.6％，イラク2.5％，その他5.6％と続き，9割近くを中東産原油に依存している[34]。

調達先の多様化はエネルギー安全保障を強化するためにも，日本の国益のためにも重要な取り組みとなる。米国，カナダといった北米の有力産油国からの原油輸入を大幅に増やすことができれば，エネルギー戦略上，好ましいことは指摘するまでもない。

「シェール革命」が起爆剤となって米国から輸出されるのは原油だけではない。シェールガス由来のLNGも生産，2016年から輸出されている。東京ガスや大阪ガス，東京電力，中部電力，それに大手総合商社といった日本企業も参画しているが[35]，LNG基地の建設，計画（コーブポイント，フリーポート，コーパス・クリスティ，キャメロン，サバイン・パス，ドリフトウッドなどのプロジェクト[36]）を含めたLNG生産・輸出量は年間1億トンを突破する。これは世界LNG需要・2億5,800万トン（2016年）の4割に相当する[37]。

膨大な貿易赤字を抱える米国が産油量や天然ガス生産量，それに原油やLNGの輸出量を増やすことができれば，輸入量の絞り込みとも相まって，貿易赤字を抑制する一助となる[38]。

今後，アジア市場，ことに中国，インド，韓国などでLNG需要が堅調に伸びていくと予想されている。

C. 中国とインド

中国が深刻な大気汚染対策に乗り出し、石炭の利用を制限する一方、クリーンな天然ガス、LNG の調達を増やしている。それでも天然ガス不足が顕在化、工場の操業停止に追い込まれている[39]。中国では依然として、エネルギー源の 6 割を石炭に依存する (2016 年現在) が、石炭から天然ガスへの転換が自ずと中国の LNG 需要を押し上げていく。

中国の天然ガス純輸入量は 2040 年に 2,780 億立方メートルと 2016 年の 3.8 倍に急増すると IEA は予想する。中央アジアのトルクメニスタンや隣国のロシアなどから陸上パイプラインで天然ガスを調達するが、中国沿岸部には LNG 受け入れ基地の増設が進む。2040 年の LNG 輸入量は 1,300 億立方メートルと 2016 年の 4.2 倍に膨張すると予測されている。この水準に達すると、日本を追い抜き、中国が世界最大の LNG 輸入国として浮上する[40]。

LNG 消費量で世界第 4 位のインドも LNG の調達量を増やす。2020 年に対 2016 年比 (1,900 万トン) 6 割増の 3,000 万トンに拡大するという。人口増や経済成長が天然ガスの需要量を押し上げる主要因だ[41]。インドでも再生可能エネルギーの導入に着手されているが、環境汚染を解決するための対策は遅れているという[42]。

2017 年 1 〜 7 月期のアジア向け米 LNG 輸出量は対前年同期比で 12 倍に急増したが、米国産 LNG の総輸出量は 2022 年には対 2016 年比で 16 倍に膨張する[43]。オーストラリア産、中東カタール産なども含めて、LNG の世界供給量が増えれば、LNG 輸出価格を抑制する。世界最大の LNG 輸入・消費国 (世界 LNG の 3 割を占有) である日本にとっては朗報だ。今後、日本は安定的に米国産 LNG を輸入していく。

IEA は世界 LNG 需要が 2022 年に対 2016 年比 3 割増の 4,600 億立方メートルに膨らむと見通している。LNG 需要増の牽引役がアジア市場。アジア市場では LNG 需要が 4 割増えて、2022 年になると世界 LNG 輸入量の 4 分の 3 を占有するという[44]。

アジア市場で LNG 需要が伸びれば、アジア市場の LNG 価格に押し上げ圧力が作用してしまうが、LNG 受け入れ基地など LNG 関連施設の増設は日本企

業にとっては商機拡大の好機となる。

D. 伸張する LNG ビジネス

　東京ガスは 2015 年，シンガポールに現地法人を設立，東南アジア市場での参入機会を物色する。2017 年 4 月には本社の原料調達部門に LNG トレーディンググループを創設，売買取引で利ざやを稼ぐ事業の準備に取りかかっている。そして，インドネシアで天然ガス配給事業に参入しつつ，LNG 受け入れ基地の建設支援を目指している。東京ガスはフィリピンでも LNG 基地と天然ガス火力発電所を一体で建設・運営する事業参入を目指す。

　一方，JFE エンジニアリングはインドネシアの LNG 受け入れ基地運営事業に参画する。LNG 基地を建設・運営，火力発電所に天然ガスを供給する。インドネシアの電力大手メドコと共同で，バタム島に建設する[45]。

　技術革新や原油高を追い風に，全体として，米シェール企業の財務改善が進展し，投資家がシェール企業の評価を見直すようになった。米石油企業は今，企業統治（コーポレート・ガバナンス），利益率，株主還元のルネッサンス期にあるという[46]。

　米国ではシェールガスがプラスチックの原料といった石油化学原料にも有効利用されている。米系石化大手のエクソンモービル・ケミカルやシェブロン・フィリップス・ケミカル，それにダウ・デュポンなどはポリエチレンの原料になるエチレンを生産，アジア市場に輸出する。米国産エチレンがアジア市場に登場すれば，価格競争が激化することになる[47]。

　天然ガスは化石燃料だが，そのなかでは最もクリーンで，再生可能エネルギーの不安定さを補えると主張する意見もある。埋蔵量は豊富で，かつ原油のように偏在していない。天然ガス火力発電は石炭火力と比べると，CO_2 排出量が半分で，大気汚染物質は 10 分の 1 以下だという。環境負荷は石炭よりも格段に小さい[48]。

　再生可能エネルギーも闇雲に乱開発すれば，環境に大きな打撃を与える。太陽光発電は灼熱地獄の砂漠に大規模設置すれば，効率良く発電できるけれども，日照時間が不安定な日本には本来，適さないだろう。太陽光より洋上風力

X 産業変革と国際関係　273

や地熱，潮力のほうが日本には好都合だ。

　ノウハウの乏しい石油企業が再生可能エネルギーよりも天然ガス事業を重要
視するのは合点がいく。ロイヤル・ダッチ・シェルは天然ガス事業を重視する
方針でいる反面，再生可能エネルギーに飛びつくことには拒絶反応を示す[49]。
同社の損益分岐点はシェブロンと同様に1バレル40ドル以下とされ[50]，現行
の油価水準で十分な利益を弾き出せることから，強気になっている面は否めな
いだろう。

E. 化石燃料に執着するロシア

　ロシア経済は相も変わらず，原油と天然ガスの輸出に全面依存，輸出で稼い
だ資源マネーで機能する。単独ではまともな自動車を製造できないばかりか，
農業部門では温室設備さえなく，農業生産は天候に左右される。人口の過半が
年金生活者と公務員によって占められ，政府予算にしがみつく。ハイテク産業
は育ってはいるが，ほんの一握り。欧米社会からは経済制裁が科されていて，
明るい近未来は描けそうもない。勢い，原油と天然ガスの輸出増を目指すこと
になる。

　国営天然ガス独占体のガスプロムは天然ガスの開発・生産から流通，小売，
輸出に至るすべての部門を独占的に牛耳る。世界最大の天然ガス企業でもあ
る。

　ガスプロムは教育機関や医療機関も所有することから，地域で一つのコミュ
ニティーを形成する。国内販売は採算度外視の安値で展開されるので，ガスプ
ロムの収益を支えることはできない。国内事業の赤字を埋めて，国庫に法人税
を納付するだけの収益の柱とする部門が輸出部門。ガスプロムの収益は輸出に
依存する。文字通りのドル箱となっている。

　ガスプロムは主として，陸上と海底のパイプラインで欧州やトルコなど周辺
国に天然ガスを輸出する。サハリンに展開されるLNG生産事業は主にアジア
を輸出標的市場とする。日本もサハリンからロシア産LNGを輸入する。ちな
みにロシアはLNG生産技術も外国企業に依存している。

　ガスプロムの対欧州天然ガス輸出量は2017年実績で1,939億立方メートル

と対前年比 8.1％増を記録した[51]。ガスプロムは欧州天然ガス市場の 4 割近く
を占有する。ただ，欧州各国がロシア産と競合する北アフリカ産の天然ガスや
米国，カタールなどから LNG を調達するようになった結果，ガスプロムは低
価格戦略を余儀なくされている。安値での販売を優先して，市場占有率を確保
する狙いだ。天然ガスの国内生産が芳しくなかったオランダなど一部の国がロ
シアからの輸入を増やした模様だ。

　エネルギー資源の脱ロシア依存を図るため，ポーランドやリトアニアなど主
として軍事的にロシアを脅威だと認識する国家群が LNG 受け入れ基地の建設
を急ぐ。カフカス（コーカサス）地方にあるカスピ海産の天然ガス，地中海東部
海底に埋蔵される天然ガス（キプロスのアフロダイト天然ガス田，エジプトのゾール天然ガ
ス田，イスラエルのリバイアサン天然ガス田）を欧州市場に供給する天然ガスパイプラ
イン設置構想はあるものの[52]，政治的リスクや天然ガス田の規模といった障
害が複雑に絡んで進展していない。結果，欧州全体としてのロシア依存度は低
下していないのである。

　ガスプロムの天然ガス生産量は同じく 2017 年実績で 4,710 億立方メートル
と対前年比で 12.4％増だった。ガスプロムは中国向け新規天然ガス輸出パイプ
ライン「シベリアの力」の建設を計画している。総延長 3,000 キロメートルに
及ぶ「シベリアの力」は総工費 550 億ドルのプロジェクトである。2019 年に
完成すれば，中国への天然ガス輸出が開始される。

　一方，ロシア独立系天然ガス企業のノバテックはロシア北部のヤマル半島に
LNG 生産基地を建設する計画でいる。2030 年までに 2 兆 8,000 億ルーブル（476
億ドル）を投下，2023 年には LNG 生産基地（LNG1 と LNG2）を稼動させる。LNG
1 事業にはノバテックが 50.1％と過半を出資，フランスの石油大手トタルが
20％，中国石油天然ガス（CNPC）も 20％，中国シルクロード基金が 9.9％を出
資する。ノバテックは LNG2 についても出資企業を募る[53]。

　ただ，地理的条件や気象条件が厳しい北極圏にあえて LNG 基地を建設する
積極的なメリットが見当たらない。LNG を専用タンカーで輸送する際には砕
氷船で誘導する必要がある。たとえ北回り航路の輸送コストが安価だとして
も，一体，どの国が北極圏産の LNG を輸入するだろうか。確かに LNG の世

界需要は今後も旺盛だとはいえ，果たして北極圏産 LNG にどの程度の魅力があるのだろうか。ロシアが世界の LNG ゲームに追いつくチャンスだと評価する声はあるものの[54]，無責任に思えてならない。

化石燃料だけに依存する社会経済体質のロシア。再生可能エネルギーを導入する意思もなければ意欲もない。持続可能な経済システムを構築しようとする息吹すら欠如するロシア。ロシアの未来は暗い。

3. 産業融合と変革

2018 年 1 月 9 日，世界最大の家電見本市「CES (コンシューマー・エレクトロニクス・ショー)」が米ネバダ州ラスベガスで開幕，AI を武器に米グーグルや米アマゾン・ドット・コムといった IT の巨人が存在感を示した[55]。

AI を個々の企業が開発し，独自技術を競うのではなく，巨大 IT 企業が持つ AI を個々の企業が基盤サービスとなるクラウドを通じて有効活用している。そうなると，AI の巨人が企業を囲い込むことに精を出す。クラウド事業の優位性は他社への乗り換えが少ないことにある。

これは競争環境が激変することを示唆する。まさに AI 革命。AI 企業が産業社会の中心に躍り出てきた。あらゆるモノがネットにつながる「IoT」の広がりも含めて，世界は，世に言う「第 4 次産業革命」の時代に突入している。IT の巨人がこれを牽引する。

グーグルの AI は「グーグルアシスタント」と命名されている。これを搭載する一例を挙げると，韓国 LG 電子の薄型テレビ，中国レノボのスマートディスプレー，ソニーのワイヤレスヘッドホン，ボーズのヘッドホンなど枚挙に暇がない。あらゆる製品分野に搭載可能だから，協業は無限大に広がっていく。

受けて立つアマゾンも負けてはいない。現在，アマゾンの本社はシアトルにあるが，同社は 50 億ドルを投じて，北米に第 2 の本社を設置する予定でいる。直接的に 5 万人，間接的に数万人規模の雇用創出効果を見込めるという[56]。

このアマゾンは音声認識 (会話型) AI「アレクサ」を投入，2017 年には米フォード・モーターなどすでに 700 社を超える企業が採用を発表している。

AIと家電，車が融合する。日本を代表する家電メーカーのパナソニック。パナソニックは車載機器に「アレクサ」を搭載することを表明している。

トヨタ自動車は「アレクサ」を搭載した新型車を発表，車中から音声で自宅のエアコンを操作できるほか，ネットでの買い物も可能になるという[57]。2018年春に「アレクサ」を搭載するセダン「アバロン」を発売した。

車内から音声認識でネットを通じて商品を注文する，「アレクサ」に対応した自宅のエアコンを操作できる，自宅から「アレクサ」対応のAIスピーカーを使って車のエンジンやモーターを始動させることが可能になるなど利便性が一気に高まる[58]。

音声操作機能が備わったAIスピーカーではアマゾンの米国市場シェアは7割を突破する。アマゾンはクラウドサービスで培った営業力で「アレクサ」搭載先の開拓に総力を投入している。つまりアマゾンの事業戦略は自宅のサービスを車にも延長させようとするところにある。ソフトとハードの双方で自宅と車をつなげる戦略なのである。

5年半にわたって減収が続いていた米IBMはAI関連やクラウドビジネスといった成長事業が奏功，増収を達成できるようになった。それでもソフト企業の米マイクロソフトやアマゾンを超えられないでいる。やはりIBMはハード企業という位置付けだ。

他方，ハード依存の米アップルも精彩を欠く。確かに同社は米国外に溜め込んだ2,500億ドルを原資として，米国内事業に5年で300億ドルの新規投資に踏み切ることを表明してはいるけれども，いわゆるトランプ減税に便乗しているに過ぎない[59]。新規投資で革新性が乏しい現実を打破できるかどうか。

今後，市場を席巻する製品は家電であれ，自動車であれ，デジタル化，コンピュータ化が進み，ソフトウエア次第の時代を迎える。インテル製の半導体が世界市場に浸透したのと同様に，AIが技術の中核となる。これが同時にプラットフォーマー（基盤提供者）としての役割を演じる。残念ながら，日本勢は蚊帳の外，入り込む隙はないようだ。

もちろん日本にもIT企業は存在する。その多くはジャスダック市場や東証マザーズに上場して，資金調達している。だが，「第4次産業革命」の中心部

に位置する企業は皆無だ。日本企業は繊細なモノづくりに長けてはいるが，シリコンバレーを創出した米IT巨人を打ち負かすことはできずにいる。

　次世代車の時代到来を睨み，世界の完成車大手が電機メーカーやベンチャー企業，それに半導体大手との協業を試みる事例が目立つ。自動運転車やエコカーを開発して，商用化するためである。一方で，家電メーカーもまた自動車向けセンサーや次世代車の心臓となる車載システムといった新規分野を開拓しようと躍起になっている。自動車センサーが人間の目となり[60]，AIが人間の頭脳の役割を担う。

　自動車産業は今，電動化，コネクテッド（つながる），自動運転という変革前夜を迎えている。フォード・モーターは2020年までに新車販売の9割を「コネクテッドカー」（通信を介してインターネットなどに接続する機能を備えた車）にすると言明している[61]。

　2017年10月下旬に開催された東京モーターショーでは自動車各社が電動対応の車を出展した。日産自動車傘下の三菱自動車は電動車を軸に商品を刷新することを明らかにすると同時に，ユーザーとの会話や行動を学習するAI搭載車を東京モーターショーで紹介した。ドライバーとAIの会話で空調やワイパー，ライトなどを操作できる[62]。

　スズキは軽量小型の四輪駆動型EV（2人乗り），ダイハツ工業は低床で女性やシニアが乗り降りしやすくした商用EV，マツダは2019年投入の新型ガソリン採用のコンセプト車，SUBARU（スバル）は安全運転支援システムの機能を強化したスポーツ車をそれぞれ出展している。ホンダはスポーツタイプのEVコンセプト車を世界初出展，AIでドライバーの表情や運転の習性を分析し，運転支援する機能を備える。合わせて，ホンダは欧州で販売予定の量産型の小型EVも披露している。これは小回りが利き，短距離の市街走行に適したモデルとなる。

　また，いすゞ自動車は小型電気トラックを2018年に国内で導入すること，三菱ふそうトラック・バスは数年以内にトラックとバスの全車種に電動モデルを追加することをそれぞれ明らかにした。加えて，三菱自動車はSUV型EVを世界で初披露している[63]。

車も住宅も高度にコンピュータ化が進み，電子製品化が進む。そこには住空間，車空間（車内）という快適さを追求する場が広がる。快適な住空間で時間を過ごし，快適な車内で移動する。しかも住宅も車も手元のモバイル端末とつながる。住宅も車も家電製品化していく。

つまり確実に垣根が崩れていく。そうなると，住宅や車に必要な商品群を保有していないと生き残れない。この意味で自動車企業が車を独占的に生産する時代は終焉する。日本でも人気者となった英ダイソンが早くもEV市場に新規参入してきた[64]。

業界の境界線が消滅して，自動車産業，住宅産業，電機産業にIT企業を含めて異業種企業が多数，参入してくると，自動車市場は完成車メーカー，家電市場が電機メーカーの独壇場ではなくなってしまう。いずれもコア技術はソフトウエアとなる。

産業間の融合が新たな産業の姿やニーズを創出する一方，参入企業の顔ぶれは刻一刻と変化していく。ビジネスチャンスが生まれる一方，関連企業は常に進化しないと淘汰されてしまう。魅力ある時代の到来であると同時に，過酷な時代の到来でもある。企業の栄枯盛衰サイクルが早まることだろう。次世代の産業社会に対応できる企業のみが生き残る熾烈な競争社会へと移行する。

創業100周年を迎えたパナソニック。ラスベガスで開催された「CES」のパナソニック・ブースには家電の出展はなかった[65]。その代わりにディスプレーには車の運転席や車載電池が並んだ。パナソニックが電池を供給する米テスラのEVもあったという。事実，パナソニックは小型EV向けの電池やモーターなどが一体となったユニット，すなわち車載システム（プラットフォーム）の販売を開始する。電池やモーターなどの駆動部材，充電器やインバーターなどの電源部材を包括する[66]。

EVメーカーはパナソニック製のユニットを導入することで，開発期間を短縮し，製造コストを削減できる。事業ポートフォリオを組み直し，住宅と車をコア事業の2本柱に仕立て上げた。

パナソニックは「CES」の事前記者会見でアマゾンの「アレクサ」を内蔵した車載向け情報提供・娯楽システムを開発したと発表していた[67]。ネットに

接続できない環境でも道案内が可能だという。通信環境が不安定な運転中でも音声による操作（車内温度の変更，音楽再生，道案内）が可能なので，利便性が高まる。ネット環境が良好な場所では，車内から自宅のエアコン，照明，鍵の開閉の確認といった機能が利用できる。

パナソニックはまたグーグルの「グーグルアシスタント」に対応した車載システムも公表している。既存システムに最新アンドロイドの基本ソフト（OS）を搭載，道路の混雑具合いや店舗の紹介などより快適な運転を支援する。

トヨタ自動車はマツダと資本提携したうえで，デンソーを加えた３社でEV開発の新会社を設立する一方[68]，EV向けの新型電池（次世代電源・全固体電池を含む）をパナソニックと共同開発すると発表している[69]。ここに豊田自動織機もこの車載電池連合事業に参入する[70]。トヨタ自動車は全固体電池を2020年代前半に実用化すると明言している。自前主義を貫徹してきたトヨタ自動車だが，自前主義を捨て去った。

全固体電池であれば，固体の電極，電解質であることから液漏れや発火の恐れが少なく，高容量・大容量化を期待できる[71]。ただ，当然のことであるが，必要な資源となるリチウム，コバルト，マンガンなどを確保しなければならない。

EVの命はモーターと電池の性能だが，幸い，日本はバッテリー技術もモーター技術も世界で先行している[72]。EVの場合，駆動用モーターが高速回転を実現すると同時に，電池を大容量化できれば航続距離が伸びる。もちろん外部環境も整備する必要がある。高速充電できるステーションの設置や電力の安定供給は必要条件となる。再生可能エネルギーをこの環境に組み込まないと，車の電装化に力を入れる意義が失われてしまう。

車載用電池を生産するパナソニックには技術と量産の実力が備わっている。日本が誇る日本電産にはモーター技術が蓄積されている。日本電産は車載用モーターの量産に踏み切る[73]。自動車会社が自社内や系列企業でモーターや電池を開発，生産することには困難が伴う。アウトソーシング（外部委託）しないと対応できない。パナソニックにとっても開発，量産する電池の裾野が広がり，テスラ依存の突破口となる。

トヨタ自動車はマツダ，ダイハツ，スバルと資本関係にあるほか，スズキとは包括的業務提携関係を構築している。トヨタ自動車は EV 基盤技術の開発ではマツダ，デンソーと組む。2020 年以降，日本，米国，欧州，インドなどで 10 車種以上の EV を投入する計画でいるが[74]，インド市場では新車販売シェアに実績があるスズキと連携，スズキの事業基盤を活用する。一方のスズキはトヨタとの EV 連携でインド市場シェア首位を死守したい[75]。

　「つながる車」や「自動化」，「電動化」対応の新型車登場という潮流は 2018 年 1 月中旬に米デトロイトで開催された北米国際自動車ショーにも受け継がれていく。米国の新車市場が頭打ち状態となっているだけに，日欧米の大手自動車メーカーは付加価値を高めた新車で勝負せざるを得ない。

　たとえば，カーナビゲーション[76]。駐車場の空き状況とカーナビが連動できれば，都市インフラと車との共存に対応できる。ハンドルレス，ペダルレスの完全自動運転車が誕生すれば，顧客層が大幅に拡大するかもしれない。新技術の登場が新たなニーズを生み出す。ここに到達するまでの試行錯誤が各社を鍛え，結果として競争力が強化されていく。新たなニーズの掘り起こしには限界がない。

　新しい産業社会の基盤となるのが次世代通信「5G」。通信速度が向上するだけでなく，データ量が格段に増加する[77]。仮想現実 (VR) 用の動画は容量が大きいが，5G であれば，快適に視聴できる。5G は動画配信の配信インフラとしての役割を果たす。通信大手や半導体大手が 5G の事業化を急ぐゆえんだ。

　スマートフォンやパソコンだけでなく，自動運転でも 5G は必需インフラとなる。走行中のデータをクラウドに送る必要があるからだ。ロボットなどの遠隔操作，AI や自動化の発展を促進する場面にも 5G は必須である。

　ボルボ・カー (スウェーデン) はいち早く新車販売の「電動化」へと舵を切る。2017 年 7 月，2019 年以降に発売する新型車すべてをディーゼルエンジンから電動車に切り替えると宣言した。第一弾として 2021 年までに 5 車種の EV を投入するという。EV とプラグインハイブリッド (PHV)，ガソリンハイブリッドで全新車を構成することになる[78]。

　加えて，ボルボ・カーは新サービスも打ち出し，車を購入して保有するので

X 産業変革と国際関係　281

はなく，長期レンタル方式で 1 月一定額の定額料金制を市場に問う。スマート
フォンのようなサービスを導入するのである。きわめて斬新だ。

　ボルボ・カーだけではない。米ゼネラル・モーターズ（GM）は 2023 年まで
に 20 車種以上の EV と燃料電池車（FCV）を発売すると発表(79)。独フォルクス
ワーゲン（VW）も 2025 年までに 50 車種の EV を投入，年間 300 万台を発売す
る計画でいる。同じくドイツのダイムラーは 2022 年までに全車種で EV，ハ
イブリッド（HV）を品揃えする。フランスのルノー連合（ルノー，日産自動車，三菱
自動車）は 2022 年までに 3 社で 12 車種の EV を発売する。ホンダは 2030 年を
目処に世界販売の 3 分の 2 を電動車へと切り替える。ルノー連合はどうやら新
興国市場を重要視する模様である(80)。

　2020 年代に入ると，EV の量産体制が加速して整備されていくような印象
を受ける。EV の開発競争が本格始動したことは間違いがないだろう。とは言
え，2020 年の世界 EV 販売比率はわずか 1.3%，2025 年を迎えても 2.2% にと
どまるという見通しがある。別の予測でも 2029 年段階で内燃機関中心（HV を
含む）の新車が全体の 87.3% を占め，一方，PHV，EV などモーター中心の比
率は 12.5% にとどまるとしている。残余は FCV などだ(81)。

　障害もある。EV の普及には専用のインフラが不可欠。モーターや複数の
バッテリーを搭載するため，車両の軽量化を追求する必要がある。モーターや
バッテリーそのものの性能も向上，改善しなければならない。

　EV 製造にはコバルト（リチウムイオン 2 次電池の正極材に使用）といったレアメタ
ル（希少金属）が欠かせないが，コバルトを安定供給するには銅やニッケルの生
産を増やさねばならなくなる(82)。そうなると，銅やニッケルの国際相場が大
きく崩れることになる。逆に増産できなければ，コバルトが不足，EV 普及の
足枷となる。また，コバルトはアフリカのコンゴ民主共和国に偏在する。リチ
ウムもまたチリやアルゼンチンなど南米に偏在する(83)。コバルト，リチウム
争奪戦がすでに始まるなか，資源開発を急ぐと，これが環境破壊を招く事態に
陥ってしまう(84)。

　要するに，当分の間は内燃機関とモーターとの二刀流ということか。内燃機
関でも新技術の力を磨いて，エンジン車主流の市場ニーズに応答しなければな

らない。燃焼効率を高めることで CO_2 排出量を EV 並みに抑えることができれば，消費者，株主のニーズに応答できる。と同時に，EV 推進の機運の高まりにも応じていかねばならない。いずれにせよ，環境性能が先進性を左右することになる。

ここに「つながる車」や完全自動化という要素も加わってくる。これらはすべて同時進行していく。しかも異業種企業が新規に参入してくる。産業間の融合が業界の地殻変動を誘発するのである。技術や開発を内部化する余裕はまったくない。必要なのは信頼できるパートナー。企業間関係は人間関係のように信頼，信用でつながっていくことになる。

4. 日本の選択

産業間や企業間の融合の結果，既存の産業秩序や企業序列が崩壊していく。大規模企業を頂点とするピラミッド構造，いわゆる系列が崩れ，オープンシステムへと変貌を遂げることだろう。新たなプロフェッショナル企業集団が新たなブランドを確立していくことになる。ここでは既存の発想は排除される。このような取り組みが 21 世紀日本の国際競争力を鍛え込んでいくのである。言うまでもなく，その具体的な担い手はヒトである。

化石燃料やガソリン車が完全に姿を消すことはこの先もないだろう。しかしながら，再生可能エネルギーを活用する精一杯の努力は尽くしていかねばならない。企業，あるいは家庭が再生可能エネルギーの社会的意義を認め，供給側と需要側とが再生可能エネルギーでつながる構造への転換である。

日本の風土には太陽光発電よりも洋上風力発電が適している。残念ながら，風力による発電は伸び悩んでいるけれども，それだけに余地は大きく，将来性も高い。無理のない範囲で地道な取り組みが必要である。

日本経済新聞社は環境経営度ランキングなるものを発表している。少しずつではあるが，日本でも環境改善の意識が高まってきたのかもしれない。日本が環境後進国だと嘆くことは簡単である。だが，日本が環境先進国の面も兼ね備えていることも合わせて認識すべきだろう。既存の発想や仕組みではなく，21

X　産業変革と国際関係　283

世紀社会に通用する発想，仕組みへと転換していくには何をすべきか。ここに
は若い世代の人材が不可欠である。ただし，老練を否定するものではない。

-------------------------------- 註 --------------------------------

（1）『日本経済新聞』2018 年 1 月 19 日号。
（2）『日本経済新聞』2017 年 12 月 5 日号。
（3）『日本経済新聞』2018 年 1 月 4 日号。
（4）『日本経済新聞』2017 年 12 月 27 日号。
（5）『日本経済新聞』2018 年 1 月 6 日号。
（6）『日本経済新聞』2017 年 11 月 15 日号。
（7）『日本経済新聞』2018 年 1 月 7 日号。
（8）『日本経済新聞』2017 年 11 月 8 日号。
（9）*Financial Times*, November 8, 2017.
（10）『日本経済新聞』2017 年 11 月 15 日号。
（11）『日本経済新聞』2018 年 1 月 7 日号。
（12）『日本経済新聞』2017 年 12 月 5 日号。
（13）『日本経済新聞』2017 年 12 月 1 日号。
（14）『日本経済新聞』2018 年 1 月 4 日号。
（15）*Financial Times*, December 27, 2017.
（16）『日本経済新聞』2017 年 12 月 21 日号。
（17）『日本経済新聞』2017 年 10 月 4 日号。
（18）『日本経済新聞』2017 年 10 月 6 日号。
（19）『日本経済新聞』2018 年 1 月 7 日号。
（20）『日本経済新聞』2018 年 1 月 9 日号。
（21）『日本経済新聞』2017 年 10 月 22 日号。
（22）『日本経済新聞』2017 年 12 月 29 日号。
（23）『日本経済新聞』2017 年 11 月 15 日号。
（24）『日本経済新聞』2018 年 1 月 6 日号。
（25）『日本経済新聞』2018 年 1 月 6 日号。
（26）『日本経済新聞』2017 年 12 月 16 日号。
（27）『日本経済新聞』2018 年 1 月 21 日号。*Financial Times*, January 20, 21, 2018.
（28）*Financial Times*, December 8, 2017.
（29）『日本経済新聞』2018 年 1 月 30 日号。*Financial Times*, January 31, 2018.
（30）*Financial Times*, January 8, 2018.
（31）『日本経済新聞』2017 年 12 月 30 日号。

(32) 『日本経済新聞』2018 年 1 月 13 日号。

(33) 『日本経済新聞』2017 年 11 月 15 日号。

(34) 『日本経済新聞』2017 年 10 月 8 日号。

(35) 『日本経済新聞』2017 年 10 月 14 日号。

(36) *Financial Times*, October 6, 2017.

(37) 『日本経済新聞』2017 年 10 月 21 日号。

(38) *Financial Times*, October 12, 2017.

(39) 『日本経済新聞』2018 年 1 月 11 日号。

(40) 『日本経済新聞』2017 年 11 月 25 日号。

(41) 『日本経済新聞』2017 年 10 月 20 日号。

(42) *Financial Times*, October 16, 2017.

(43) 『日本経済新聞』2017 年 10 月 20 日号。

(44) 『日本経済新聞』2017 年 10 月 19 日号。

(45) 『日本経済新聞』2017 年 11 月 10 日号。

(46) *Financial Times*, October 24, 2017.

(47) 『日本経済新聞』2017 年 12 月 27 日号。

(48) 『日本経済新聞』2017 年 10 月 5 日号。

(49) *Financial Times*, October 2, 2017.

(50) *Financial Times*, November 3, 2017.

(51) *Financial Times*, January 4, 2018.

(52) *Financial Times*, January 9, 2018.

(53) *Financial Times*, December 13, 2017.

(54) *Financial Times*, December 28, 2017.

(55) 『日本経済新聞』2018 年 1 月 11 日号。

(56) 『日本経済新聞』2018 年 1 月 19 日号。

(57) 『日本経済新聞』2018 年 1 月 17 日号。

(58) 『日本経済新聞』2018 年 1 月 16 日号。

(59) *Financial Times*, January 18, 2018. 『日本経済新聞』2018 年 1 月 19 日号。

(60) 『日本経済新聞』2018 年 1 月 10 日号。

(61) 『日本経済新聞』2017 年 10 月 4 日号。

(62) 『日本経済新聞』2017 年 10 月 19 日号。

(63) 『日本経済新聞』2017 年 10 月 26 日号。

(64) 『日本経済新聞』2018 年 1 月 6 日号。

(65) 『日本経済新聞』2018 年 1 月 13 日号。

(66) 『日本経済新聞』2018 年 1 月 10 日号。

(67) 『日本経済新聞』2018 年 1 月 9 日号。

(68) 『日本経済新聞』2017 年 11 月 1 日号。

(69) 『日本経済新聞』2017 年 12 月 14 日号。

(70) 『日本経済新聞』2017 年 12 月 20 日号。

(71) 『日本経済新聞』2017 年 12 月 29 日号。

(72) *Financial Times*, October 24, 2017.

(73) 『日本経済新聞』2017 年 10 月 25 日号。

(74) 『日本経済新聞』2017 年 12 月 31 日号。

(75) 『日本経済新聞』2017 年 11 月 18 日号。

(76) 『日本経済新聞』2018 年 1 月 16 日号。

(77) 『日本経済新聞』2018 年 1 月 12 日号。

(78) 『日本経済新聞』2017 年 10 月 9 日号。

(79) 『日本経済新聞』2017 年 10 月 4 日号。

(80) *Financial Times*, October 7, 8, 2017.

(81) 『日本経済新聞』2018 年 1 月 28 日号。

(82) 『日本経済新聞』2018 年 1 月 12 日号。

(83) 『日本経済新聞』2017 年 11 月 18 日号。

(84) *Financial Times*, November 9, 2017

（中津孝司）

索　引

A－Z

BIST100···············4
EC の通貨同盟に関する報告書····99
EDF···············268
ESG 投資············260
EU 金融監督制度·········101
EU 条約（マーストリヒト条約）
·················100
Euro Atlantic Integration 構想
·················138
F35···············6,160
GAZ···············188
IBM···············276
IoT···············37,275
IT（情報技術）········37,264
J パワー·············267
JFE エンジニアリング·······272
JFE ホールディングス·······264
LG 電子·············275
LNG トレーディンググループ··272
M&A（合併・買収）·····177,264
NY ダウ平均株価········78
OMV···············191
PDVSA·············27,151
PSA···············146
S400···············161
SBT（サイエンス・ベースド・ター
ゲット）イニシアティブ······260
SBT 認定············260
SUBARU（スバル）·······277
UAE·········197,199,210,212
WTI（ウエスト・テキサス・イン
ターミディエート）·····39,145
ZTE 問題·············68

ア

アイデンティティ·········44
──理論··········61
アウタルキー経済体制·······128
アウトソーシング（外部委託）···279
旭化成·············264
アジアインフラ投資銀行（AIIB）
·················90

足きり問題············57
アタチュルク··········158
新しい戦争············44
アップル·············276
アフガニスタン·········46
アブラモビッチ·········187
安倍晋三首相··········7
アマゾン・ドット・コム···275
アムステルダム条約·······100
アラブの春·······35,127,162
アリア·············129
アリハノフ············179
アルジャズィーラ········14
アルバニア共和国········123
アルバニア決議案········131
アルバニア語··········128
アルバニア人居住圏地域·····123
アルバニア労働党········129
アルローサ···········24,181
安全保障のジレンマ·······54
アンチダンピング（AD）······92
イエメン内戦··········150
域内貿易············211
イスカンデル・ミサイルシステム
·················180
いすゞ自動車··········277
イスラム革命··········34,147
イスラム教シーア派······16,162
イスラム教スンニ派·······163
イスラム国（IS）········6
イタリア炭化水素公社（ENI）····27
一帯一路構想··········88
イラク·············197,203,221
イラン·········197,199,208,212,221
──核合意······16,145,185
──革命防衛隊·······145
──国営石油公社（NIOC）···148
──中央銀行·······17,147
イリュリア人··········127
イングランド銀行········29
インジルリク空軍基地·······6
インターネット金融·······2
インド石油天然ガス公社（ONGC）
·················10,164

インド・ヨーロッパ語属·······128
インナーサークル········169
ウィンターシャル········191
ヴェスタス···········267
ウェストファリア条約·······45
ウォール街···········14
ウッドマッケンジー········263
ウラジオストク··········172
液化天然ガス（LNG）·······19,154,
189,195,199,211,217,222,223,261
エクセジャー・オペレーションズ
·················38
エクソンモービル·······152,164
──・ケミカル·······272
エコ・パワー···········267
エージェント（代理人）······1
エチオピア・ソマリア紛争·····46
エッサール・オイル······27,177
エネル·············268
エネルギー使用合理化法
（省エネ法）·········261
エネルギー情報局（EIA）
·············21,152,268
エネルギーミックス（電源構成）
·················265
エミレーツ NBD·········186
エリクソン············52
エリート·············55
エルドアン大統領········51,56
エンジー·············191
エンティティ··········49
オイルピーク論·········262
オイルマネー········144,264
欧州安定メカニズム（ESM）·····101
欧州共同体···········98
欧州経済共同体··········98
欧州憲法条約··········100,101
欧州石炭鉄鋼共同体·······98
欧州中央銀行（ECB）·······100
欧州の火薬庫··········134
欧州連合（EU）
·········6,124,149,191,268
大阪ガス·············270
オスマン帝国··········123

オスマンの海‥‥‥‥‥‥‥123
オバマ‥‥‥‥‥‥‥‥‥239
オマーン‥‥‥‥‥‥210,215
オリガルキ（寡占資本家）‥‥169
オレシキン経済発展相‥‥176,189

カ

外貨準備金‥‥‥‥‥‥4,149
外交‥‥‥‥‥‥‥‥236,240
外国直接投資（FDI）‥‥‥163
下位地域統合体‥‥‥‥‥137
価格カルテル‥‥‥‥‥19,262
核拡散防止条約（NPT）‥‥145
核兵器‥‥‥‥‥‥‥‥‥11
各民族の自律性‥‥‥‥‥56
カショギ，ジャマル‥‥‥‥14
カスパーセン‥‥‥‥‥‥49
ガスプロム‥‥‥25,148,218,273
カスペルスキー・ラボ‥‥‥174
仮想現実（VR）‥‥‥‥‥280
カタール‥‥199,212,220,225
カトリック‥‥‥‥‥‥‥133
カーナビゲーション‥‥‥‥280
カフカス（コーカサス）地方
‥‥‥‥‥‥‥‥160,274
カリーニングラード‥‥172,180
カルデリ‥‥‥‥‥‥‥‥131
カルドー‥‥‥‥‥‥‥‥44
カルビー‥‥‥‥‥‥‥‥261
川崎汽船‥‥‥‥‥‥‥‥260
環境・社会・企業統治（ESG）‥260
完全で検証可能かつ不可逆的な非核
化（CVID）‥‥‥‥‥33
環太平洋経済連携協定（TPP）‥149
環太平洋合同演習（リムパック）
‥‥‥‥‥‥‥‥‥184
官民パートナーシップ（PPP）‥158
管理為替制度‥‥‥‥‥‥3
企業統治（コーポレート・ガバナン
ス）‥‥‥‥‥‥‥‥272
基軸通貨国‥‥‥‥‥‥‥2
北大西洋条約機構（NATO）
‥‥‥‥‥6,124,157,174
北朝鮮‥‥‥‥‥‥‥‥250
北マケドニア共和国‥‥‥123
キプロス紛争‥‥‥‥‥‥46
キプロス問題‥‥‥‥‥‥156
金正恩委員長‥‥‥‥11,154
キヤノン‥‥‥‥‥‥‥‥261
旧ユーゴスラビア連邦‥‥‥46
キューバ危機‥‥‥‥‥‥30

境界型周辺‥‥‥‥‥‥‥127
協調減産‥‥‥‥‥‥‥‥144
共和党‥‥‥‥‥‥‥‥237
キリスト教福音派‥‥‥‥18
緊急輸入制限（セーフガード）‥66
グアイド暫定大統領‥‥‥‥29
クアルコム‥‥‥‥‥‥‥71
クウェート‥‥‥‥197,210,215
9月平壌共同宣言‥‥‥‥11
グーグル‥‥‥‥‥‥‥‥275
クドリン‥‥‥‥‥‥‥‥176
国造り‥‥‥‥‥‥‥‥‥59
クラウドビジネス‥‥‥‥276
グラセンベルグ‥‥‥‥‥188
クリミア半島‥‥‥‥‥22,143
クレムリノロジー‥‥‥‥178
クレムリノロジスト（クレムリン・
ウォッチャー）‥‥‥‥178
クレムリン（ロシア大統領府）
‥‥‥‥‥‥9,144,174
グレンコア‥‥‥‥‥‥‥187
グロース株（成長銘柄）‥‥260
経済協力開発機構（OECD）
‥‥‥‥‥‥‥‥151,262
経済相互援助会議（COMECON）
‥‥‥‥‥‥‥‥‥134
経済通貨同盟‥‥‥‥‥‥99
経済的要因群‥‥‥‥‥‥53
ゲグ方言‥‥‥‥‥‥‥‥128
開城工業団地‥‥‥‥‥‥31
ゲリラ戦‥‥‥‥‥‥‥‥46
原油確認埋蔵量‥‥‥‥‥197
権力・影響力理論‥‥‥‥61
広域黒海地域（Wider Black Sea
Area）‥‥‥‥‥‥124
交換可能通貨‥‥‥‥‥‥2
構造的暴力の理論‥‥‥‥61
構造的要因群‥‥‥‥‥‥53
工程表（ロードマップ）‥‥155
合理的な処理の努力‥‥‥‥58
コカ・コーラ‥‥‥‥‥‥260
国際エネルギー機関（IEA）
‥‥‥‥‥‥‥‥152,262
国際関係の制度化‥‥‥‥52
国際協力銀行（JBIC）‥‥165
国際金融システム‥‥147,183
国際決済銀行（BIS）‥‥‥1
国際原子力機関（IAEA）‥145
国際司法裁判所（ICJ）‥‥145
国際政治‥‥‥‥‥‥‥236
国際石油資本（メジャー）‥152,263

国際通貨基金（IMF）‥‥17,159,182
国際テロ組織‥‥‥‥‥‥51
国内政治‥‥‥‥‥‥‥236
国内総生産（GDP）
‥‥‥‥‥1,143,177,266
国内避難民‥‥‥‥‥‥‥51
国民戦線‥‥‥‥‥‥‥‥97
国民連合‥‥‥‥‥‥‥108
「国連開発の10年」計画‥‥61
国連コソボ暫定統治機構（UNMIK）
‥‥‥‥‥‥‥‥‥133
コスチン‥‥‥‥‥‥‥‥189
コソボ共和国‥‥‥‥‥123
コソボ紛争‥‥‥‥‥‥‥133
黒海経済協力機構（BSEC）‥124
黒海地域‥‥‥‥‥‥‥123
国家主義‥‥‥‥‥‥‥‥62
国家の要件‥‥‥‥‥‥‥49
固定価格買い取り制度（FIT）‥265
コネクテッドカー‥‥‥‥277
コバルト‥‥‥‥‥‥‥‥281
コペンハーゲン基準‥‥‥100
コミンフォルム‥‥‥‥‥130
金剛山観光事業‥‥‥‥‥31
コンゴ動乱‥‥‥‥‥‥‥46
混住パターン‥‥‥‥‥‥53
コンスタンティノープル‥‥123
コンテイジョン（伝染）‥‥4

サ

最高経営責任者（CEO）‥‥165,175
最小勝利連合‥‥‥‥‥‥56
再生可能エネルギー‥‥‥265
財政収支均衡点‥‥‥‥‥144
サイバー攻撃‥‥‥‥‥‥174
債務の罠‥‥‥‥‥‥‥‥91
サウジアラビア‥‥197,199,225
サハリン‥‥‥‥‥‥‥‥110
―――プロジェクト‥‥‥164
サハリン2プロジェクト‥‥‥164
サハリン石油ガス開発（SODECO）
‥‥‥‥‥‥‥‥10,164
サプライチェーン（供給網）
‥‥‥‥‥‥‥‥148,259
サルマン国王‥‥‥‥15,163
産業革命‥‥‥‥‥‥‥‥45
散在パターン‥‥‥‥‥‥53
三十年戦争‥‥‥‥‥‥‥45
シェブロン‥‥‥‥‥‥‥269
―――・フィリップス・ケミカル
‥‥‥‥‥‥‥‥‥272

シェール革命………21,39,152,269
シェンゲン協定………………99
シカゴ・マーカンタイル取引所（CME）………………187
事業ポートフォリオ………264
シグリミ………………130
自己充足的予言………………58
市場占有率（マーケット・シェア）………………39
Gゼロ後の主導国の無い無極化の時代………………62
持続可能な開発目標（Sustainable Development Goals：SDGs）…259
シトゴ・ペトロリアム………29
篠田英朗………………60
シベリアの力………26,274
市民革命………………45
シーメンス………146,267
社会・文化的要因群（歴史・宗教）………………53
社会への再統合（DDR）………60
車載システム（プラットフォーム）………………278
上海総合株価指数………3,79,149
宗教………………132
──戦争………………63
習近平国家主席………8,154
集住パターン………………53
従属理論………………61
十分条件………………52
主権尊重………………49
シューマンプラン………98
ジュミン………179,189
ショイグ国防相………175
消極的平和………………51
少数派の暴力………………57
消費者物価指数（CPI）………5,159,171
シリア内戦………139,162
シリアノフ………………175
自力更生論………………61
シリコンバレー………14,277
シーレーン（海上輸送路）………162
シロビキ………………175
新型戦略兵器………174
新規株式公開（IPO）………15,144
新経済地図構想………155
人工知能（AI）………264
新財政条約………………101
新世界秩序………………44
人民元………………82

スイング・ファクター（変動要因）………………153
スズキ………………277
スタートアップ………264
スターリン………………130
──主義………………128
ステレオタイプ的イメージの浮上………………58
順安空港………………11
スパイラル状………………58
ズベルバンク………186
スポット（随時契約）取引………19
スマートシティ（環境配慮型都市）………261
スリランカ内戦………46
スルグートネフチェガス………189
スンマグループ………175
生活世界………………62
制限主権論（ブレジネフ・ドクトリン）………………135
生産調整………………144
生産物分与契約（PSA）………164
政治の生態空間………136
政治的要因群………………53
政府系ファンド（SWF）………261
西部新独立国家（WINS）………125
世界銀行（WB）………189
世界市民………………62
世界貿易機関（WTO）………183
石油………………223
──輸出国機構（OPEC）………14,144,262
セチン………27,165,175
積極的平和………………51
ゼネラル・エレクトリック（GE）………………267
ゼネラル・モーターズ（GM）…281
セパレーター（絶縁材）………264
セーブル条約………124
セルビア正教………133
ゼロエミッション車………263
ゼロ金利策………………2
全会一致の原則………………56
1974年憲法………………133
戦争違法化………………52
相互拒否権………………56
相互不可侵条約………………11
送配電分離………………267
総力戦………………46
ゾーグ………………129
──1世………………129

ソニー………………260,275
ソフトバンクグループ（SBG）………………14,37
ソ連ブロック………134
ソ連邦崩壊………124
ゾンビ企業………………2

タ

第一三共………………260
対外情報庁………169
対外貿易銀行（VTB）………186
大豆価格の推移………81
体制保証………………12
ダイソン………………278
ダイドーグループHD………5
第2次シェンゲン協定………99
ダイハツ工業………277
大民族主義………134
ダイムラー………281
太陽政策………………13
第4次産業革命………275
代理戦争………………46
大連合………………56
ダウ・デュポン………272
高松洋一………………63
多極共存制………………55
多国間交渉………253
タタールスタン共和国………172
脱国家・超国境（世界市民）主義………………62
タヒリ………………138
タミム首長………………6
ダルダニア………127
単一欧州議定書………99
弾道ミサイル………11
治安部門改革（SSR）………60
地域統合体………137
チェチェン共和国………172
チェチェン紛争………172
チェメゾフ………180
地球温暖化………259
地対空ミサイルシステム………6
チャイナ・ショック………3
中央外事工作会議………71
中国………………244
──移動（チャイナモバイル）………………76
──シルクロード基金………274
──製造2025………1,67
──石油天然ガス（CNPC）………………146,274

——代表権問題…………131
——の対外直接投資……85
——の輸出……………85
中心—周辺関係………126
中部電力……………270
長期に及ぶ紛争………49
超国家主義……………62
朝鮮戦争………………12
長短金利の逆転現象……80
超ハイテン……………264
通貨スワップ協定………7
月村太郎………………52
ツー・バック…………101
ディアスポラの民……123
ティトー（ヨシップ・ブロズ Joship
　Broz）………………130
テスラ…………………279
デニズバンク…………186
デノミ（通貨単位の切り下げ）…150
デフォルト（債務不履行）……150
デリパスカ……………185
デル……………………260
テロリズム……………46
電気自動車（EV）…………37,262
デンソー………………279
天然ガス………………223
ドイツのための選択肢……97
動員解除………………60
東欧革命………………124
東京ガス………………270
東京電力………………270
凍結された紛争………49
東方経済フォーラム……8
東方問題………………124
同盟……………………97
東レ……………………264
トスク方言……………264
トタル……………146,274
ドバイ原油……………39
トヨタ自動車…………276
豊田自動織機…………279
トランプ（大統領・米政権）
　…………………184,225,237
トリウームフ…………161
トルコ（共和国）…………124,204
　——ストリーム…23,26,157,191
　——中央銀行…………5,158
ドルフィン・プロジェクト
　…195,204,210,215～217,219,220,224
東倉里（トンチャンリ）…………11

ナ

内戦……………………46
内発的発展論…………61
ナショナリズム…………50,132
ナワリヌィ……………170
難民……………………51
ニキチン………………181
二国間交渉……………253
日・EU経済連携協定（EPA）…149
日米安全保障条約………7
日経平均株価…………80
日産自動車……………277
日ソ共同宣言…………21
日本……………………203,206
　——製鉄……………264
　——たばこ産業（JT）……5
　——電産……………279
　——貿易保険（NEXI）……165
ニューヨーク・マーカンタイル取引
　所（NYMEX）……………145
寧辺核施設……………11
ネタニヤフ首相………162
熱電併給（コージェネレーション）
　………………………261
ネマスカ・リチウム……38
年金改革………………10
年金積立金管理運用独立行政法人
　（GPIF）……………260
燃料電池車（FCV）………281
ノースフィールド………19
ノバテック……………165,274
ノーリ…………………129
ノリリスク・ニッケル……187
ノルウェー政府年金基金…261
ノルドストリーム1
　…………………23,26,157,190
ノルドストリーム2
　…………………23,26,157,191

ハ

パイオニア・ナチュナル・リソーシ
　ズ……………………152
ハイパーインフレ………150
パイプライン
　…195,204,211,219,221～223
ハイブリッド（HV）………281
バーター取引（物々交換）………36
発光ダイオード（LED）……261
発送電分離……………267
バッテンファル…………268

パトリオット…………162
パナソニック…………276
パナマ文書……………169
馬場伸也………………60
ハプスブルク…………126
バブルマンデブ海峡……162
パーミアン鉱区…………40
ハメネイ師……………16,147
パラジウム……………187
パラダイムシフト………264
バランス・オブ・パワー（勢力均
　衡）…………………35
パリ協定………………261
バリュー株（割安銘柄）………260
ハリリ首相……………14
バルカン・ルート………139
バルト3国………160,179,188
パレスチナ問題…………46
バーレーン……………204,218
パワー・シェアリング……55
バンカー（トーチカ）………128
ハンガリー事件（動乱）……135
非政府組織（NGO）………170
日立製作所……………267
ビッグデータ…………264
必要条件………………52
非同盟中立会議…………131
非武装地帯（DMZ）………6
百花園迎賓館……………11
瀕死の病人……………134
ファイザー……………260
5G………………………280
ファーウェイ・ショック……75
　——第2弾……………76
フィデス党……………105
フォード・モーター………188
フォルクスワーゲン（VW）
　………………………188,311
不確実性の時代…………61
フクヤマ………………132
フーシ…………………163
武装解除………………60
浮体式LNG貯蔵再ガス化設備
　（FSRU）……………190
プーチン大統領…………7,144,169
プラグインハイブリッド（PHV）
　………………………280
プラットフォーマー（基盤提供者）
　………………………276
プラハの春……………135
ブリュッセル条約………98

索 引 291

ブルーストリーム………23, 26, 191
文化大革命………………………131
文化的アイデンティティ………137
文化の自治………………………55
紛争サイクル……………………58
分離主義（地方主義）…………62
米国………………………………221
米国防総省（ペンタゴン）……155
米中貿易摩擦とハイテク分野を巡る
　両国の攻防……………………77
米連邦準備理事会（FRB）…4, 184
平和維持活動……………………59
平和構築…………………………44
平和創造…………………………60
ベトナム…………………………46
　──戦争………………………30
ペルシャ湾岸諸国………………195
ペンス演説………………………73
変動為替相場制…………………3
法と正義…………………………105
暴力の支配………………………58
北緯38度線………………………31
ボグダノフ………………………189
保守………………………………237
ボーズ……………………………275
ボストーク2018…………………9
ポスト・冷戦時代の終わり……62
ボスニャク人……………………133
ボターニン………………………187
北海ブレント原油…………39, 145
ホッジャ…………………………129
ホットマネー……………………159
北方四島…………………………8
北方領土…………………………192
ホドロ……………………………146
ボラティリティー（変動率）…153
ボリウス…………………………186
ボルボ・カー……………………280
ホルムズ海峡…………37, 145, 203
香港株式市場……………………186
ホンダ……………………………277

マ

マークス・タンカーズ…………146

マクロン大統領…………………6
マゴメドフ………………………175
マツダ……………………………277
マドゥーロ大統領……28, 30, 150
マネーロンダリング………169, 188
未承認国家………………………48
三菱自動車………………………277
三菱ふそうトラック・バス……277
南パルス天然ガス田………19, 146
ミレニアム開発目標（MDGs）…259
ミレル……………………………189
民主党……………………………238
民族………………………………132
　──国家………………………134
　──自決………………………50
　──的比率に基づく資源配分
　………………………………56
ムスリム人………………………133
ムーディーズ・インベスターズ・
　サービス………………………143
ムハンマド皇太子……14, 144, 163
文在寅大統領…………………11, 154
メドコ……………………………272
メドベージェフ首相……………175
メルケル首相…………6, 146, 265
モンテビデオ議定書……………49
モントルー条約…………………124

ヤ

矢野　暢…………………………136
ユダヤロビー………………18, 185
ユニバー…………………………191
輸入インフレ……………………171
ユーラスエナジーホールディングス
　………………………………267
ユーロ危機………………………101
預金準備率………………………149
抑止戦略…………………………48

ラ

ライト・スイート………………39
ラブロフ外相……………………175
リグ（石油掘削装置）…………268
リコー……………………………260

リスボン条約……………………101
リチウムイオン電池……………264
リベラル…………………………238
リマ・グループ…………………28
領域国家…………………………134
量的緩和策………………………2
領土保全…………………………49
ルースアル………………………185
ルノー連合………………………281
レアアース（希土類）…………76
冷戦………………………………241
　──期…………………………46
レイプハルト（Lijphat, A.）……56
レーガン…………………………237
レノボ……………………………275
レームダック（化）………178, 265
連邦軍参謀本部情報総局………169
連邦構成単位……………………133
連邦制……………………………55
連邦保安局（FSB）……………169
ロイヤル・ダッチ・シェル・191, 263
労働者自主管理社会主義体制…131
ロウハニ大統領…………………16
ローザンヌ条約…………………124
ロシアゲート疑惑…………20, 182
ロシア＝ジョージア戦争（8日間戦
　争）……………………………49
ロシア中央銀行……………9, 171
ロスアトム………………………161
ロスオボロン・エクスポルト…161
ロスネフチ…10, 25, 148, 164, 175
ロードマップ（工程表）………21
ローマ条約…………………98, 99
ロンドン株式市場…………145, 186
ロンドン金属取引所（LME）…186

ワ

ワイノ……………………………181
ワルシャワ条約機構（WTO）
　…………………………124, 134
湾岸域内貿易……………………223
湾岸危機…………………………44
湾岸戦争…………………………44

《著者紹介》（執筆順）

中津孝司（なかつ・こうじ） 担当：はじめに，I，VI，VII，X
　　※編著者紹介を参照。

金森俊樹（かなもり・としき） 担当：II，V
　　東京都生まれ。
　2014 年　早稲田大学大学院社会科学研究科博士後期課程修了。
　現　　在　大東文化大学法学部政治学科非常勤講師，電気通信大学情報理工学域非常勤講師，
　　　　　　早稲田大学 AHC 研究所招聘研究員，早稲田大学博士（学術）。
　〈主要業績〉
　　『新版・現代バルカン半島の変動と再建』（共著）杉山書店，1999 年。
　　『苦悶する大欧州世界』（共著）創成社，2016 年。
　　「国際紛争解決と地域機構」山田満編著『改訂版 新しい国際協力論』明石書店，2018 年。

嶋崎善章（しまざき・よしあき） 担当：III
　　秋田県生まれ。
　現　　在　秋田県立大学システム科学技術学部経営システム工学科准教授，Ph.D. (Economics),
　　　　　　The George Washington University, Washington, DC.
　〈主要業績〉
　　『経営システム工学とその周辺』（共著）横浜図書，2010 年。
　　「産業連関表を用いた中国における経済発展と二酸化炭素排出に関する研究」（共著）日本
　　　　LCA 学会誌 6（4），327 〜 337 ページ，2010 年。
　　『日本のエネルギー政策を考える』（共著）創成社，2012 年。

雨宮康樹（あめみや・やすき） 担当：IV
　　愛知県生まれ。
　2000 年　大阪大学国際公共政策研究科博士後期課程修了。
　2019 年 3 月　星城大学経営学部経営学科教授定年退職，大阪大学博士（国際公共政策）。
　〈主要業績〉
　　「フランス労働市場における賃金構造の変化と内部労働市場」『オイコノミカ』2002 年。
　　「日系製造業の対欧州直接投資と撤退」『世界経済評論』2003 年。
　　『戦略的グローバリズムの企業経営』（共著）創成社，2012 年。

河村　朗（かわむら・あきら）担当：Ⅷ
　京都府生まれ。
　1991 年　神戸大学大学院経済学研究科博士後期課程単位取得。
　現　在　西南学院大学経済学部教授。
〈主要業績〉
　『日本のエネルギー政策を考える』（共著）創成社，2012 年。
　『中東社会のダイナミズム』（共著）創成社，2014 年。
　『地殻変動する国際エネルギー資源業界』（共著）創成社，2018 年。

小出輝章（こいで・てるあき）担当：Ⅸ
　大阪府生まれ。
　2006 年　同志社大学大学院法学研究科博士課程（後期）修了。
　現　在　大阪商業大学総合経営学部専任講師，博士（政治学）。
〈主要業績〉
　「戦後日本の政軍関係」『国際政治』（第 154 号）2008 年。
　『軍人と自衛官―日本のシビリアン・コントロール論の特質と問題』彩流社，2019 年。

《編著者紹介》
中津孝司（なかつ・こうじ）　担当：はじめに，Ⅰ，Ⅵ，Ⅶ，Ⅹ

1961年大阪府生まれ。大阪商業大学総合経営学部教授。

経済学博士（大阪学院大学）。

1989年神戸大学大学院経済学研究科博士後期課程単位取得。大学での講義，執筆活動のほかに，テレビ，ラジオに出演，各地で講演も多数行っている。主要著書に『ロスネフチの逆襲』，『プーチン降板』，『日本株式投資入門』，『世界市場新開拓』，『資源危機サバイバル』，『日本のエネルギー戦略』，『ロシア世界を読む』，『エネルギー資源争奪戦の深層』，『ロシアマネー日本上陸』いずれも小社刊，『クレムリンのエネルギー資源戦略』（同文館），『ガスプロムが東電を買収する日』（ビジネス社）など80冊程度。

（検印省略）

2019年12月25日　初版発行　　　　　　　　　　略称―国際関係

21世紀国際関係の新構図

編著者　**中　津　孝　司**

発行者　**塚　田　尚　寛**

発行所　東京都文京区
　　　　春日 2 - 13 - 1　　株式会社　**創　成　社**

電　話 03（3868）3867　　ＦＡＸ 03（5802）6802
出版部 03（3868）3857　　ＦＡＸ 03（5802）6801
http://www.books-sosei.com　　振　替 00150-9-191261

定価はカバーに表示してあります。

©2019 Koji Nakatsu　　　　組版：ニシ工芸　　　印刷：エーヴィスシステムズ
ISBN978-4-7944-3205-6 C3033　製本：宮製本所
Printed in Japan　　　　　　落丁・乱丁本はお取り替えいたします

―――――――――― 経 済 学 選 書 ――――――――――

21世紀国際関係の新構図	中 津 孝 司	編著	3,000 円
地殻変動する国際エネルギー資源業界	中 津 孝 司	編著	2,600 円
苦 悶 す る 大 欧 州 世 界	中 津 孝 司	編著	2,600 円
岐 路 に 立 つ 中 国 と ロ シ ア	中 津 孝 司	編著	2,600 円
地 域 発 展 の 観 光 戦 略	安 田 信之助	編著	3,000 円
テ キ ス ト ブ ッ ク 地 方 財 政	篠 原 正 博 大 澤 俊 一 山 下 耕 治	編著	2,500 円
財 政 学	望 月 正 光 篠 原 正 博 栗 林 隆 半 谷 俊 彦	編著	3,100 円
地 方 創 生 の 理 論 と 実 践 ― 地 域 活 性 化 シ ス テ ム 論 ―	橋 本 行 史	編著	2,300 円
福 祉 の 総 合 政 策	駒 村 康 平	編著	3,200 円
グ ロ ー バ ル 化 時 代 の 社 会 保 障 ― 福 祉 領 域 に お け る 国 際 貢 献 ―	岡 伸 一	著	2,200 円
環 境 経 済 学 入 門 講 義	浜 本 光 紹	著	1,900 円
中国企業対外直接投資のフロンティア ―「後発国型多国籍企業」の対アジア進出と展開―	苑 志 佳	著	2,800 円
マ ク ロ 経 済 分 析 ― ケ イ ン ズ の 経 済 学 ―	佐々木 浩 二	著	1,900 円
入 門 経 済 学	飯 田 幸 裕 岩 田 幸 訓	著	1,700 円
マ ク ロ 経 済 学 の エ ッ セ ン ス	大 野 裕 之	著	2,000 円
国 際 公 共 経 済 学 ― 国 際 公 共 財 の 理 論 と 実 際 ―	飯 田 幸 裕 大 野 裕之志 寺 崎 克 志	著	2,000 円
国 際 経 済 学 の 基 礎 「100項目」	多和田 眞 近 藤 健 児	編著	2,500 円
フ ァ ー ス ト ス テ ッ プ 経 済 数 学	近 藤 健 児	著	1,600 円

(本体価格)

―――――――――――――――――――― 創 成 社 ――――――